博学而笃志，切问而近思。

（《论语·子张》）

博晓古今，可立一家之说；
学贯中西，或成经国之才。

作者简介

张晓锋，1973年生，江苏江阴人，博士，教授，博士生导师。现任南京师范大学新闻与传播学院执行院长，国家社科基金重大项目首席专家，国家一流专业（新闻学）带头人、江苏省优势学科（新闻传播学）带头人。入选江苏省"333工程"中青年领军人才培养对象、江苏省"青蓝工程"中青年学术带头人、江苏省"青蓝工程"优秀教学团队带头人。兼任中国新闻史学会常务理事、党报党刊研究会副会长、台湾与东南亚华文新闻传播史研究会副会长、江苏省科教影视协会理事长、江苏省传媒艺术研究会副会长、江苏省记协新媒体专委会副主任等。

主要从事新闻传播史论和广播电视与媒体融合研究，出版《电视编辑思维与创作》《电视制作原理与节目编辑》《解构电视：电视传播学新论》《新闻职业精神论纲》《近代江苏广播事业史》等11部著作，其中，《当代电视编辑教程》《电视新闻策划》入选"十二五"国家级规划教材。获省部级哲学社会科学优秀成果奖4项、省级教学成果奖2项。目前主持国家社科基金重大项目"海峡两岸新闻交流三十年史料整理、汇编与研究"和江苏省社科基金重大项目"江苏新闻史及其史料整理与研究"。

"十二五"普通高等教育本科国家级规划教材

当代广播电视教程·新世纪版

当代电视编辑教程

张晓锋　著　　　　　　　　　　　　　（第三版）

复旦大学出版社

内容提要

　　本书立足于媒介融合的大背景，以电视编辑教学的适用性为目标，以电视编辑学习的实用性为指导，在概要性介绍电视编辑的基本特征、制作流程与探索历程的基础上，重点阐述了电视编辑的语法规律、原则规范、组接技巧、声音编辑和节奏处理等，并以电视作品的整体构成为归宿，全面剖析了电视编辑的思维指导、艺术技巧和实战方法。

　　本书图文并茂、深入浅出、内容详实、案例丰富，是一部具有实用性与理论性贯通、继承性与原创性结合、严谨性与亲和性并举特色的电视编辑教材。本书可作为高校广播电视类专业师生的实用教材，也可作为各类电视节目和视频制作人员的实用指南和参考用书。

目　录

第一章

电视编辑概述

　　电视编辑是电视节目的后期制作阶段,它是依据编导构思、美学要求、传播规律,通过一定的思维方式和语法规则,对视听元素进行选择、组合和加工,制作成完整作品的过程。电视编辑首先是一种贯穿于电视作品创作过程的独特思维活动,具有独立的思维形态和品质;其次是一种运用视听语言进行意义表达的调度方式,具有专门的叙述基础和审美特征;同时它也是一种衔接电视传播者与受众的基本环节,具有特定的编辑流程和传播要求。

　　如今,几乎与传统电视相媲美的网络视频异军突起,在智能传播时代,网络视频更是异常兴盛,这些视频节目的后期制作也同样有赖于电视编辑的思维方式和艺术手段。

第一节　作为思维活动的电视编辑

　　在电视屏幕上,人们常会看到这样一些处理:在仰望蓝天上的白云时,会想起在同一片蓝天下远方的亲人——这是影视艺术在处理时空关系时的驾驭;坐在海边观看平静的大海,会想到最思念的亲人踏着海浪向自己走来——这是运用电视特技可以实现的;发现天上翱翔的飞机,可以想到从飞机上俯视大地时的壮观——电视可以实现角度的转换,从各种不同角度观察世界。事实上,从客观存在的事物,到人物的内心活动,影视思维都可以将它们顺理成章地转换成艺术化的视听造型,化腐朽为神奇,变平凡为伟大,通过视听形象传递情感或神韵,创造出适应和满足观众欣赏情趣的电视艺术作品。而这其中,最具核心意义和支配价值的就是——思维。

一、电视编辑是一种思维活动

电视节目的形成是一个复杂、综合的创作过程,我们不妨进行简化:

$$电视节目＝信息＋思维＋工具$$

其中,电视节目是思维的最终体现和目标;信息是思维的作用对象,视音频信息为主,包括文字、图表、动画等;工具是思维的实现手段。假如我们看到铁锄和火箭两个镜头时,它们表面上似乎没有关联,但如果给予客观和感性的描述,则是:从时间上看,一个是传统的生产工具,一个是当代的顶尖科技;从空间上看,一个在古老的文明部落,一个处于现代高科技城。当建立起某种理性认知时,就会产生直观明了的联系。通过人们的思维使之产生某种关联,或对比技术的进步,或隐喻历史的变革,这就是一种创造,一种在充分利用现有资源基础上的创新。在这里,画面中的铁锄和火箭是资源的一个组成部分,可以是历史照片记录,也可以是现有实物的展示;它们的对比或隐喻则是一种基于辩证思维的合理对接,一种基于形式组织的逻辑连贯。而组织的物理工具可以是硬切,也可以是叠化或划等特技手段,只要符合特定的叙述与表意语境,其处理手段都将是思维实现的合理存在。

电视编辑思维的重要功能之一即在于将这些直观上无关联的画面组织起来。画面隐含的延伸性是电视编辑实现思维概括性和创造性的重要基础,在普多夫金和库里肖夫看来:"剪辑的过程不仅仅是讲述一个连续的故事。通过适当的组接并列方法,可以赋予镜头过去从未具有的意义。"他们甚至把它作为一条"美学原则":"对于一种艺术来说,首先是材料,其次是组织运用这些材料,使其适合这种艺术的特殊要求的方法。"[①]

思维是以感性认识提供的材料为依据,经过比较、分类、分析、综合、抽象、概括等加工、制作,从而透过现象抓住本质和规律,是人在脑子中运用概念以作出判断和推理的功夫[②]。信息科学和认知科学把思维理解为"发生在脑中的信息变化过程,或者说是信息变换过程,从操作意义上讲即信息加工过程"。在他们

---

① [英]卡雷尔·赖兹、盖文·米勒编:《电影剪辑技巧》,郭建中等译,中国电影出版社 2008 年版,第 18—19 页。

② 《毛泽东选集》(合订本),人民出版社 1968 年版,第 262 页。

看来，"思维是在特定物质结构中以信息变换的方式对客体深层远区实现穿透性反映的、可派生出或可表现为高级意识活动的物质活动"①。它以感知为基础，又超越感知，是认识过程的高级阶段；以信息加工为基础，又超越了信息加工的物理存在意义，赋予信息以精神、以力量、以思想。

从心理学的角度看，电视编辑思维是指在电视节目制作过程中，电视编辑对来自各方面的视音频信息进行剪接、组合、加工等处理时所表现出的高级意识活动。概括地说，其本质是电视编辑人员从事后期制作的高级意识活动，其主要对象（即思维客体）是视音频信息，其工具是剪接、组合、加工等方法和技术。从信息论角度看，电视编辑思维则指电视编辑选择、加工、存储和输出电视信息的整个活动与过程。

二、电视编辑思维的过程

一般说来，电视编辑思维主要包括以下三个阶段和四个基本环节（见图 1 - 1）。

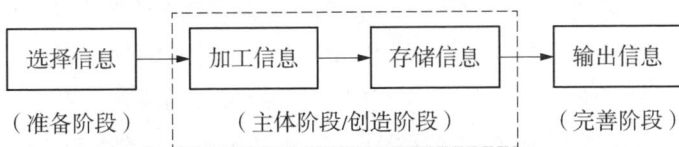

图 1 - 1　电视编辑思维阶段

首先，选择信息，调动电视编辑的注意力、观察力，及对感性材料的捕捉能力、认知程度和理解程度选择信息，这是电视编辑思维的准备阶段。摄像师从俯拾皆是的生活现象中找出用以传情达意的最直接、最真切的对象物。电视编辑则从这些视听形象中筛选和提炼信息，用以构造能使人"看懂"的屏幕形象。可以说，这是电视摄像工作的延续阶段。当然，电视编辑的信息选择还受客观因素影响，如广大受众的不同需求和电视传播环境等。

其次，创造阶段包括加工和存储信息两个环节：前者指电视编辑发挥想象力、审美力和创造力，加工和组合信息；后者指运用恰当的记忆方式和认知规律，组织和协调信息。创造阶段的核心是，电视编辑调动自己掌握的思维法则和思

———————————

① 赵光武主编：《思维科学研究》，中国人民大学出版社 1999 年版，第 130 页。

维工具,充分协调视听信息中内容与形式的关系,结合编辑思维的具体媒介(包括形象性符号和逻辑性符号),借助各种物化工具(主要指影视信息的编排组织,包括画面之间的组合、声音之间的组合和画面与声音的组合等),创造出达到一定剪辑思想和构思要求的作品。

最后,完善阶段是基于电视编辑与受众的交互能力,将存储的信息输出给受众,这是整个编辑思维的最终检验环节。经过加工、美化的思维结晶在此毫无保留地通过各种编辑语言传达给广大观众。

毫无疑问,摄像师拍摄下来的众多镜头,即使构图完美、信息量丰富、表现力强大,若不能被独具慧眼的编辑选择,仍然只能是一堆原始素材;若不能进行有意义的编辑,也只能如未经雕琢之璞玉,难以呈现璀璨光芒;若不能与观众的需求相契合,也只能是自言自语。电视编辑思维的独特魅力就是对前期拍摄的镜头进行艺术的加工、修改、润色、组合和排列。例如,《舌尖上的中国》第一季和第二季均掀起了收视热潮,匠心独运的后期编辑发挥了重要作用。以第二季为例,平均每集约 50 分钟的时长里,播出镜头有 1 400 多个,这些镜头是从大量拍摄素材中筛选出的精华,而纪录片平均拍摄素材和成片比例为150∶1。精细的剪辑让《舌尖上的中国 2》的每集节目都呈现出精彩纷呈的感觉,虽然整部纪录片的主题和立意较为明确,讲述食物和人们的生活,但每集的风格却各有千秋、引人入胜。总体来看,《舌尖上的中国 2》延续了上一季的风格,具有较高的艺术价值。

又如,上海申博宣传片的创作者充分调度各类镜头,将上海特有的多元文化、多重色彩尽融其中,将上海的巨变、上海市民期盼的心情,以及上海申博的主题"城市,让生活更美好",深深地印在了每一个投票人的记忆里。这样的效果是值得每一个电视编辑借鉴的,即善于从受众的角度检视对素材的选择与结构,找到合适的表达方式。大型纪录片《故宫》的总编导周兵指出:"电视创作首先是一门心理学,先不要考虑那么多创作手段,也不要考虑那么多专业,或者你个人的好恶。你先想想这个节目控制在谁手里,是你自己手里?绝对不是。任何节目创作都有公共性,大众传媒有它的自然属性。……你要了解他们的心态,其实他们的心态是一种大众的心态,不是小众的心态,其次才是你个人化的创作。"①这样一种传播关注正是电视编辑在信息加工、存储和输出阶段都必须考虑的。

---

① 周兵:《传承·创新·实验——〈故宫〉创作谈》,载刘效礼主编:《2006 中国电视纪录片前沿报告》,中国传媒大学出版社 2006 年版,第 137 页。

三、电视编辑思维的形态

思维应该包括形象思维、逻辑思维和二者结合的创造思维①。按照这一科学界定,电视编辑思维也应当包含三种基本形态:形象思维、逻辑思维和创造思维。

(一) 电视编辑的形象思维

在一些武术题材的电视连续剧中,我们常常可以看到这样一些情节:主人公在某秘洞中无意发现一些壁画,或者从一个神秘人手中得到一本武林秘籍,没有文字,全是插图,于是主人公按照图示进行模仿。日后遇到紧急情况,那些插图便会及时在脑子里闪现,他按照闪出的图式出招,于是马到成功。在《少林寺》《射雕英雄传》等影视作品中,这样的情节已经被武术导演们运用得相当熟练,甚至进入一种程式化的境地,但也佐证了一个基本的事实,这些没有任何语言的形象思维过程是影视传递信息的第一要素,即视觉形象。

著名导演谢晋在谈到影视的本性时,曾用一句话来概括:"形象高于一切。"的确,摄影(摄像)捕获的是形象,编辑(编辑)塑造的也是形象,影视是直观、形象信息的窗口,形象的选择与建构是编辑思维的第一要义。

当我们仔细考察"电视"这一词语时,其英文 TV(television)是由"tele"和"vision"组成的复合词,即"遥远之地能看到的图像",是一种"远距离传送画面"的意思。无疑,画面形象是电视信息传播的基础。正如马赛尔·马尔丹所说:"画面是电影语言的基本元素,它是电影的原材料。但是,它本身已经成了一种异常复杂的现实。事实上,它的原始结构的突出表现就在于它自身有着一种深刻的双重性:一方面,它是一架能准确、客观地重现它面前的现实的机器自动运转的结果;另一方面,这种活动又是根据导演的具体意图进行的。通过上述方式获得的画面形象构成了一种现象,它同时以多种标准的现实作为它存在的基础。"②

日常生活中,我们经常会遇到如下情形:向问路者描述半天如何去某地,往

---

① 赵光武主编:《思维科学研究》,中国人民大学出版社 1999 年版,第 126 页。
② 〔法〕马赛尔·马尔丹:《电影语言》,何振淦译,中国电影出版社 1980 年版,第 1 页。

往不如直接给他一张地图更容易令其明白。这样的事例虽然常见,却说明了一个基本的事实——画面或视觉形象是传递信息的第一要素,对于作品亦复如是。

电视编辑的形象思维是指通过具有形象化的镜头组织来阐释一定意义的思维活动,是一种具象化信息的加工过程。例如,2022年北京冬季奥运会的会徽发布视频《冬梦》阐释了会徽的设计理念。影片将具有中国元素的汉字、书法与冰雪运动相联系,阐释了中华文化与奥林匹克精神的共通之处。影片中,老者用苍劲的笔触写下"冬"这个汉字,一撇一捺在冰雪赛场上化作了纽带,可谓影片的灵魂。将"梦想、未来、激情、青春、活力"浓缩于一个简要的形象之中,将厚重的东方文化底蕴与国际化的现代风格融为一体(见图1-2)。

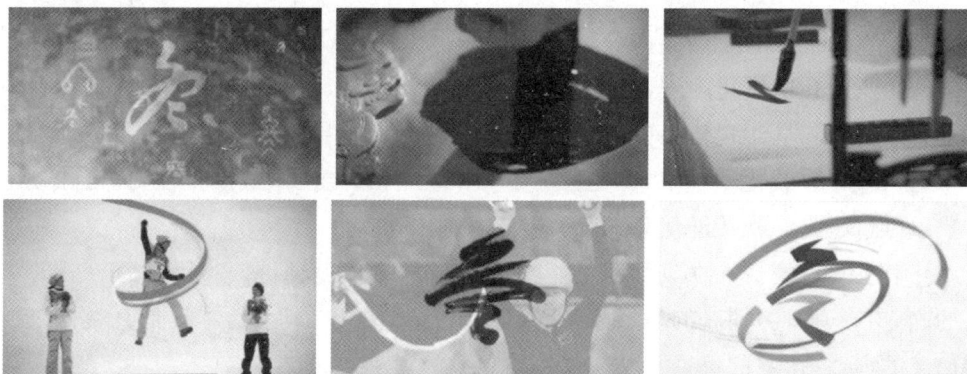

图1-2　2022年北京冬季奥运会会徽揭幕片

形象思维指人的大脑自觉反映客观具体形态或物象,运用观念形象加工感性形象,从而能动地指导实践,创造物化形态的思维活动。它通过创造真实、感人的艺术形象来反映生活,揭示有关生活的本质与规律。从这个角度看,电视编辑的形象思维是指通过具有形象化的电视镜头组合来阐释一定意义的思维活动,是一种具象化信息的加工过程。比如北京冬奥会会徽发布视频主要从会徽的设计理念,包括中国文化中的书法、文字以及奥林匹克的精神等方面进行阐释,在作品开头部分(见图1-2),编导用多个镜头形象地展示了会徽设计中取自书法的设计理念,其中以书写汉字的过程为基本脉络,中间穿插运动员的动感画面,形成形象的必要补充。

形象思维活动以客观形象为思维对象,以感性形象为思维材料,以意象为主要思维工具,以指导创造物化形象的实践为主要目的,基本贯穿于电视制作全过程。摄像师把镜头对准社会、自然界中美不胜收的景物、千姿百态的人物、林林总总的人造物象等,尽收画中。这一个个对象,一个个镜头,在电视创作后期则成了电视编辑处理的具体材料。电视编辑借助画面符号把具体可视的典型形象通过屏幕呈现给观众,使观众耳闻目睹,产生身临其境之感。可以说,形象思维是一切思维的基础形态。

(二) 电视编辑的逻辑思维

长期以来,影视比较容易表达形象的、表象的信息,而对于抽象的、具有较强逻辑联系的内容,则显得力不从心。久而久之,人们形成了这样一种印象:理论研究依靠逻辑思维,艺术创作有赖形象思维。然而,"没有抽象思维,就不可能把哪怕两个自然界的事实联系起来,或者弄清它们之间实际存在的内在联系,从总体上把握两个分散的现象"①。

事实上,影视人一刻也没有停止过对逻辑思维的探索与运用。在外国电影理论名著《世俗神话——电影的野性思维》中,作者介绍了这样一件事:"五十年前,爱森斯坦忽发奇想,宣称打算把马克思的《资本论》搬上银幕。当时再也想象不出较之更乖戾的想法了。爱森斯坦为这部不朽的政治经济学名著和仍然处于咿呀学语阶段的电影构想出了什么样的关系呢?为了实现自己的创举,他指望利用第七艺术的哪些表现手段?按照今天的观点,不久前发现的爱森斯坦日记片段中有关这项计划的若干设想似乎并非不切实际。爱森斯坦的最初几部杰作为他提供了丰富的经验:正如改编《资本论》的大胆计划一样,这些影片力图通过电影手段表现思维的辩证法,'从具体生活的再现跃为抽象化和普遍化的意象',完全突破逸闻琐事的单纯展示,以便'把事件处理为一系列论题的结论,而不是单纯的事件'。爱森斯坦设想,影片可以成为杂文集,甚至论文集,可以提出问题,并且通过最通俗的题材作出哲理性的回答。"②

不难看出,在当时人们习惯于运用电影形象思维的阶段,爱森斯坦已经大胆地设想运用抽象思维来实现电影意象的表现了。1998 年,中央电视台把发表150 周年的共产主义纲领性文件《共产党宣言》搬上了屏幕。我们很难想象,如果离开思维的指导,高度抽象的"宣言"怎么能够成为一部形象化艺术的文献纪

---

① 〔苏〕B. 日丹:《影片的美学》,于培才译,中国电影出版社 1992 年版,第 123 页。
② 〔匈〕伊芙特·皮洛:《世俗神话——电影的野性思维》,崔君衍译,中国电影出版社 1991 年版,第 13 页。

录片。"艺术创作有赖于形象思维,但在某些纪录片创作中,逻辑思维也颇重要。"①事实上,逻辑思维并不仅限于纪录片片种,在其他电视节目中的应用也相当广泛。

况且,形象思维与逻辑思维并不是截然分开的,它们之间有着千丝万缕的联系,逻辑性的抽象以形象为外壳,而形象又以逻辑性抽象为本质。"画面再现了现实,随即便进入了第二步,即在特定环境中,触动我们的感情,最后便进入第三步,即任意产生一种思想和道德意义。"②逻辑思维和形象思维都属于认识的高级阶段,所不同的是,形象思维是以物质客观存在的形态——形象信息来反映事物的;而逻辑思维是以概念、判断、推理的形式来把握事物、反映现实过程的,并推进人们对具体现象的重新认识,从而达到认识上的飞跃。逻辑思维可以推进编辑对各种符号传递信息的认识,有助于形象的深化,调整和修正形象思维的理智程度,增强形象信息内隐思想的外化和进一步深刻化。

逻辑思维是以概念为思维的基本单元,以抽象或逻辑为基本的思维方法,以语言及其符号的队列为基本表达工具的思维形态。逻辑思维可以通过运用分析、综合、抽象、概括等方法,很方便地对事物的各种属性进行思维加工,从中提炼出反映事物本质属性的"概念"。在此基础上,运用概念可对更复杂事物的性质作出"判断";通过判断还可确定事物之间比较简单的相互联系规律;对于事物之间比较复杂的相互联系规律,则可以通过在判断基础上进行的"推理"来摸索。可见,逻辑思维既可解决对事物本质属性的概括与间接的反映,又可解决对事物之间内在联系规律的概括与间接的反映。

因此,电视编辑的逻辑思维是指以事物间的内在逻辑联系,特别是生活表象的逻辑关系、时空结构的逻辑关系和语言的逻辑联系等为起点建构和组织信息的思维活动。即使是最推崇再现物质现实的巴赞也不否认具有抽象意义的逻辑思维:"即使承认这种追求起初的运动(即写实主义)可以采用无数不同的途径,这种自封的'真实性',严格说是毫无意义的。只有这种运动给作品不断增添意义(它本身是一种抽象物)时,它才是有价值的……在如实地再现某种东西时,如果不能在抽象的意义上使它的含义更加丰富,那就是多此一举。"③逻辑思维的

---

① 朱景和:《电视纪实艺术论》,华文出版社 1998 年版,第 130 页。
② [法]马赛尔·马尔丹:《电影语言》,何振淦译,中国电影出版社 1980 年版,第 10 页。
③ 中国应用电视学编委会:《中国应用电视学》,北京师范大学出版社 1993 年版,第 339 页。

核心问题是建构镜头与段落之间的内在联系,突破表层信息单元,使观众产生有益的联想,传达深层内涵意义。爱森斯坦认为,"电影就像机器一样运行,利用可靠的燃料(吸引力),制造出稳定的动能(蒙太奇),发展出一套有限而完整的意义(故事、影调、角色等),最后导出一个已定的目标(最终的意义或主题)"①。在北京 2022 年冬奥会会徽宣传片中,导演在 30 秒的版本中共运用了 22 个镜头,将会徽的"形"与"义"近乎完美地融合在一起。

在这个段落中,形象的线索有两条:一条是贯穿作品始终的中国书法,另一条则是冬奥会运动员的矫健身姿在赛场上划出的五彩弧线。浓妆艳抹的京剧演员挥舞着衣袖将铿锵的书法和五环的标志串联,预示着中国传统文化极大的包容性。而大量的比赛画面则形象地演绎了"更快、更高、更强"的奥林匹克精神。两条线索最后汇聚成逻辑思维:意义表述(见图 1-3)。

① [美]达德利·安德鲁:《经典电影理论导读》,李伟峰译,世界图书出版公司 2013 年版,第 49 页。

图 1-3 2022 年北京冬季奥运会会徽揭幕片

(三) 电视编辑的创造思维

创造思维是形象思维与逻辑思维的创造性结合,是两者互补、互促的过程,是人们通过丰富的联想并结合以往的知识经验,在想象中形成创造性的新形象。创作人员运用已有的知识积累和大量的储备信息去实现创造思维。"剪辑就是通过从大量的拍摄素材中选出合格的部分,把画面、声音、色彩等元素进行编排组合,从而最终形成一部结构合理、主题明确、富有艺术感染力的影响作品。"[1]人对现实的反映不是消极、被动的,人的反映和活动是自觉的、有目的的、有选择的,更是创造性的。

再现生活和历史,展现生活的客观情状,这是形象思维的用武之地。现实中的确还存在一些电视编辑,他们不善于运用形象思维进行创作,道理、结论连篇,灌输味、教训味外露,一定程度上也就缺少了理论的根基,又何以使逻辑思维立足?事实上,在理性思维的整体运动中,形象思维起着基础和先导作用,逻辑思维起着统御和强调的作用。如果说形象思维是理性认识的第一次飞跃的话,那

---

[1] 杨远婴主编:《电影概论》(第 2 版),北京联合出版公司 2017 年版,第 153 页。

么,逻辑思维则是人理性认识的更高级阶段,实现了第二次飞跃。一言以蔽之,当形象思维与逻辑思维高度融合之时,也是影视作品中视听感受与理论思想相得益彰之时,也是创造思维自然升华之时。

在这里,我们不妨以《星际穿越》(*Interstellar*,2014)为例,看过该片的人一定为导演和编剧大胆的想象和逼真的星球画面震慑。片中生动地展现了一系列至今只存在于物理学家脑海中的理论假设:虫洞、黑洞、五维空间、穿越等。可以说,细致逼真、引人入胜的星球画面是由后期人员依靠形象思维才得以完成的。与之相应,环环紧扣的故事情节、对天体物理学理论假设的创造性利用,无疑归功于导演严谨的逻辑思维能力。该片之所以令人叹为观止,就是源于这种形象思维、抽象思维的完美融合所展示出的高度创造性。

在实际剪辑工作中,人们习惯于沿着传统的思路,囿于单一的思维方向,对问题的认识显得狭隘。具有创造意识和创造思维能力的剪辑师则善于从多侧面、多角度思考问题,研究和分析问题。因此创作好的作品,需要创作者打破固化的思维模式,不断尝试与突破。

第二节　电视编辑的思维基础

电视作品具有专门的叙述基础和审美特征。如同文学创作,作品的创作也是用字词、句和段落分层次构成的,相异的是,"电影拥有它自己的书法——它以风格的形式体现在每个导演身上——它便变成了语言,甚至也从而变成了一种交流手段,一种情报和宣传手段"[①]。影视所运用的语汇是镜头,这里的镜头已不仅是我们平时所见到的画面,它应该包括画面(色彩、光线)、声音(对话、旁白、音响、音乐)以及字幕等符号群,是一种视听语言。文学用抽象的文字符号来进行书写,而影视则是用光影和声音所形成的形象语言来进行表现。不同的传播符号产生了不同的思维方式和组合效果。简言之,电视编辑就是对各种各样视听元素的组合技巧与方法,是运用视听语言及其规则进行结构的形式。

---

① 亚历山大·阿尔诺语,转引自[法]马赛尔·马尔丹:《电影语言》,何振淦译,中国电影出版社1980年版,引言第5页。

事实上,不仅仅是镜头的不同组接方式会产生不同的意义,段落的转换同样也会带来变化,甚至能使一部影片的主题完全改变。爱森斯坦在1925年拍摄的杰出影片《战舰波将金号》(*Bronenosets Potemkin*)的一次遭遇,极其雄辩地说明了剪辑的可能性,甚至比库里肖夫的实验更有说服力。这部影片的故事是:沙皇军官虐待水兵,把生蛆的腐肉给水兵吃。当水兵们提出抗议时,临时战地军法会议却决定逮捕水兵代表,并处以死刑。但是,在开枪前的一刹那,执刑队的枪手却突然调转枪口,对准了军官。忍无可忍的水兵们起义了!这时,沙皇舰队的其他舰只奉命前来镇压"叛变",但是这些舰上的水兵却让起义者驾着"波将金号"逃到罗马尼亚去了。

由于这部影片获得了巨大成功,因此,一位北欧的发行商便想购买这部影片的拷贝。但是,检查官认为这部影片的革命性太强了,不准他购买。这个发行商不愿放弃赚钱的机会,就要求卖方准许他把片子重新剪辑,稍稍作一些改动。当时卖方提出的条件是不许作任何增删。影片发行商答应了,他只要求把影片中的两个场面调换一下。他的办法是:从发动"叛变"到其他军舰前来镇压这一整段原封不动,但在这之后,把影片开头剪下来的"临时战地军法会议"及"执行死刑"的场面接在了这段之后。这样,就使观众以为水兵"叛变",枪杀了军官并把军医(他在检验肉质时硬把腐肉说是好肉)扔到海里去,仅仅因为在食物里发现了蛆,而并非像原片所表现的是由于军官们蛮横地把水兵代表判处死刑。

这样一改动,尽管每个镜头的内容完全没有改变,连字幕也没有调换,但画面与画面、段落与段落之间的关系,却完全改变了。观众看到的是:军舰上莫名其妙地发生暴动,士兵们野蛮地对待军官,沙皇军官迅速掌握了主动权,于是"叛变者"得到了应有的下场——被判处死刑。原片中起义舰只胜利远航的结局,变成了"叛变"被镇压,"波将金号"顺利返航。一部思想性很强的革命影片就这样仅仅由于场面的调换而被剪辑成了一部主题相反的影片。这个事实充分说明,对影片进行不同的剪辑,会产生不同的效果。

那么,为什么会形成如上的意义差别呢?因为,无论是上下镜头的连接,还是句子与句子的排列,抑或是段落与段落的组合,都必须依赖于观众的联想和想象,这是影视构成的基础,也是影视剪辑的基础。

比如有这样的三个镜头:

① 人物登上火车,跟朋友挥手再见;

②　在火车上，翻开报纸看报；

③　火车到目的地，他下车，或者有人来接，又是招手。

但在实际的剪辑中，我们往往会省略其间的过程，不再考虑途中他是否看书或看报，而是直接将第一个镜头中人物的挥手动作和第三个镜头中月台上前来接他的人的挥手动作连接。前者是一种平铺直叙式的描写，后者则是视听效应上的编辑，虽然时间在这里被压缩了，但观众在观赏时仍要依靠心理上的联想和想象来加以填充。当然，这种想象和联想已经是艺术欣赏过程中的深层思维活动了。

二、电视编辑的审美特征

作为一种整合的成果，电视与电影有着很紧密的亲缘关系，"电影和电视都是集声像于一体的媒体，主要用于提供娱乐和信息，都沿用叙述性故事的习惯"①。"电视所具有的一切艺术可能性电影也都具备。电视的表现力在其本性上与电影相同；电影银幕与电视屏幕的画面服从于同一艺术规律。电影与电视是同一艺术，是以各自的形态再现现实的综合艺术。"②电视节目和电影制作及传播都使用视听语言，有相同的语法和同样的表现手段；都通过再现和表现的方法来反映世界，通过画面运动、声光组合来反映我们的生活现实。同时，电视又博采众长，集成了无可比拟的丰富表现力。从电视媒介的构成方式看，电视编辑具有以下审美特征和艺术基础。

（一）兼容性

电视是科学技术与艺术发展的结合体，具有很强的艺术兼容性，"电视集中了戏剧的现场表演价值、电影的机械技巧、广播的声音和受众导向及其自身的电子技巧。电视有效地运用了先前的传播媒体"③。电视包含戏剧、音乐、绘画、文

---

① ［英］尼古拉斯·阿伯克龙比：《电视与社会》，张永喜、鲍贵、陈光明译，南京大学出版社2001年版，第9页。

② 苏罗·尤列涅夫语，转引自《世界艺术与美学》编辑部：《世界艺术与美学》（第七辑），文化艺术出版社1986年版，第351页。

③ ［美］罗伯特·赫利尔德：《电视广播和新媒体写作》，谢静等译，华夏出版社2002年版，第5页。

学、电影等艺术形式中的某些元素,是一种以视觉形象为主,时空兼备、声画结合的综合艺术样式。

电视首先是各种艺术形式整合的产物。任何艺术进入电视便不再是其本身,而是被电视吸纳和整合的一个元素,是电视的一个新质,成为电视视听形象的一个构成要素。电视充分发挥各种艺术形式的特长,改造和加工各种艺术手段,兼收并蓄,拓展其表现力,产生"1+1>2"的整体效果。许多电视主题歌和插曲的传唱与社会流行以及MV的制作,从一个侧面体现了电视在音乐运用方面的成功。

电视又是时空因素结合的产物。电视在屏幕上的时间流逝中展示空间形象,又在空间的呈现中展开时间形象,兼有叙事和造型的双重表现力。时间与空间因素的结合使影视成为再现和反映生活的一种独特媒介和艺术形式,时间的延伸、压缩成为可能,甚至冻结、颠倒和变速都已经成为艺术家的工具。正如林格伦所述:"电影将我们带入一场无与伦比的旅行。当我们看电影时,我们忘了自己观看的其实只是片段集合,我们完完全全地被电影控制了。"[1]电视的艺术表现力通过时空的创造性结构获得了更大程度的施展和延伸。当然,在新闻传播领域,电视的这种时空创造性又必须以反映客观事实的真实性为前提。

电视还是各种构成元素综合的产物。电视以人、物、景为具体载体,形成了视觉与听觉的综合感知。声画的有机结合决定了电视比印刷媒介具有更强的表现力和丰富性。好莱坞影片《泰坦尼克号》(*Titanic*,1997)中男女主人公在船头富于诗意的浪漫瞬间,如果只有画面造型的构造,没有音乐的渲染和演绎,那叹为观止的意境是无法深入人心的;相反,如果没有画面铺就的故事化情节,音乐的力量也是有限的,不得不承认,这或许是触发音乐电视作品《我心依旧》(*My Heart Will Go On*,该片主题曲)广受欢迎的重要原因之一。

(二) 逼真性

电视的本意是远距离传输图像,可以说,传真性是电视与生俱来的。如果说电影是活动照相的话,那么,电视则是活动照相的延伸,它既可以真实地再现客观世界的动态进程,也可以对有关事件进行形象化、艺术化的表现和处理。按照克拉考尔的著名论点:电影的本性——物质现实的复原,就表明了影视语言不

---

[1] [美]鲍比·奥斯廷:《看不见的剪辑》,张晓元、丁舟洋译,北京联合出版公司2016年版,自序第8页。

像文学语言那样带有空灵、朦胧的色彩,它是对纯现实状态的显现,能够直接激发观众的现实感、在场感。

电视的媒介技术决定了电视节目具有高度的逼真性,摄像机和话筒采录的画面和声音具有很高的保真度和传真力,"在一部有声片里,不必对各种声音附加任何解说。我们一面听人说话,一面也就看到了他的眼神、脸色、手势和整个表情,任何一点细微变化都看得很真切"①。电视信号的采集和制作手段使电视逼真地记录和表现事物的可能性增强,特别是计算机多媒体技术与数字化制作技术的发展使电视的表现对象已经不再局限于对现实世界的客观再现,许多人类的梦境、幻觉等抽象或虚构的事物,在电视中都能化为相对应的视听形象呈现在屏幕上,令人信服。"我们以惊人的速度吸收声音和视觉的刺激,脑袋宛如精密的计算机,同时接受多种语言系统:影像、空间、动力、声音、戏剧、歌舞剧、服装,等等。"②事实上,镜头语言的描绘是电视逼真性的最主要手段,电视造型手段创造的直观形象让观众声画并举地感受和体验历史与现实,即使是根本不可能亲历的事件也可以耳闻目睹,对终生难以涉足的领域也可以一览无余,电视确实有着不可阻挡的吸引力。

当然,逼真性并不意味着电视排斥和否定假定性。电视在二维的平面空间中展现三维的立体世界,声、光、色的物质实体构成独特的屏幕时空,在有限中表现无限,物理属性的时空决定了镜头在采集和录制时的取舍和过滤,组合成符合观众收视心理和需求但又不等同于现实的假定性形象。同时,摄像镜头不仅可以代表观众的视点,也可以代表剧中人物的角度,赋予人们的内心活动以具体的形象,通过闪回、想象、梦境等假定性手法直接呈现人物的内心活动等。需要指出的是,假定并不等于虚假,假定性和逼真性必须统一在观众对视听形象真实可信的基础上。正所谓艺术源于生活,又高于生活,电视传播形态的多元性内容也是基于本位生活。

(三) 运动性

世界上没有绝对的静止,只有绝对的运动,电视区别于摄影、绘画等表现形态的根本特征就是其运动性。电影(movie)的本意是运动的画面,"运动正是电

---

① 〔匈〕贝拉·巴拉兹:《电影美学》,何力译,中国电影出版社2003年版,第216页。
② 〔美〕路易·贾内梯:《认识电影》,焦雄屏译,北京联合出版公司2016年版,第343页。

影画面最独特和最重要的特征"①。而且,"运动镜头在影视拍摄中频繁使用,不仅可以用来描写人物、环境、叙述故事,而且可以创造节奏、风格、意蕴,是一种重要的艺术表现形式,是影视艺术审美创造的重要手段"②。电视和电影都视运动为生命,赋予观众以无限动静结合的审美体验。

电视本身是一个动态的进行结构,"和人类的运动一样,如果没有外在的刺激或内在动机,就不会有可信的摄影机移动"③。它在延续的时间中变换画面,完成叙事表意功能,又通过每幅画面内容的运动变化再现和构造人、事、物的流动演变形态。电视的运动包括外部运动和内部运动两个层次:外部运动是指被摄体的运动和镜头的动作,即自然界中人与物的运动变化及其潜在运动和摄像机及其镜头的运动变化,包括不同距离(景别)、不同角度(平、仰、俯)和不同方式(推、拉、摇、移等)的处理等;内部运动则是镜头组接产生的内在张力和节奏感,格里菲斯"最后一刻营救"式的剪辑与长镜头的组合所造成的动感效果是截然不同的,用硬切与叠化等方式组接镜头给视觉带来的运动性也是不一样的。电视表现手段的多样性也给电视的运动性构成创造了广阔的天地,正因为如此,人们才会为它营造的动态美感而陶醉。

电视编辑的运动性主要基于三大因素:被摄体的动作、镜头的运动和镜头转换的动作。其中,被摄体的动作和镜头的运动是客观的形象化手段和方法,镜头的转换动作则是剪辑运动的最主观创造者,编辑可以缓慢切换,悠悠展示,也可以迅速交替,频繁更迭,运动的速度和感受在编辑中得以形成。

三、电视编辑的作用

电视编辑作为作品的基本结构方法,是一种叙述的语言,具有特定的表情达意功能。"我们不难理解剪辑对于电影美学论者之所以如此有魅力,事实上是因为这项技术的无穷潜能。……更重要的可能还是剪辑对于整部影片风格的统御力量,甚至可以说是全片结构和效果的关键。"④《现代启示录》(*Apocalypse*

---

① [法]马赛尔·马尔丹:《电影语言》,何振淦译,中国电影出版社1980年版,第2页。
② 杨远婴主编:《电影概论》(第2版),北京联合出版公司2017年版,第49页。
③ [美]路易·贾内梯:《认识电影》,焦雄屏译,北京联合出版公司2016年版,第46页。
④ [美]大卫·波德维尔、克莉丝汀·汤普森:《电影艺术——形式与风格》(第5版),彭吉象等译,北京大学出版社2003年版,第261页。

Now，1979)、《英国病人》(*The English Patient*，1996)的剪辑师和声音设计师沃尔特·默奇(Walter Murch)在剪辑选择的重要性问题方面总结了六条原则[①]：

(1) 忠实于彼时彼地的情感状态；

(2) 推进故事；

(3) 发生在节奏有趣的"正确"时刻；

(4) 照顾到观众的视线在银幕画面上关注的焦点；

(5) 尊重电影二维平面特性，即三维空间通过摄影转换成二维后的语法(比如180度轴线)；

(6) 尊重画面所表现实际空间的三维连贯性(人物在空间中的位置和与其他人物的相对关系)。

影片中的各种要素，按重要性排列如下：

(1) 情感：51%；

(2) 故事：23%；

(3) 节奏：10%；

(4) 视线：7%；

(5) 二维特性：5%；

(6) 三维连贯性：4%。

虽然这些数据并不是绝对的，但默奇认为，情感的比重应超过余下5项的总和。按照他的理解，这个排序是个牺牲顺序，也就是说，在选择一个剪辑点时，如果不得不在6项中取舍，那么为了上面的项目可以牺牲下面的项目。简而言之，他认为剪辑最重要的就是调动观众情绪，所做的一切都是为观众情绪服务。

被誉为"中国第一把剪刀"的傅正义先生在谈到影视编辑的作用时曾用二十个字概括：动作中剪、避假存真、移植借用、以假乱真、剪出戏来[②]。有对影视媒

① ［美］沃尔特·默奇：《眨眼之间：电影剪辑的奥秘》(第2版)，夏彤译，北京联合出版公司2012年版，第18页。
② 傅正义：《实用影视剪辑技巧》，中央编译出版社1994年版，第5—6页。

体优势的强调,也有对剪辑弥补前期缺失的修补,更有对剪辑创造性效果的言说。具体来说,电视编辑的基本作用有如下四个方面。

(一) 构成情节

电视编辑最基础的环节是镜头的组接,无疑镜头组接和段落转换的首要功能是构成情节,也就是"剪出戏来"。匈牙利著名电影理论家巴拉兹曾经举例说明[①]:一个人走出一间屋子,接着我们看见室内乱七八糟,紧接着是一个特写,表现鲜血正从椅背上滴下来。这三个镜头告诉我们这里刚刚发生过一场格斗,走出去的那个人可能打伤了另一个人,即使屏幕不表现格斗过程和受伤者,通过镜头的组接就可以看出其间发生的故事。"看懂"这些故事的前提则是观众本身的联想。在日常的电视编辑中会出现这样一些画面:

① 一个躺着的病人,脸色惨白,气喘吁吁
② 医生给病人注射治疗
③ 病人在院中散步

如果按①②③的次序组接镜头,意思是:病人经过医生的治疗恢复了健康;如果按③②①的次序组接,则好像发生了一场医疗事故:健康的病人被打错了针,卧床不起了。由此可见,不同的镜头编排方式将直接影响人们对作品内容的理解。

(二) 创造时空

电视编辑思维赋予了影视屏幕时空极大自由,创作人员可以运用不同的思维结构方法,把时间和空间上毫不相关的片段有机地连接起来,创造出令人信服的真实时空,推动情节有顺序、有逻辑地向前发展。

库里肖夫曾做过一个"创造地理"的试验[②],他选用了以下五个镜头:

① 一男子自左向右走(国营百货大楼附近)

---

① [匈]贝拉·巴拉兹:《电影美学》,何力译,中国电影出版社2003年版,第123页。
② [法]马赛尔·马尔丹:《电影语言》,何振淦译,中国电影出版社1980年版,第191页。

② 一妇女自右向左走（果戈理纪念碑附近）

③ 男子和女子相会，握手

④ 一座宽敞的白色大厦前有宽大的石阶（美国白宫）

⑤ 两人一起走上台阶（莫斯科圣·赛沃教堂的台阶）

虽然这几个镜头是在彼此相距很远的地点拍摄的，但整场戏使人感到它的地点是十分统一的。电视作品以它特有的方式把现实时空的各种要素重新加以安排，创造出变幻多端的各种时空。"与在其他任何艺术中不同，蒙太奇在电影中有把空间表现形式变为时间表现形式（或相反）的无比巨大的可能性。不仅空间，而且时间，在银幕上都以一个新的剧作的向度表现出来。"①电视的时空思维是任意的、创造性的，可以根据需要任意选择对象、视角、视距，以任意的运动形式、任意的时间延续方式和范围表现。"影视的时间可以涵盖过去、现在和未来，影视的空间可以囊括宏观、微观以及虚幻世界，所以说影视有其无限的时空自由，影视时空是无限时空。"②时空具有最大的可能性和最小的限制，这是电视的重要特征和表现力量。

电视编辑创作的时空具有强烈的主观性，体现着导演剪辑的主观意图，观众只能看到导演安排你看的东西。"剪辑无一例外地要运用假定的时间和假定的空间。"③在现行许多功夫片中，我们经常能够看到如下场景：男主角一拳打向恶霸，那一瞬间时间之流仿佛静止，只听到流水潺潺、鸟儿低鸣。按照正常拍摄，最多不到一秒的镜头在此经常被拉至两到三秒，只为展现男主发拳之猛烈，功夫之精深。这种剪辑手法主要是为了制造主观效果和感受。在此，剪辑师绝对地支配着时间，通过加快或延缓镜头长度达到预期的效果。

（三）声画结合

电视信息包括视觉和听觉两大部分，视觉元素主要有人、物、环境、光影、色彩等，听觉元素有语言、音乐、音响。电视编辑的重要功能是将它们按照一定的美学和心理学要求有机地组合在一起，构造出运动的、连续的、统一的声画结合的视听综合形象，产生新的含义，可以更深刻、更生动地揭示主客观形象，或者刻

---

① ［苏］B. 日丹：《影片的美学》，于培才译，中国电影出版社 1992 年版，第 45 页。

② 傅正义：《影视剪辑编辑艺术》，中国传媒大学出版社 2003 年版，第 18 页。

③ ［苏］米哈伊尔·罗姆：《电影创作津梁》，张正芸译，中国电影出版社 1994 年版，第 208 页。

画人物的内心活动。"电视和电影都是集声像于一体的媒体,主要用于提供娱乐和信息,都沿用叙述性故事的习惯。"①

　　声音与画面有机地结合在一起,除了可以生动地交代事件、展示过程外,还可以有力地刻画人物的心理活动。影片《爱乐之城》(*La La Land*,2016)中有一个相当精彩的"声色联姻"段落,即影片结尾:多年后男主人公塞巴斯蒂安与女主人公米娅重逢的段落(见图1-5)。酒吧沉浸在蓝色的影调之中,灯光逐渐熄灭,镜头最终聚焦在舞台上演奏歌曲的塞巴斯蒂安身上。这首歌曲是他多年前与米娅相识时所演奏的。影片通过这首歌曲完成了时空的转化。这首歌曲旋律婉转悠长,随着镜头逐渐向舞台上的塞巴斯蒂安推进,暖光射灯随即亮起,蓝色的影调逐渐褪去。接着镜头转向米娅,镜头推进,蓝色影调同样逐渐褪去。镜头再次转向塞巴斯蒂安并向后拉回,此时音乐的速度加快,情绪变得高亢。随着演奏的结束,塞巴斯蒂安起身,四周的灯光再次亮起,画面已经重新回到二人初识的酒吧了。通过声画结合,影片在悄然间完成了时空的转换。

图1-5　电影《爱乐之城》中的声画结合与时空转换

---

① 〔英〕尼古拉斯·阿伯克龙比:《电视与社会》,张永喜、鲍贵、陈光明译,南京大学出版社2001年版,第9页。

（四）营造节奏

把各个不同拍摄角度、不同大小景别、不同浓淡色彩、不同明暗对比、不同音量大小以及不同长短的镜头有机地剪接起来，会影响影视片的节奏和速度。影视节奏是造成情绪效果的有力手段，它使观众能从情绪上更好地感受整个作品。

著名导演大卫·里恩利用蒙太奇剪辑，使获得奥斯卡最佳影片的《桂河大桥》(*The Bridge on the River Kwai*，1957)在整体上表现出一种坚实有力的节奏。在大桥被炸的这一场戏中，剪辑师用干净利落的剪辑把节奏推向高潮，最终达到总爆发。导火线被发现以后，起爆器和控制起爆的士兵顷刻成为中心，尼科尔森和斋藤、海军军官希尔斯，以及守桥日军、爆破突击队负责人，这几组人物都形成一种向心力。这时，剪辑师又采用极为铺张的手法，反复切换几组人物的行动，极大地加强了紧张感；接着又急转直下，三位主人公旋即相继死去，大桥在烟雾中化为乌有，长时间积累的情绪张力得以宣泄。由于成功地把握住了节奏的张弛，使观众的欣赏产生有韵律的紧张和松弛。

不同的节奏给观众造成的情绪感受截然不同。正如普多夫金所说："节奏是从情绪上感染观众的手段。导演运用这种节奏，可以使观众激动，也可以使观众平静。"[1]比如多用长镜头则节奏慢，多适于表达轻松、幽静、舒缓的情绪和气氛；多用短镜头则节奏快，多适于表达紧张、躁动、活跃的情绪和气氛。

总之，电视编辑在创作中释放的能量是相当大的，它作为一种典型化的结构手段和思维方法，在电视制作中具有特殊的地位。

第三节　电视编辑的基本流程

理解了电视编辑的思维规律、叙事基础、审美特征以后，接下来便进入实质性的剪辑流程了。在电视编辑的实际操作阶段，通常应把握一个基本原则，即电视编辑是一项系统工程，既需要充分调度各种剪辑技巧和视听手段，又要充分考虑接受对象的心理特性和观看习惯，在此基础上才能剪辑出"可看""耐看"和"必

---

① [苏]多林斯基编注：《普多夫金论文选集》，罗慧生、何力、黄定语译，中国电影出版社 1962 年版，第 94 页。

看"的作品。

一、电视制作的"三看模式"

从信息采制与制作流程看,作品的形成依托于以下"三看模式"(见图 1-6)。

看见 → 看清 → 看懂

图1-6　电视制作"三看模式"

"看见"是将客观形象(或者心理意象)还原或表现成视觉形象的过程,是按照前期构思进行的视觉化呈现;"看清"则是用不同造型手段和符号体系清晰地表达视觉形象的过程,是基于创作者理解基础上的"把关"环节,体现了一定的视觉符号表达意图;"看懂"则是按照符合逻辑的语法规则对视觉符号进行筛选、编排的过程,从而形成容易被观众认知的有意义的信息流。前两者主要由构思、拍摄等前期工序完成,后者则由剪辑师在后期实现。

通过上述三个环节,作品实现了视听信息的基本表达,但它的任务并不止于此,它还要吸引观众观看,并尽可能使他们看得懂、记得住。"当剪辑时,我们必须超越我们所知道的和我们所意指的那些东西,把我们自己放在观众的位置上,理解他们能从我们的作品放映中解释出什么意思。当观众因为无法理解我们的作品,或以一种意外的方式解释我的作品而使我们感到惊奇时,通常是因为我们在设想中没有考虑到观众。"①一个好的电视编辑人员必须牢记,"看懂"必须从受众的角度加以审视。

二、信息传播的"三看模式"

从信息的传播与接受流程看,电视的传播可以解析为以下"三看模式"(见图 1-7)。这一模式的核心是受众,这也成为剪辑师进行创作的主要指导机制。

---

① [美]约翰·S.道格拉斯、格林·P.哈登:《技术的艺术:影视制作的美学途径》,蒲剑等译,北京广播学院出版社2004年版,第234页。

图 1-7　信息传播的"三看模式"

（一）可看：强化表达的艺术性

"可看"是指电视视听符号能够较为恰当地传达信息，发挥电视的特长，将信息用独特的语言表达出来。解决的是信息的可视化和可听化问题，关键是如何吸引观众的注意力，使之契合观众的审美选择。从构成上看，观众无疑是作品的审美者，他们通过作品的外在表现形式，在已有经验的帮助下进行体验并最终达到审美享受。剪辑师只有艺术地组织和传播电视信息，才能给观众提供丰富的补充、想象或参与的时机，才有可能使他们身临其境，获得审美感知。"在艺术中，一切都取决于对表现手段的创造性组织体系、表现手段的合理性，取决于对各种印象和观察结果如何进行系统化，取决于起组织核心作用的艺术概括的方式与方法。"①

（二）耐看：突出信息的实效性

"耐看"则是要求电视传播的语言运用要符合特定的传播情境和信息特质，它是一种恰当而有效的编码方式，解决的是信息的有效性问题，其关键是维持观众的注意力，使之满足甚至超出观众的心理预期。要做到"耐看"，富有吸引力的内容是第一位的，其次，电视编辑还须注意影视内容有一定的延续性，以维系视听系统的相对稳定。如此，让信息的出现超出观众的预期，才能不断产生新的意义和联想。

许多动作影片经常会出现"掐头去尾"的现象（可以理解为声画不同步），比如在美国导演希区柯克的《西北偏北》(*North by Northwest*, 1959)中，室内场景里大量的开门、关门动作都不是完整的，往往是前一个画面中能听到开门的声音，下一个镜头门已开了一半；或是上一个镜头门只关了一半，下一个镜头里出现关门声。外景汽车和人的出画、入画也同样并不用镜头交代完整。为什么这样剪辑呢？首先，这种手法可以有效调动观众的经验与感受：开门、关门是我们生活中常见的动作，我们了解它的全过程，用声音和画面两个手段来完成一个动

---

① ［苏］B. 日丹：《影片的美学》，于培才译，中国电影出版社 1992 年版，第 12 页。

作,即调动了观众的"视听"感官及经验。其次,调动了观众的心理补偿,观众从心理上补充完成了影片中开关门的整个动作。汽车和人的出、入画也是这个道理,剪辑师只需要控制汽车部分留在画面内,观众在观看时即认为汽车已出画或入画了。剪辑师对镜头动势的把控,加上观众自身的心理补偿,都使镜头信息更加准确、有效。

(三) 必看:重视受众的选择性

"必看"属于较高层次的传播要求,它需要电视编辑把握观众的观看特征,进行有针对性的传播,使传播内容契合观众的生理和心理需求,这是观众注意力维持的提升和延展。如果说"可看"和"耐看"对于观众来说还比较被动的话,"必看"则是一种较为自觉的信息接受机制,充分反映了传播者和受众之间的良性互动。无疑,电视编辑是架起这座良性互动桥梁的决定性力量。

要做到"必看",剪辑师要考虑到不同观众对作品的不同需求:先要做好定位,明确作品是为哪一层次观众服务的(如年龄层次、学历层次等),还要在题材的选择、涉及问题的深度、作品的形式、节奏等方面考虑特定受众的特定认知基础和特定欣赏特征。著名剪辑师周新霞在谈到当年的热播电视剧《潜伏》的剪辑时,曾指出:"我们拿到剧本首先要考虑受众群,针对不同的观众定位采取不同的处理方式。创作者心里一定要揣着观众。"[①]或许这正是《潜伏》取得成功的重要原因:利用观众的心理注意机制,调整内容的编排程序与节奏,使之更符合受众的心理需求。这是电视编辑的必然选择。

概括起来,电视编辑不仅要让观众明白他看到的视听信息,还需通过镜头的组织与声画结合,使内容引人入胜,从而让观众身临其境。

三、电视编辑的主要环节

在后期制作过程中,电视编辑承担的主要工作是视听形象塑造,制作者在电子编辑系统或非线性编辑系统上按照导演意图对素材进行处理,也可根据对内容的新理解或从新角度进行创造性思维建构。主要流程如下(见图1-8):

---

① 周新霞:《剪辑台上的艺术——周新霞谈〈潜伏〉剪辑创作》,《当代影视》2009年第7期。

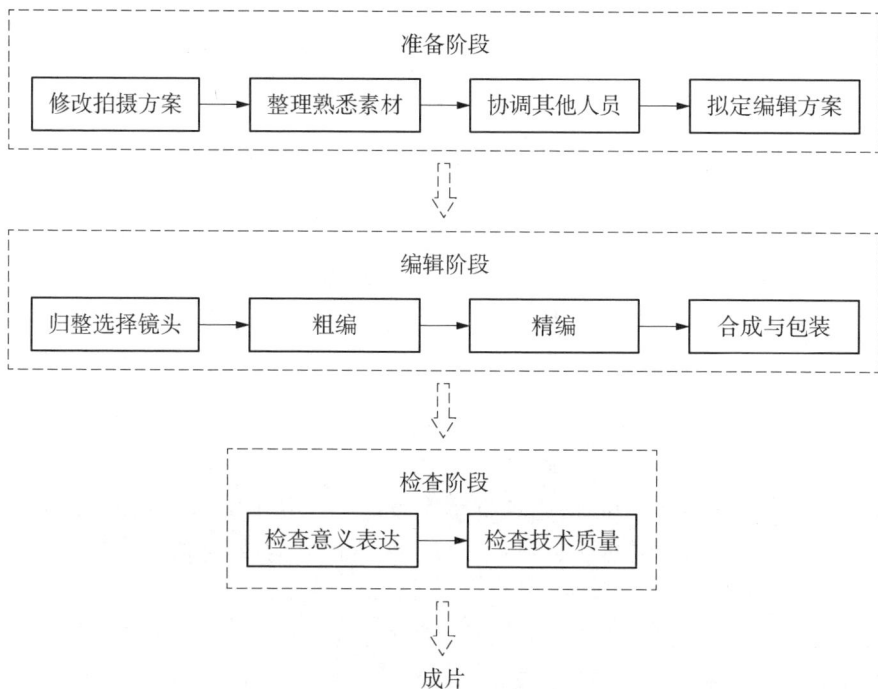

图 1-8　电视编辑流程

（一）准备阶段

在正式进入剪辑阶段之前的准备工作是很必要的,磨刀不误砍柴工,准备工作越细致,剪辑时就会越顺利,既能确保剪辑质量,也能提高剪辑效率。

1. 修改拍摄提纲

一般而言,在作品的构思阶段,创作者已经对其主题、内容、形式、结构与风格等形成了比较完整的艺术构思,拟定了初步的拍摄提纲、文字稿本甚至分镜头稿本。但在具体拍摄时,由于实际条件的变化或限制,最终拍摄出来的素材往往会与最初构思不完全一致,有时会有意外收获,有时则无法实现预期目标。因此,在开始剪辑前,需要根据稿本和已拍摄的素材及时修订拍摄提纲。

2. 整理、熟悉素材

拍摄回来的原始素材有可能会非常零散,有必要对此进行一定的梳理和甄别。正如赖兹等人指出的,"只有理解素材的内在含义,才有可能生动地表现出来"①。

---

① ［英］卡雷尔·赖兹、盖文·米勒编:《电影剪辑技巧》,郭建中等译,中国电影出版社 2008 年版,第 107 页。

通过熟悉素材,可以达到以下几方面的作用:第一,了解素材质量,从而根据原有的构思,在脑海中建立起可以预见的和可能的剪辑效果。第二,及时调整构思,有些素材会激发创作者的灵感,形成新的兴奋点和表达重点或细节等,因此,要善于发现素材本身的能量,不断修订和完善构思。第三,发现素材不足,以便尽快组织补拍或进一步寻找相关视听材料。这一过程要考虑实现构思时所要表现和表达的东西,比如是否还缺少画面,能否用一些照片或其他影像资料替代,有哪些场景是必须现场同期声的,有无其他补救办法等,要有一个基本的了解。

3. 协调其他人员

在准备阶段,制作者还要积极与其他人员协调,以保证剪辑出的作品在风格、形态、结构、解说词、串联词以及音乐等方面的整体感。此外,如果作品被安排在某一栏目播出,剪辑时还必须主动与栏目负责人沟通,以求得栏目总体风格的一致。

4. 拟定剪辑方案

这是正式剪辑前最关键的一环。设计好的提纲是剪辑的基本依据,所有有用素材都将由这个"纲"统率起来。提纲包括对主题阐述、内容选择、结构方式、风格样式和表现手段等作出的具体说明,并对镜头与段落安排都有比较精确的设计和表述。严谨的剪辑提纲会给剪接工作带来以下好处:第一,可保证片子在结构上的完整度和节奏感,并保证各部分内容在比例上的得当;第二,可以保证选用最能表达意义的镜头;第三,可以提高剪辑工作的效率;第四,可以保证作品长度上的精确性。

(二) 编辑阶段

完成了以上准备工作,就可以着手正式剪辑了。这是剪辑工作的最主要阶段,主要包括以下几个步骤。

1. 规整和选择镜头

对所有的原始素材进行分类和整理,包括给素材编号,尽可能按照时间或空间的顺序来编排,然后逐个记下每个镜头的内容和长度。剪辑人员要从镜头技术质量、审美效果以及叙事或表意需要出发,选择最能实现作品构思的镜头。

2. 粗编与精编

选择完镜头之后的组合是编辑工作的重点,在这一阶段,所有的前期构思与采录都将通过视听形象完整地呈现出来。这里的镜头组合与排列不仅要注意影视语言的语法规则,更要注意意义的表达,并要通过选择剪接点和镜头的不同长度来创造最佳的艺术效果。原本杂乱无章的镜头在这里被排列成一个有意义的有机整体,从而使电视创作工作初步完成。编辑人员因习惯不同,有的是一步到位,有的则把编辑工作分为粗编和精编两步。

粗编是根据节目表达需要和时长规定,将镜头大致串接在一起,基本完成节目的结构。粗编的片子往往比成片时间要长些,粗编完成后再对建立起的形象体系进行感受和推敲。粗编时可以对节目的整体节奏、镜头编排和声画组合等设计进行调整、修改和完善,并形成最终的编辑脚本;精编则是在粗编基础上的完善,有时修正剪接点,有时去除一些多余的镜头或替换一些不合适的镜头,等等,从而达到最满意的艺术效果。

3. 合成与包装

镜头组接完成以后,有时还需要进行特技制作、字幕合成,配解说、音乐,最后还要做片头、片尾的包装,最终制作成符合设计思想的电视节目。

(三) 检查阶段

编辑完成以后,检查工作也是必不可少的一种修改与完善,通过检查发现问题并解决问题,从而使电视节目意义清晰、视听流畅、节奏和谐。

1. 检查意义表达

要检查画面与声音的组接是否符合生活逻辑,条理是否清楚,内容之间的联系是否合理自然,结构是否完整、均衡,意义表达是否准确,效果是否达到目的,剪接点选择是否恰当,是否符合基本的影视语言规则,运动的把握是否流畅,场面过渡是否自然等。

2. 检查技术质量

即检查图像与声音是否达到技术播出标准,是否有丢帧现象,有无错字、漏字;检查声音是否连贯,与画面同步与否等。

第四节　电视编辑的基本素养

作为电视(视频)节目生产环节的最终设计者和实施者,电视编辑不仅要学会熟练驾驭各种技术和艺术手段,更要善于顺应新媒介环境的变化,善于运用新技术与工具赋予的能量,善于将作品的意图和观众的需求相契合。

一、电视编辑面临的挑战

当前,电视传播的媒介环境、传播技术、接受对象以及作品形态等均发生变化。这些变化都对电视制作者,尤其是后期剪辑人员的创作观念产生了重要影响,对电视编辑的技术与艺术均造成新的冲击。

(一) 媒介融合态势下电视传播空间不断拓展

伴随着媒介融合进程的进一步加快,电视传播的格局发生了重大变化。这种变化突出表现为两方面。

其一,电视的传播载体不断拓展。面对异军突起的网络与新媒体,电视行业遭遇了前所未有的挑战:看电视不必蜗居家中,看电影也不必非去电影院,电视以"视频"形态呈现在受众面前。各种视频播放平台如雨后春笋,随处可见的"视频"打破了传统的影视格局,赋予了作品新的传播样态。

其二,作品的观看空间发生变化。随着载体的变化和移动传播时代的来临,作品的观看空间也悄然发生了变化:客厅、卧室、电影院这些原本封闭的空间已被打破,任何一个网络传播节点、任何一个可以手机上网的地点、任何一个移动媒体可达的终点,都成为作品的观看地。这些开放空间的公共性、共享性、流动性等特征,对作品在内容的选择、节奏的掌控等方面均提出了新的要求。

(二) 数字技术支撑下电视编辑手段日趋新颖

作为信息时代的重要标志,数字技术已经融入电视制作的全过程。非线性、数码特技、影视合成、AI剪辑等新技术为作品提供了丰富的创意形式和风格手段,不仅使后期制作更高效、更灵活,也极大地拓展和丰富了电视创作的艺术空间,激发了电视创作者的想象力。横空出世的数字技术支撑下的作品奉献了一场场空前的视觉盛宴。可以说,不断推陈出新的数字技术在一定程度上影响和改变着传统的意识活动和信息加工方法,使电视编辑可以不受现实时空的限制,达到了一种"无所不能"的思维境地。

（三）信息多元背景下观众选择趋向更加主动

随着社会的进步,受众的信息接受方式和需求也发生了变化,主动、积极、多元的信息接受特征替代了被动、消极和单一的局面。电视传播的命运与受众的需求牢牢捆绑在一起,受众本位为主导的传播模式进一步确立和强化,受众的需求成为把握传播方向、结构传播内容、组织传播形式的重要法则。著名剪辑师战海红曾说:"苏联电影导演理论家普多夫金有一句名言:'剪辑是观众的心理导师。'讲的是观众心理对影片创作的重要性,同时也强调了影片的剪辑对观众心理的激发、引导和调控的重要作用。"①也就是说,剪辑师不仅需要了解观众"想什么",还要知晓他们"怎么想""为什么想"。在日益市场化的宏观背景下,以受众为主导的传播形态成为作品赢得生存空间的必然选择。

二、电视编辑的主要能力

面临新生存环境的"新电视"创作,剪辑人员还需要不断提升综合思维素养养成在新信息传播环境下的基本能力。

（一）媒介环境的应对力

随着媒介大家族成员的增加,媒介之间的博弈愈加激烈。电视既有与其他媒介的竞争与合作,也有内部的博弈,这种博弈可能处于国内,也可能跨越国界。

新媒介环境对电视编辑人员提出了更高的要求,首要的是提升媒介环境应对力。编辑已经不再是传统意义上的电视信息组合者,而是一个在动态传播链中的视频生产者,这就要求剪辑人员的信息生产既能适应不同媒介传播情境下的视频形态,又能从不同的媒介中汲取营养,为"我"所用。编辑对新媒介环境下电视传播的特点和规律的驾驭能力决定着作品传播的成败。

要提升媒介环境的应对力,其核心是扬长避短、取长补短。宏观上讲,编辑要正视电视传播的长处与弱项,时刻保持开放的姿态以了解其他媒介的优势;进而补己之短。微观来看,编辑则要善于强化电视视听的形象性、感染力等优势,充分发掘形声兼备的特质与潜力,吸引并留住观众;要善于克服电视传播的线性

---

① 战海红:《电影剪辑的三种创作取向》,《电影艺术》2010 年第 8 期。

思维方式,积极借鉴报纸的选择性,以及网络的交互性、超链接等特点;创新剪辑技巧,丰富信息结构方式;要善于理解新媒介环境下视频观众的接受心理,在时空调度、结构设计、节奏控制、声画选择等方面把握好间歇与轻重;要善于运用网络等其他媒介设立专题、开展联动,拓展传播通道,全方位推介作品,以获得观众对作品的选择和青睐。

(二)传播工具的驾驭力

电视是技术的产物,也是利用技术不断实现新思维、新创造的媒介之一。传播技术发展到今天,电视在时间上或空间上的开放性达到了前所未有的程度。"在电影剪辑艺术实践中,电影剪辑师如果想成功地处理图像和吸引观众的注意,他必须具有全面控制的能力。他运用各种各样的元素——所有有关的视听印象——来确立和加强这一控制。"[①]因此,具备全面且与时俱进地驾驭电视编辑的技术与艺术手段,是当前剪辑师的一大重要素质。

要提升传播工具的驾驭力,其原则是形式服从和服务于内容。也就是说,剪辑师要重内容、轻形式,不能为了技术而技术,必须牢记电视信息生产的任何形式都是为内容服务的。任何技术手段、创作技法的运用都必须与作品的内容和谐相生。具体而言,剪辑师要善于明确和提炼作品的传播意图、风格特点,把握剪辑的基本要求,寻找合适的剪辑技术与手法;要善于掌握现代电子系统的软硬件构成、系统环境、非线性编辑软件和相关的特技、字幕制作等软件,挖掘技术提供的可能性;要善于掌握高超的信息传播技艺,充分调度视频、音频、图表、文本等各类形态,创造出符合要求的视听信息流;要善于学习和运用电视信息生产的新技术、新方法,不断进行造型手段与视听语言的创新表达,给观众新的视听感知与审美享受。

(三)视听素材的识别力

电视编辑的过程就是对视听素材进行组织加工的过程。剪辑师只有具备独到的识别力,才能从繁杂的素材中提炼出符合导演(编导)意图、满足观众收视需要的作品。电视连续剧《潜伏》初剪时为40集,精剪成30集之后,获得了观众和专家的交口称赞,这归功于剪辑师对素材的精准选择。"从理想的状态来说,一

---

① [美]李·R.波布克:《电影的元素》,伍菡卿译,中国电影出版社,1986年版,第139页。

个导演不仅应该拥有广泛的艺术知识,而且还要有活跃的思想、追根究底的精神,还要善于深入人们的生活中寻找虚构情节的联系与根源。"①善于把隐藏于画面或声音背后的内涵与本质,甚至联想性信息挖掘出来,这是剪辑师在导演或编导要求下的又一思维素养。

要提升视听素材的识别力,其重点是慧眼识珠、纵横捭阖。也就是说,剪辑师要练就一双"慧眼",善于发现信息、发掘信息、发挥信息和发展信息。作为剪辑师,第一,要善于发现信息,从整体上把握素材,根据作品传递意图,从纷繁的素材中捕捉有用信息,对表现对象进行完美的展现;第二,要善于发掘信息,寻找结构线索或局部细节,既从宏观上整体掌控,又在微观上局部把握,做到吸引观众、留住观众;第三,要善于发挥信息,充分考虑视听素材中画面与画面、画面与声音、声音与声音之间的可能关系,发挥视听并举、形声兼备的优势,使作品富于表现力、感染力;第四,要善于发展信息,运用丰富的蒙太奇思维方式和结构技巧,对视听资料进行重新加工、处理、组合与拼装,创作出或娓娓道来,或激情澎湃,或跌宕起伏的表情达意的信息流。

(四) 信息表达的创造力

创新是今天这个时代的主旋律,也是电视编辑思维的核心素养。列宁曾强调,"人的意识不仅反映客观世界,并且创造客观世界"②。消费时代,人们对精神产品的需求量大幅增加,但同时,艺术作品作为消费品,其市场竞争十分激烈,观众的眼光也格外挑剔。面对这种市场环境,电视编辑如果仍然以一成不变的思维方式参与信息生产,必将难以立足,唯有不断创新,才能立于不败之地。

要提升信息表达的创造力,其关键是培育发散思维,做到与众不同、匠心独运。剪辑师要充分发挥联想力,不断用新的视角去审视各种素材,用新的方法去表述各种内容,用新的手段去传播各种信息,用新的材料去支撑各种见解。

培育剪辑创造性思维的主要途径有:第一,加强横向思维训练,善于从事物的一个方面转向另一方面去作联系、比较和呼应,对事物作多侧面、多角度、多因果的展示和分析,挖掘表现蒙太奇的表现潜能;第二,加强逆向思维训练,善于从

---

① [美]迈克尔·拉毕格:《导演创作完全手册》(插图第4版),唐培林译,世界图书出版公司2014年版,第4页。
② 中共中央马克思恩格斯列宁斯大林著作编译局编译:《列宁全集》(第38卷),人民出版社1986年版,第228页。

相反的方向观察事物,用对立的方法分析问题,敢于突破传统蒙太奇思维规则的限制,在符合逻辑的前提下灵活多样地处理视、音频素材;第三,加强立体思维训练,善于从整体上理解作品,多层次展现信息,动态地处理材料,系统地表达内容,使作品不囿于点、线、面的时空表态,而给观众以全新的审美感知。

　　总之,无论创作何种作品,均要秉持一个十分明确的目标,那就是以受众的选择为指向,这种指向在今天这样一个受众本位的时代,越来越明确化。剪辑师只要心里"揣着观众",无论面临何种激烈的竞争与变化,无论采用何种技术与手段,所生产的作品都有可能受到观众的欢迎。

推 荐 阅 读

　　1. [乌拉圭]丹尼艾尔·阿里洪:《镜头语言的语法》(插图修订版),陈国铎、黎锡等译,周传基审校,北京联合出版公司 2013 年版。

　　2. [美]钱德勒:《剪辑圣经:剪辑你的电影和视频》(第 2 版),黄德宗译,电子工业出版社 2013 年版。

　　3. [美]路易斯·贾内梯:《认识电影》(全彩插图第 12 版),焦雄屏译,北京联合出版公司 2016 年版。

　　4. 杨远婴主编:《电影概论》(第 2 版),北京联合出版公司 2017 年版。

　　5. [美]斯蒂芬·普林斯:《电影的秘密:形式与意义》(插图第 6 版),王彤译,文化发展出版社 2018 年版。

观 摩 影 片

　　1.《爱乐之城》(La La Land,美国,2016)

　　2.《星际穿越》(Interstellar,美国/英国/加拿大/冰岛,2014)

　　3. 历届奥运会会徽宣传片

思 考 题

　　1. 电视编辑的主要流程有哪些? 在这些环节中有哪些事项需要注意?

　　2. 电视编辑的基本思维特质是什么? 为什么?

　　3. 媒介环境的变化对剪辑师提出了哪些新的要求? 剪辑师应如何适应?

第二章

编辑语言演进

　　考察电视编辑的原理以及思维发展,首先要从电影剪辑的实践及其理念演进起步。媒介演进史表明,电视与电影之间有着千丝万缕的联系,这种联系首先是符号体系及其语法规则的延续和借鉴。一度以银幕为载体的电影和以荧屏为载体的电视,在新媒体时代越发呈现出融合之势,而语法规则的汇流势不可当。电影诞生以来的流光镜语,无不是从画面的分割与连接开始的,基本上都成熟于镜头的剪辑部分。剪辑不是天然诞生的,它是视觉化思维的结果,是伴随着人类发明并发展电影的过程产生的。纵观百余年的影视剪辑史,编辑语言、语法的探索与发现成为其中的基本轨迹,大致经历了探索期、实践期、形成期和反思期等几个阶段。

第一节　早期的探索

　　电影的诞生使人类获得了一种全新的感知世界的经验,获得了一种全新的影像思维的方式,而这些影像最初大都停留在"物质现实的复原"层面。

一、记录功能的产生

　　摄影术的发明为人类记录生活与现实提供了物质手段和想象的新空间,人们开始尝试运用活动的影像表现运动的事物。尽管那时的尝试现在看来似乎很幼稚,但它却预示着一种新的艺术形式和传播媒体的诞生。

　　1895 年 12 月 28 日,法国的卢米埃尔兄弟(见图 2 - 1)在巴黎卡普辛路 14

图2-1 卢米埃尔兄弟

图2-2 《工厂大门》剧照

号地下的咖啡馆放映了世界上第一批影片。

《工厂大门》(*La sortie de l'usine Lumière à Lyon*,1895)中"那些头戴羽帽,腰系围裙的女工们和推着自行车的男人们,至今还使人感到一种朴素的魅力。影片在表现工人以后,接着表现一辆由两匹骏马拉着的马车载着厂主们驶进厂,然后司阍把大门关起来"[①](见图2-2)。

通过"活动影像机",卢米埃尔兄弟记录下了运动的景物。他们将镜头架设在工厂对面,用固定镜头拍摄工人下班的场景,影片段落完整,流畅自然。卢米埃尔兄弟通过影像记录了工人们下班的过程,镜头中出现的腰系围裙的女工们、推着自行车的男人、奔跑的狗和车辆快速经过的镜头,给人以流动的感觉。

在卢米埃尔兄弟的另一部影片《火车进站》(*L'arriveé d'un train à La Ciotat*,1896)中,他们将镜头架设在月台上,通过固定镜头拍摄远处的火车驶入

① [法]乔治·萨杜尔:《世界电影史》(第2版),徐昭、胡承伟译,中国电影出版社1995年版,第14页。

站台,由于画面过于逼真,在放映之初曾引起轰动。影片放映时,观众以为火车真的将从银幕里驶出(见图2-3),吓得呼叫奔逃。

图2-3　《火车进站》片段:单镜头内的纵深变化

　　《水浇园丁》(*L'arroseur arrosé*)讲述了这样一个故事:"一个儿童用脚踩住了胶皮水管,园丁以为龙头出了毛病,打开唧筒的龙头来检查,这时突然水从龙头里喷射出来,溅了他一脸。"①作者采用固定机位、全景视角,景别无变化,也无法看到孩子和园丁脸部的生动表情及动作细节,园丁跑出画框追逐孩子的精彩瞬间也只能错过(见图2-4)。

　　这些影片在当时都是作为新技术和简单游戏出现的,它们细致地记录着劳动和工作的生活场景、家庭生活情趣、自然风光、街头实景以及政治和文化等。它们的制作方法相当简单:把摄影机对准被摄对象,再摇动手柄,直到胶片拍完。在这样一种单一视点的制约下,人们的思维受到诸多局限,即使是画面本身有较大纵深变化的《火车进站》,其视点也明显单调。摄影机架在站台上,朝着远处延伸的火车轨道,站台上空无一人,景深处一列火车迎面驶来,火车头驶出画左沿站台停下来,旅客们走下火车,其中有一名少女在摄影机前迟疑地经过,并

————————————

① 〔法〕乔治·萨杜尔:《世界电影史》(第2版),徐昭、胡承伟译,中国电影出版社1995年版,第16页。

图2-4 《水浇园丁》片段：单镜头内的主体变化

露出自然而又羞涩的表情。直到火车离开站台驶出，影片结束。画框中的人与物通过透视发生变化，观众无法变换视角欣赏。

这些影片呈现出一个共同特点，即都是对客观生活的真实、完整记录和还原，它们只有一个镜头，没有剪辑可言。但是，从另一个角度来看，它们的拍摄本身是经过选择的，也就是说，是将生活现实"剪"进了电影。

与此同时，《水浇园丁》等一些对戏剧性场景的记录也预示了"电影除了拥有奇观记录的目的与功能外，已开始酝酿叙事与创造戏剧的潜在企图"①，这将在后续的视觉思维探索中不断获得技艺的支撑。

卢米埃尔兄弟的影片具有实验性质，且主要是对客观生活进行还原和再现，但值得注意的是，影片中的场景是经过精心设计的，且选取了本身具有动势的拍摄物体。他们倾向于在开放的、广阔的空间中拍摄真实的场景，其活动影像具有当场抓拍自然的照相性。

二、蒙太奇的初探

早期电影作为一种新奇的活动影像震撼了当时的观众，迅速风靡欧美。人

---

① 井迎兆：《电影剪接美学——说的艺术》，台湾三民书局股份有限公司2006年版，第7页。

们很快意识到,原始意义的电影语言已经远远不能表达人类日益丰富的思想,也远远无法承载人类希望它能承载的诉求了。随着电影实践的增多,人们尝试将不同景别和角度的镜头连接在一起,表现不同的内容重点,并形成了局部与整体的新关系。这些简单的镜头连接为不同的场景和动作确立了联系,较之单镜头,其容量大大增加了。单一的时空思维被打破,人们的思维对象和空间得到了极大拓展,多角度、多景别、多时空开始出现在当时的影片中。这时的思维可以被称为技术蒙太奇。

　　法国人乔治·梅里爱(见图 2-5)是电影史上第一个有意识地进行艺术创造的先驱。他最初拍摄的一些影片并没有什么新意和独创之处,大多是对卢米埃尔的模仿,甚至连片名都一模一样:《玩纸牌》《火车进站》《街头风光》等。1896 年,一次偶然的机会改变了这一状况,启发了这位魔术师的聪明才智。梅里爱在拍摄街头实景时,由于机器发生绞片故障,不得不停机,当机器修好后才又重新转动起来。结果让梅里爱感到万分惊奇的是,洗出来的画面中,原来一辆行驶着的马车,突然变成了一辆灵车。这次偶然使梅里爱发现了"停机再拍"的电影技术手段。从此,梅里爱走上了一条与卢米埃尔完

图 2-5　乔治·梅里爱

全不同的道路,开始大量运用电影具有表现魔幻效果的可能性,并通过亲身实践为电影艺术打开了充满想象的大门。

　　梅里爱提出了"银幕即舞台"的口号,首先创造了"人为安排的场景"。在 1902 年完成的影片《月球旅行记》(*Le voyage dans la lune*,1902)中,他把地球、月球的真实场景和想象的场景连接在一起,梅里爱采用神话剧的传统风格,表现了一群天文学家乘坐"炮弹"到月球探险的情景,包括"科学大会""制造炮弹""月球登陆""探险者之梦""与月球人搏斗""海底遇险"和"凯旋"等几个段落。片子讲述了一个复杂的故事:一群身着星相服的天文学家来到一座奇特的工厂,一些女海员搬来一个大炮弹状的飞行器,当天文学家进去以后,他们被发射到了月球。他们从飞行器出来,欣赏了月球火山口附近平原的奇妙风光,他们还受到美女扮演的星神们的欢迎。天黑了,他们从梦中惊醒,看到了月亮神、巨型蘑菇和各种稀奇的东西,几经危险、周折,他们又乘炮弹飞行器回到地球,经过海底奇异的旅行,故事在一座雕像的揭幕典礼中结束。

　　在其中的一个片段中(见图2-6),航天人员进入飞行器、飞行器发射、到达月球、在月球上看到地球、梦境(各种星星)、进入月球内部等段落均被表现得惟妙惟肖,舞台的场面调度成功地与影视思维嫁接在一起。

图2-6　《月球旅行记》片段:时空的创造

　　现在看来,影片中已经出现了几种镜头思维的新形式:把动作分解成几个小单元,通过组接加以补充、修饰,使小单元重新组合成完整的意思,创立了表现运动的新形式;把一个很长的时间过程压缩,却没有明显的中断感,传达了崭新的时间概念;把不同地点展示的活动并列在一起,构成了独特的银幕空间,获得了表现空间自由的可能性。这也验证了梅里爱认为《月球旅行记》是"一种用戏剧和引人入胜的手法拍成的电影"[1]的看法。

_____

① 〔法〕罗宏·朱利耶、米榭尔·马利:《阅读电影影像》,乔仪蓁译,积木文化2010年版,第67页。

尽管这些时间、空间和运动上的画面思维方式为电影注入了新的活力,但在当时并未成为规范化语言的情况下,这些方式充其量只是形象化地记录事件的客观流程。不过,电影除了奇观记录的目的与功能外,已开始显示出叙事与创造性的潜力。

三、不同技法的实践

同一时期英国布赖顿学派的乔治·阿尔伯特·史密斯是电影萌芽时期最具创意的摄影师。在他的镜头下,观众可随着电影到世界各地旅游,获得全新的视觉体验。史密斯具有高度的创造力,在他的拍摄生涯中,推拉焦距、特写镜头、推移镜头、两次曝光、移动摄影、叠印、全景、倒拍、停拍、剪辑等技法均为其利用。可以说,史密斯为早期电影提供了一些技术上的新鲜元素。史密斯致力于开拓新的技法,不断进行拍摄实验。早在 1898 年,他就在火车快速行进中拍摄,摄影机就像是一只"幽灵之眼",将车外的景物尽收眼底。次年,他将"幽灵之眼"镜头与一对夫妇坐在车厢模型中拥吻的镜头组合在一起。当两人拥吻时,火车随即驶入隧道。这种不只由一个镜头组成的影片是 19 世纪 90 年代后期开始出现的,史密斯的"幽灵之旅"首次以组合式的镜头表现了两个"同时"发生的事件。而在《祖母的放大镜》(*Grandma's Reading Glass*,1900)一片中,史密斯更是采用特大特写镜头,银幕上出现了远大于物体实际体积的走动的表、笼中的金丝雀和人的眼睛。此外,史密斯还在《夜晚》一片中表现警察提着灯巡夜,沿路照亮了乞丐、醉汉、行窃的小偷的场景。在此,他用摄影机代替人的眼睛,让其运动起来,这些手法其实是现代蒙太奇的开端。

在早期的探索中,卢米埃尔和梅里爱代表着两种截然不同的语言风格(布赖顿学派反对梅里爱,与卢米埃尔的主张较为一致):"卢米埃尔力求引起旁观者的感觉,引起对'当场抓住的自然'的好奇心;梅里爱则出于艺术家的偏爱而沉湎于幻想,全然不顾自然界的实际活动"[①]。卢米埃尔侧重于对现实生活的再现和记录,而梅里爱则侧重于表现和创造。正是这些丰富的幻想与创造,启发了后继者的更富想象力的剪辑观念和实践。

---

① 〔德〕齐格弗里德·克拉考尔:《电影的本性——物质现实的复原》,邵牧君译,中国电影出版社 1981 年版,第 40 页。

第二节　剪辑思维的萌芽

经过发轫期,电影人已经不再满足于纯粹记录和偶尔为之的组合实践,而是开始寻求更好地再现和表现现实世界的技法,并在实践中获得了日趋成熟的语法和观念设计,主要是针对叙事蒙太奇的初步构建。

一、剪辑原理的奠基

"如果乔治·梅里爱,正像他自己所说的那样,是'把电影引上戏剧道路'的第一个人。那么,美国人埃德温·S. 鲍特便是把电影引上电影道路的第一个人。今天一般人都公认他是故事电影之父。"①1902 年,鲍特拍摄了《一个美国消防队员的生活》(*Life of an American Fireman*),该片向世人展示了剪辑创造戏剧性和象征意义的可能性,也就此奠定了电影剪辑的基础。

鲍特的制作方法与当时一般的拍摄方式有显著差别。他在爱迪生的旧片库中找到一批反映消防队员活动的影片,由于消防队员的活动有强烈的吸引力,鲍特便把它选作题材,可是他还需要一个作为中心的主题或事件来把消防队活动的场面组织起来。于是,鲍特就提出了一个与众不同的构思:一个母亲和她的孩子被困在着火的房子里,在千钧一发之际,消防队员救了他们。全片共分七场,其中母子被困的场面是由鲍特设计拍摄的(见图 2-7)。

第一场:消防队员梦中出现处境万分危急的女人和孩子。

第二场:纽约火警亭的近景。

第三场:卧室。

第四场:救火车的机房内部。

第五场:救火车驶离机房。

第六场:奔向火灾现场。

第七场:抵达火灾现场。(高潮:火中束手无策的受难者濒于死亡。结

---

① 〔美〕刘易斯·雅各布斯:《美国电影的兴起》,刘宗锟译,中国电影出版社 1991 年版,第 39 页。

局：救援来到。）

图 2-7　《一个美国消防队员的生活》第七场部分镜头

鲍特从已经拍摄的素材中选编成一部故事片，这是一个空前的创举：它意味着一个镜头并不一定须有完整的意义，而是可以通过与其他镜头的组接加以修饰。不完整动作的镜头是构成影片的基本元素，通过剪辑可以使这些不完整的动作构成具有完整意义的影片。不得不承认，这对于剪辑思维来说是具有里程碑意义的探索。

首先，他把动作分割为便于掌握的小单元，给导演在行动方面带来了近乎无限的自由。"鲍特首先发现电影艺术依赖镜头的连贯性，而不是依赖单独的各个镜头。"[1]在《一个美国消防队员的生活》的高潮段落中，鲍特将不同的两种风格结合到一起：他把一个在真实场景拍摄的镜头和一个在摄影棚里拍摄的镜头连接在一起，而没有明显地打断行动的连贯性，使观众认可一个虚拟的连贯活动过程。最后一场戏包含三个镜头：抵达火灾现场、处于危急情况下的女人和孩子、人从云梯上下来。"这是不用一个镜头而用几个镜头来构成场面的最早迹象之一。"[2]

---

① ［美］刘易斯·雅各布斯：《美国电影的兴起》，刘宗锟译，中国电影出版社1991年版，第39页。
② 同上书，第45页。

其次,通过镜头组接,把时间的观念传达给了观众。"电影里的惊人的说服力有赖于电影的基本特质:如何选择和剪辑激动人心的镜头。"①全片将一个需要相当长时间才能表现的活动压缩在一部影片的范围内,在叙述方面并没有明显的中断:只选择故事中的重要部分,然后连接起来构成一个能被接受的、合乎逻辑发展的分镜头剧本。他在用镜头讲故事时,不是记录整个过程,而是选择其中重要的部分,这些关键性镜头组接起来,表现了一个"救火"的场景,事件的实际可能时间被压缩。这也是后来表现动作分解与组合和时间思维的重要方法之一。

1902年,鲍特拍摄的《火车大劫案》(The Great Train Robbery)进一步展示出平行剪辑的效果。在片中,他使用了三条并进的故事线索(见图2-8):一个是在电报室被绑架的电报员正等待救援;一个是在舞台上纵舞狂欢的警察;另一个是在室外洗劫火车后逃离的匪徒,遭到警察追击。鲍特利用三个不同地点的连接,创造了戏剧动作的同时性,也制造了悬念,每一场都不会有即时的结果,而是彼此关联,逐渐将故事带到警察与匪徒冲突的高潮。这部影片还有一个贡献,即它在影片的结尾出人意料地使用了一个特写镜头:匪首对着观众开枪。特写镜头首次得到应用,特写在剪辑思维表达中的戏剧化叙事功能首先得到肯定,合理地推进了故事发展。这比后来格里菲斯使用特写镜头和确定特写镜头作为电影技巧的一个完整部分要早5年。

图2-8 《火车大劫案》中平行剪辑的三条线索

鲍特创造了电影剪辑的两个原则,即时间和空间的选择性。他突破了传统叙事艺术中常见的按时序叙述的做法,以事件的若干部分表现整个故事,从而创造了独特的电影叙事的可能。当然,他的局限也很明显,他没有把这种可能性变

---

① [英]卡雷尔·赖兹、盖文·米勒编:《电影剪辑技巧》,郭建中等译,中国电影出版社2008年版,第153页。

成经常实际使用的方法,由于他过分追求表现具有强烈外部动作的事件本身的兴趣,他对每一段落的表现还只是用一个远景长镜头,比如,在影片的第六个镜头中,为表现一位旅客企图逃跑躲避强盗的枪杀时,他便以人物的不停晃动来突出他的心理动机。这个放在远景人群中的表现方式,效果微乎其微。总体而言,他基本采用直截了当的方式讲述简单故事。

尽管鲍特的创作具有很大的局限性,但他的尝试对视觉思维表达来讲是十分有益的,他揭示了那些令人折服的剪辑技巧的潜能,同时也为叙事电影开辟了道路,以至于直接影响了格里菲斯的电影叙事观念。在之后的影片制作实践中,鲍特开创的思维手段被影视创作者们越来越娴熟地运用,"自从有了鲍特这一发明以来,电影的全部发展都出自剪辑原理,这个原理就是电影艺术的基础"①。

二、剪辑成为艺术

一个镜头自身不一定具有完整的意义,它可以通过与其他镜头的组接加以修饰。随着实践的增加,人们对这一点的认识越加深刻,剪辑逐渐发展成为一种独立的艺术手法。使电影语言向前迈出决定性一步的是美国电影导演大卫·格里菲斯(见图2-9),他发现并主动运用了剪辑的方法,丰富和加强了电影这个传播工具的叙述能力。正如评论家拉姆萨指出的,"格里菲创造了电影的句法,在1908年以前,电影还只是在拼凑字母,但自从有了格里菲斯之后,它就开始有了银幕文法和摄影修辞了"②。格里菲斯创造并初步构建了影视的叙事蒙太奇思维。

1915年,格里菲斯的代表作《一个国家的诞生》(*The Birth of a Nation*)共运用了1544个镜头,充分显示了他出色的镜头调度能力(见图2-10)。片中创造性地运用了远景、全景、中景、近景和特写等各种景别,以及多变的拍摄角度、丰富的运动技巧和多样的组接技巧(如化、圈入圈出、淡入淡出等)。在"刺杀林肯"

图2-9　大卫·格里菲斯

① [美]刘易斯·雅各布斯:《美国电影的兴起》,刘宗锟译,中国电影出版社1991年版,第39页。
② 转引自王丽娟:《视听语言传播艺术》,中国广播电视出版社2006年版,第71页。

图 2-10 《一个国家的诞生》剧照:南北战争场面

的段落中,不同景别的不同作用得到较好的发挥。导演用全景交代剧院的环境和气氛,中景表现林肯在包厢内的形体动作,近景表现人物脸部的细微表情,特写交代刺客手中的左轮手枪,引导观众从理想的角度跟随剧情的发展,控制观众的情绪,制造戏剧效果和悬念,镜头的这些思维为影视创立了一个叙事典范。

　　1916 年,格里菲斯又拍摄了影片《党同伐异》(*Intolerance Love's Struggle Throughout the Ages*,又译《忍无可忍》)。它是第一部以镜头为基本组织单位的长故事片,在电影技巧上开创性地使用了许多表现手法,发展了电影构图与剪辑效果,成为电影史上一部划时代的力作。《党同伐异》由四个没有任何因果关系的历史事件组成:母与法(一个描写现代罢工工人被控谋杀的冤案故事,见图 2-11)、

图 2-11 《党同伐异》剧照:母与法

古巴比伦的沦陷、基督受难、16 世纪大屠杀。格里菲斯在谈到创作意图时说："故事像从山顶上看到的四股溪流那样开始。四股水起先缓慢地、静悄悄地分开往下流。但是，它们越流越急，直到结尾时的最后一幕，它们汇合成一条感情外露的强大河流。"①

　　格里菲斯对电影思维的贡献是卓著的，他对影视语言的创新大大提高了剪辑在电影中的作用和地位。首先，完成了对基本电影语言、叙事元素的开拓和定型。他将戏剧性空间加以分解，再以适应观众的思维和情感参与方式加以组合。他认识到影片的每个段落必须由一些不完整的镜头组成，而这些镜头必须根据戏剧性要求进行排列和挑选。他把一个事件分为片段，然后从最适当的位置逐个记录下来，这样就能从一个镜头转到另一个镜头，改变其重点，借以随着剧情的发展控制戏剧性的强度。视点的变换使观众看到较大场景中的一个新的细节，而这个细节在这个特定时刻对于戏剧而言是最关键的，这就是格里菲斯擅长的"戏剧性的加强"。

　　其次，他对电影写实功能和表意功能有进一步的探索，有意识地使用了特写和远景镜头。鲍特的摄影机是从一段距离之外（即远景）不加选择地记录动作，但格里菲斯指出，为了说明故事情节，摄影机可以进一步起到更积极的作用。"格里菲斯使远景镜头成为一种解释的手段，而不像过去那样只是记录动作的通用技术。"②在格里菲斯的影片中，特写镜头作为电影的叙事语言，以更为直觉、具体、准确的视觉手段突出他在叙事语言上的风格和观念，如特写女人紧握的手，表现她在听到丈夫判死刑的消息时的焦急。远景镜头突破了在早期电影中只是作为记录手段的单一功能，而是作为叙事语言中的一种环境和情绪阐释，如以大远景拍摄资本家独坐在办公室中，暗示他庞大的支配权力。

　　最后，他对电影剪辑、电影时空和电影节奏方面有所创新，比如在《党同伐异》中的四个故事交替出现、转换场景时，他都插入一个母亲摇晃摇篮的镜头，这是第一次在银幕上运用隐喻蒙太奇的尝试。格里菲斯的另一个重要贡献是创造了被誉为"最后一分钟营救"的交叉剪辑技术，使之成为一种独特的叙事形式。《党同伐异》首创了这种方法：

---

① 转引自［美］斯坦利·梭罗门：《电影的观念》，齐宇译，齐宙校，中国电影出版社 1983 年版，第 133 页。

② 同上书，第 122 页。

镜头组一：一个罢工工人被厂主押往刑场处以绞刑的过程。

镜头组二：这个工人的妻子为救丈夫，驾车追赶州长乘坐的火车，请求州长签署赦免令的过程。

两组相异时空的镜头交替出现，逐渐加快剪辑速度，不断加强紧张气氛，制造悬念。影片结尾，当绞索套在工人脖子上即将行刑的一刹那，工人的妻子拿着州长的赦免令飞车赶到，工人得救。这种方法以其独特的叙事结构和崭新的时空形式延续着顽强的生命力，一百多年来一直被广泛沿用，西部片中那些许多令人百看不厌的追赶、搏斗、赛马等，都或多或少地有格里菲斯交叉剪辑手法的影子。

格里菲斯整合了卢米埃尔兄弟和梅里爱的再现与表现功能，使电影艺术逐渐走上一条独立的道路。他对影视语言及其剪辑的贡献无可置疑地被载入了史册。"正是电影向艺术发展、初具雏形的有利时刻，格里菲斯跨了进来。他为电影引入了形式上的新因素和综合的智慧，给美国电影成就增加了两部伟大的作品。他是当时最受尊敬、最有影响的电影创作家，可以说，在整个电影史上，他向全世界证实了这一门新艺术。他的作品成为全世界各地拍摄影片的导演的典范。直到今日，他的作品不单其本身是重要的成就，而且是电影发展的重要源泉。"[1]

第三节　理论体系的探索

"电影最初是一种电影演出或者是现实的简单再现，以后便逐渐变成了一种语言，也就是叙述故事和传达思想的手段。"[2]库里肖夫、维尔托夫、普多夫金、爱森斯坦等苏联电影艺术和理论家组成的蒙太奇学派不仅使这样一种描述成为现实，而且超越格里菲斯等实践者，第一次将对蒙太奇技巧的探索上升到建立美学理论体系的高度，为后来的人类影视媒介进程打下了坚实的基础。

一、两类实验

十月革命之后，列宁关于"在一切艺术中，电影是最重要的艺术"的指示，鼓

---

① [美]刘易斯·雅各布斯：《美国电影的兴起》，刘宗锟译，中国电影出版社1991年版，第101—102页。
② [法]马赛尔·马尔丹：《电影语言》，何振淦译，中国电影出版社1980年版，第4页。

舞了苏联电影人的创作热情,也在一定程度上规定了他们的创作方向。当时在推翻沙皇统治,建立社会主义国家的过程中,需要一个有力的宣传武器,蒙太奇学派应运而生。蒙太奇派是为了达到思想传播的目的而发展出来的形式美学,它选取有感染力的素材,强调剪辑的重要性。库里肖夫和维尔托夫分别建立了实验蒙太奇和工具蒙太奇思维。

(一)"库里肖夫效应"

苏联第一个发展剪辑理论的人是列夫·库里肖夫(见图2-12),他在1916年进入电影界之初就开始致力于研究电影艺术的规律。1920年,他在苏联国立电影学校创建了"库里肖夫工作室",带领学生进行剪辑实验。在胶片极度缺乏的情况下,库里肖夫不断和他的学生分析与重剪已有的影片,终于发现了如何通过剪辑使非演员看起来好像拥有精湛的演技,以及如何表现出演员在演出时所不知晓的意念。师生们曾经反复观看《党同伐异》,仔细研究格里菲斯大胆而细腻的剪辑手法,他们甚至重新剪辑影片的片段,观察由此产生的效果,以确定格里菲斯在剪辑中舍此取彼的理由。

图2-12　列夫·库里肖夫

库里肖夫对电影艺术的重要贡献是发现了一个重要现象,即"库里肖夫效应"。他以实验的方式证明,将同一镜头与不同镜头分别组接,就可创造出不同的审美含义。他指出,电影意义的产生并不在于镜头本身,而在于它与其他镜头的对列关系,也就是说,他挖掘了镜头对列创造意义的可能性。

(二)"电影眼睛"理论

吉加·维尔托夫(见图2-13)是苏联左翼电影的重要成员,在编辑《电影周报》(即将新闻摄影师送来的胶片剪接成一周一期的新闻片)和文献影片《革命周年祭》之后,他提出了"电影眼睛"理论,即

图2-13　吉加·维尔托夫

用记录的手段对可见世界作出解释。他认为电影应该捕捉未经安排与操纵的现实,而拍摄者唯一可以施展创造性的,在于他选择如何拍摄以及在剪辑过程中如何安排镜头的对列关系。维尔托夫提出了这样一个公式:

电影眼睛 = 电影视觉(我通过摄影机看) + 电影写作(我用摄影机在胶片上写) + 电影组织(我剪辑)

在他看来,"电影眼睛的方法是一种探索视觉世界的科学的实验方法:第一,建立在影片对生活事实系统记录的基础上;第二,建立在对影片的纪实材料进行系统的组织的基础上"[1]。

图 2 - 14 《持摄影机的人》剧照

1928 年,维尔托夫摄制了《持摄影机的人》(*Man with a Movie Camera*,见图 2 - 14),这部经过精心剪辑的纪录片是其"电影眼睛"理论的直观表现。他力图用真实事件来反映社会现实,但这种反映不是机械的、自然主义的,而是通过剪辑、组合素材来诠释主题的,他认为,"蒙太奇实际上是观察者的思维方式、观察方式,是观察者捕捉意义和传达意义的一种途径——只有电影才有的途径"[2]。

影片呈现了一个缜密的套层结构:表层上是一部记录苏联劳动人民平凡生活的城市交响曲(包括观众入席的序曲、城市的黎明、劳动人民的辛勤工作和工作后的休息与艺术实践);内层则讲述了摄影师如何通过"电影眼睛"(即摄影机)来记录这些社会现实及其剪辑的过程。"维系这部影片的不是传统意义上的叙事线索,而是一种通过剪辑和摄影技术来体现的不断互相指认的感知关系。"[3]此外,该片还运用了分割画面、二次曝光和快动作、慢动作、逆向动作等剪辑手法来操纵时间,把处理过的真实情况呈现给观众。影片的意义不仅在于记录了一个时

---

[1] [苏]吉加·维尔托夫:《从电影眼睛到无线电眼睛》,载李恒基、杨远婴主编:《外国电影理论文选》(上册),生活·读书·新知三联书店 2006 年版,第 225 页。

[2] 同上书,第 215 页。

[3] 林旭东:《影视纪录片创作》,中国广播电视出版社 2002 年版,第 17 页。

代、一个城市的现实生活场景，更在于其理论与技术相结合所实现的价值。

维尔托夫的理论与创作将摄影机及剪辑视作影视创作的工具，认为是一种由"我"所主导的工具。他不仅强调了电影对现实的记录功能，而且在此基础上强调使用一切蒙太奇手段进行信息组织（剪辑）。当然，维尔托夫不只是影响了当时的主流电影，对后来的"真实电影"也富有启迪意义。

二、蒙太奇理念的过渡

弗·伊·普多夫金（见图 2-15）是库里肖夫工作室的成员，他对电影理论的贡献主要是把格里菲斯的作品合理化，格里菲斯仅满足于在出现问题时加以解决，而普多夫金却提出了一套可以作为指导体系的剪辑理论。

普多夫金注重通过镜头的组接加强故事的戏剧性，他特别关注镜头的有机性、累积能力与情感内涵，强调片段之间的内在联系，注重蒙太奇在渲染气氛、加强情绪和表达观念等艺术功能方面的开掘。普多夫金往往是用影片的自然背景来达到隐喻的效果，在他导演的名作《母亲》（*Mother*，1926）中，塑造了一个

图 2-15　弗·伊·普多夫金

走向觉悟的普通劳动妇女形象，他在叙事过程中紧扣影片本身的发展，用自然景象的变化来表现人民的觉悟和革命的到来。当革命者巴维尔在狱中设想出狱一刻的情景时，普多夫金把镜头从他微笑的脸庞切换到冰雪融化的山间溪流，晶莹的水从严冬的禁锢中汩汩流出。"春天的来临，象征着囚人将得到解放，冰河的融化，则含有群众开始行动起来的含义。"[①]普多夫金还用一系列类似的镜头来表现巴维尔的难友们的思乡之情——田地、马匹、耕作、双手抚摸泥土等。

这种偏离叙事本体的象征性蒙太奇，在这里用得恰到好处。为了避免单调、重复，普多夫金在影片中还十分注重表现性蒙太奇与叙事性元素的有机结合。在影片终场前，群众汇成浩浩荡荡的人流，沿着一条大河前进。此时，镜头切换成涅瓦河夹着浮冰奔腾向前的场面，象征革命力量势不可挡。影片中的季节正

---

① ［法］乔治·萨杜尔：《世界电影史》（第 2 版），徐昭、胡承伟译，中国电影出版社 1995 年版，第 222 页。

是春季,群众途经之处也正是涅瓦河沿岸。事件和喻体同处一个空间,构成同一客观现实,也产生了强烈的象征效果。在影片中,普多夫金交替使用这两种蒙太奇手法和其他电影手段,充分体现了他的现实主义美学观点。

另外,普多夫金对演员和导演在影片中的作用进行了科学的阐述,其论著《论电影的编剧、导演和演员》和《普多夫金论文选集》足显他在理论上的重大建树。比如他曾用6个镜头表现"汽车轧死人"这样一个不幸事件[①]:

① 车辆来往行驶的街道,一个背向摄影机穿过街道的行人;一辆汽车驰来把他遮住。

② 很短的闪现镜头,司机刹车时一副惊骇的面孔。

③ 同样短的瞬间场面,因惊叫而张大嘴的被轧者的面孔。

④ 从司机的座位俯拍,在转动的车轮旁的两条腿。

⑤ 因刹车而向前滑行的车轮。

⑥ 停止不动的车旁的尸体。

普多夫金认为,把这样一些在特定场景中特意设计的动作片段或细节挑选出来,并按照一定的顺序连接,就能有力地表现所要表达的内容。在他看来,"电影的基本手法——蒙太奇的感染力,其实质就建立在这种去粗存精的可能性上"[②]。他的这些努力进一步完善了格里菲斯的戏剧化叙事,更符合影视思维的构造法则。

普多夫金强调蒙太奇的叙事功能,侧重于强化观众习以为常的叙事法则,主张影片应当感染观众、交流情感,影片的效果与观众的心路历程应一致。这一理念突出体现在他对蒙太奇的分类上。其一,是"结构性蒙太奇",他认为镜头是电影建构的基本单元,类似于建筑中的砖块,剪辑就是砌垒砖块,经过一块块的累积,形成一面墙与整栋建筑,而电影则是按照从镜头、场景、段落到整部电影的顺序完成的。因此,他认为蒙太奇可以分为场面的蒙太奇和段落的蒙太奇两类,分别指由镜头构成场面和由场面构成段落的结构方式。其二,是"作为感染力手段的蒙太奇"或"对列的蒙太奇",即通过镜头与段落的组接以支配观众的"心理状

---

① 〔苏〕普多夫金:《论电影的编剧、导演和演员》,何力译,中国电影出版社1980年版,第62—63页。

② 〔苏〕多林斯基编注:《普多夫金论文选集》,罗慧生、何力、黄定语译,中国电影出版社1962年版,第72页。

态"。普多夫金将之概括成五类：第一类，对比蒙太奇，即通过对比镜头表现冲突，以此来感染观众；第二类，平行蒙太奇，即两条情节线并列发展，互相衬托；第三类，隐喻蒙太奇，即通过镜头、场面的组接赋予画面新的含义；第四类，交叉蒙太奇，即两个动作同时发展，两个动作相互制约，制造悬念；第五类，复现式蒙太奇，即通过镜头的重复来达到内容和主题的强调和深化。普多夫金的导演风格及其理论主张深深影响了后人的情节剧生产。

三、蒙太奇理念的发展

如果说格里菲斯、普多夫金擅长把事件有力地、形象化地记录和表述出来的话，谢·米·爱森斯坦（见图2-16）则关心从实际事件中得出的结论和抽象的概念，从而推动了蒙太奇理念的发展。他吸取了东西方哲学与思维的营养，致力于探索由镜头的结合而产生的隐喻和表现效果，建构了一套理性蒙太奇体系。

爱森斯坦强调不同镜头间的对立、撞击、冲突和结构化作用所产生的新质、新的含义，并将之视为蒙太奇理论的精髓。他认为镜头的对列不在于展示故事情节，而在于表达一定的思想、寓意和概念，以辩证思维考察镜头间

图2-16　谢·米·爱森斯坦

的关联性结合。他认为理性蒙太奇的原则可以简明地用象形文字的作用来比较："水和眼睛的画面表示流泪；耳朵靠近门的画面＝听；狗＋嘴＝吠；嘴＋孩子＝号叫；嘴＋鸟＝歌唱；刀＋心＝忧伤；等等。可是这就是蒙太奇！是的，这就是我们在影片中所做的事，把那些属于描写性的，意义简单、内容平常的镜头变成理智的镜头组合。"[1]从这里也可以看出，逻辑的概括以形象的表达为基础。

1924年，爱森斯坦执导了他的第一部影片《罢工》（Strike）。这部影片充满锐气，颇具创意。影片开场的蒙太奇段落就向人们宣告，一部独具电影想象力的艺术作品诞生了：旋转的机器、飞舞的齿轮、工厂的汽笛、展现机床连绵一片的跟拍镜头和流畅的、令人眩晕的其他运动镜头等。影片充分实践了爱森斯坦的理念，打破了传统叙事结构的条条框框，强化了思想情绪与宣传力量的发挥。

---

① ［俄］C. M. 爱森斯坦：《蒙太奇论》，富澜译，中国电影出版社2003年，第477页。

　　最能体现爱森斯坦理念的作品是《战舰波将金号》(*Bronenosets Potemkin*，1925)，这是一部充满张力、撞击力与爆发力的杰作。在"敖德萨阶梯"片段中，爱森斯坦运用了镜头的各种元素，包括构图、动作、方向、面积、形状、明暗、角度、景别等之间的冲突与对列，制造了富有震撼力的效果(见图2-17)。

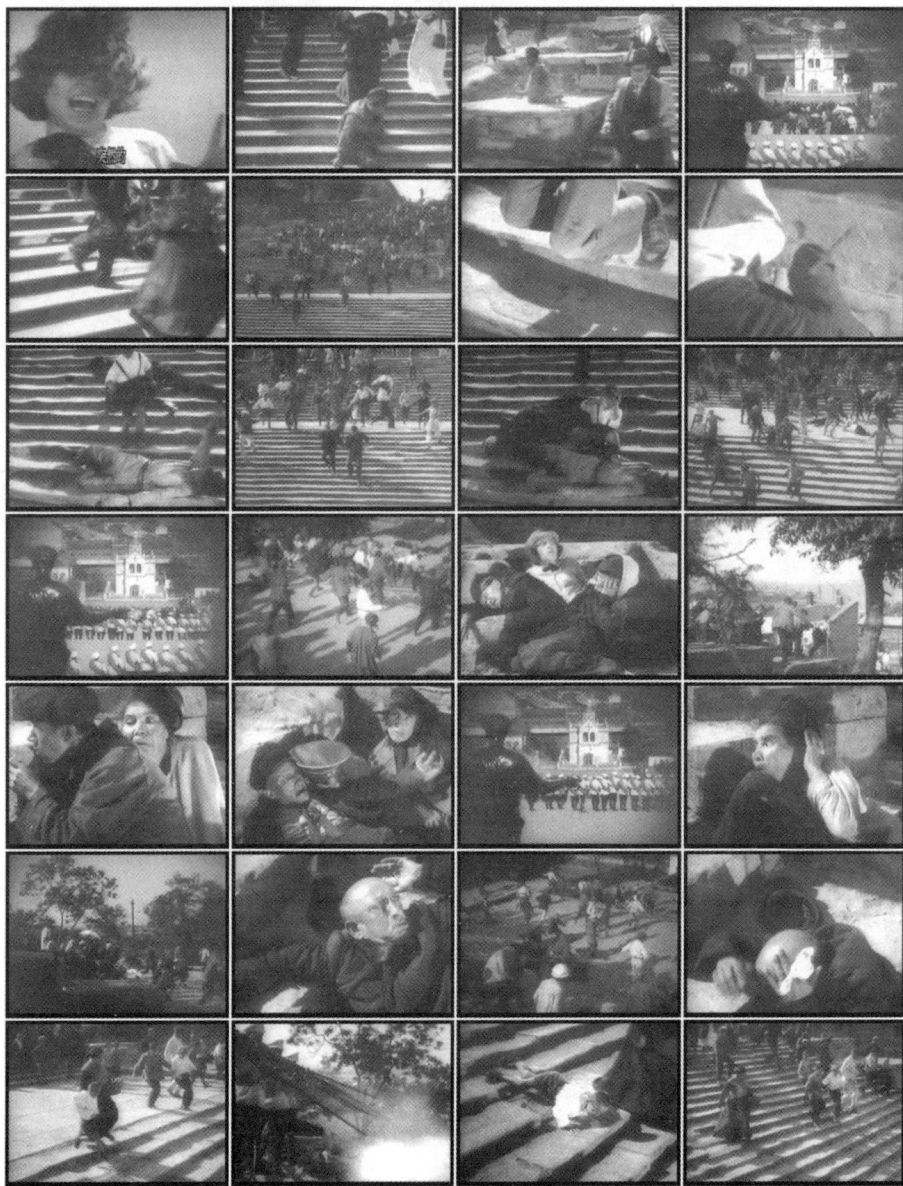

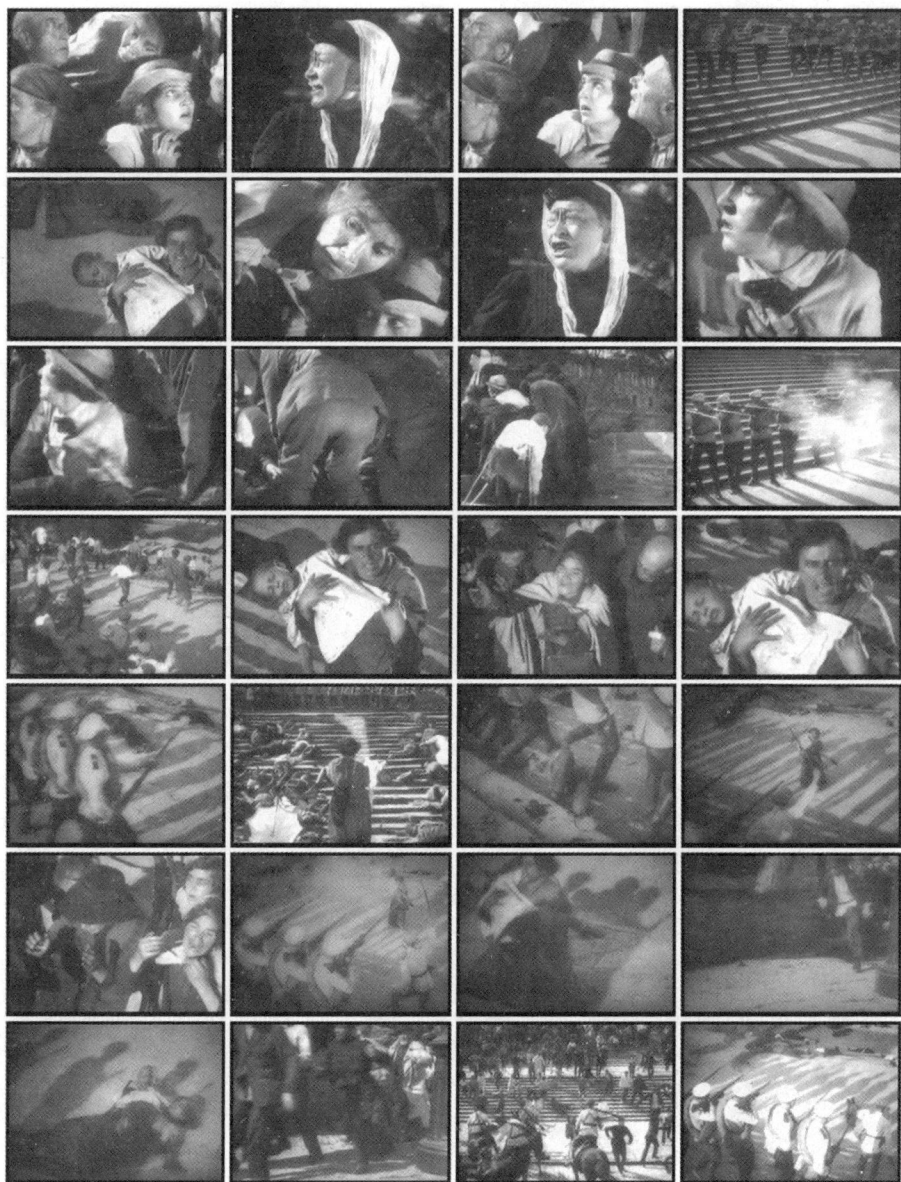

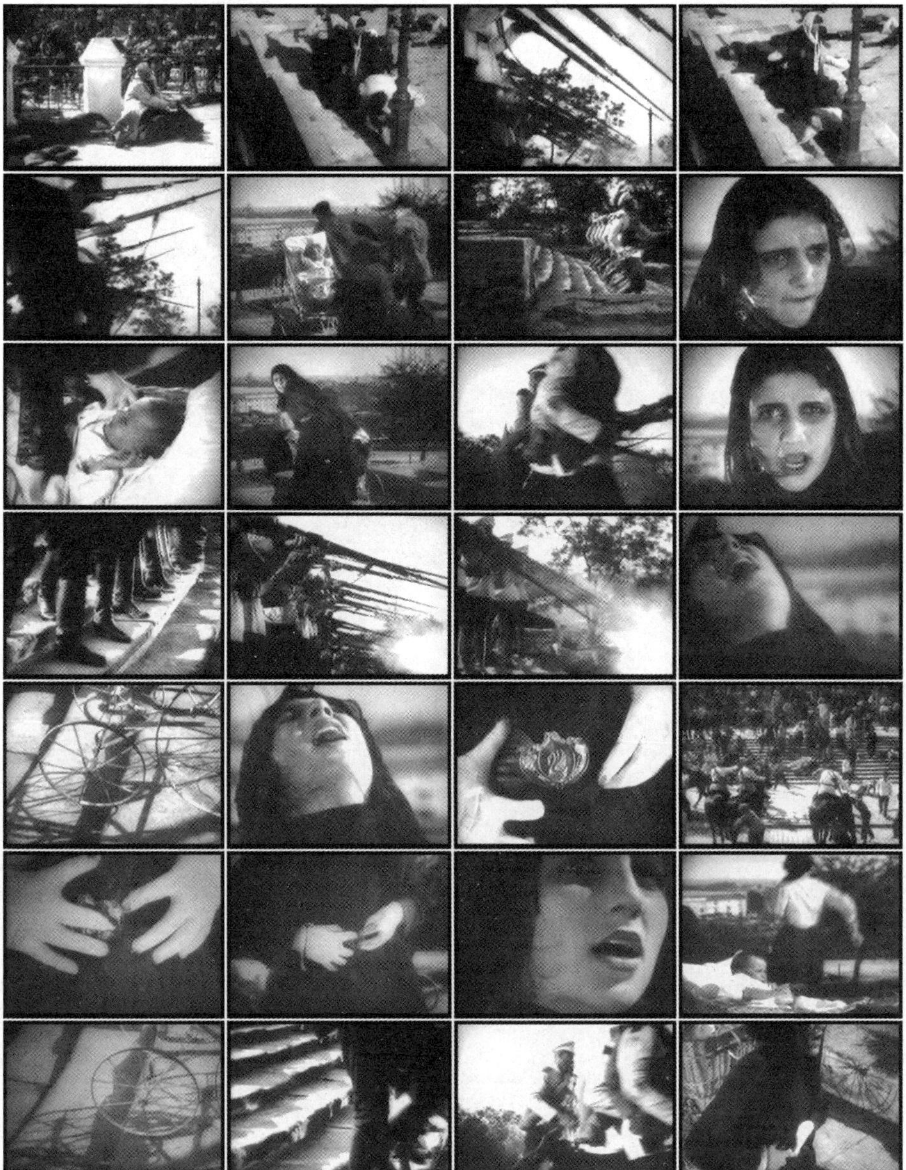

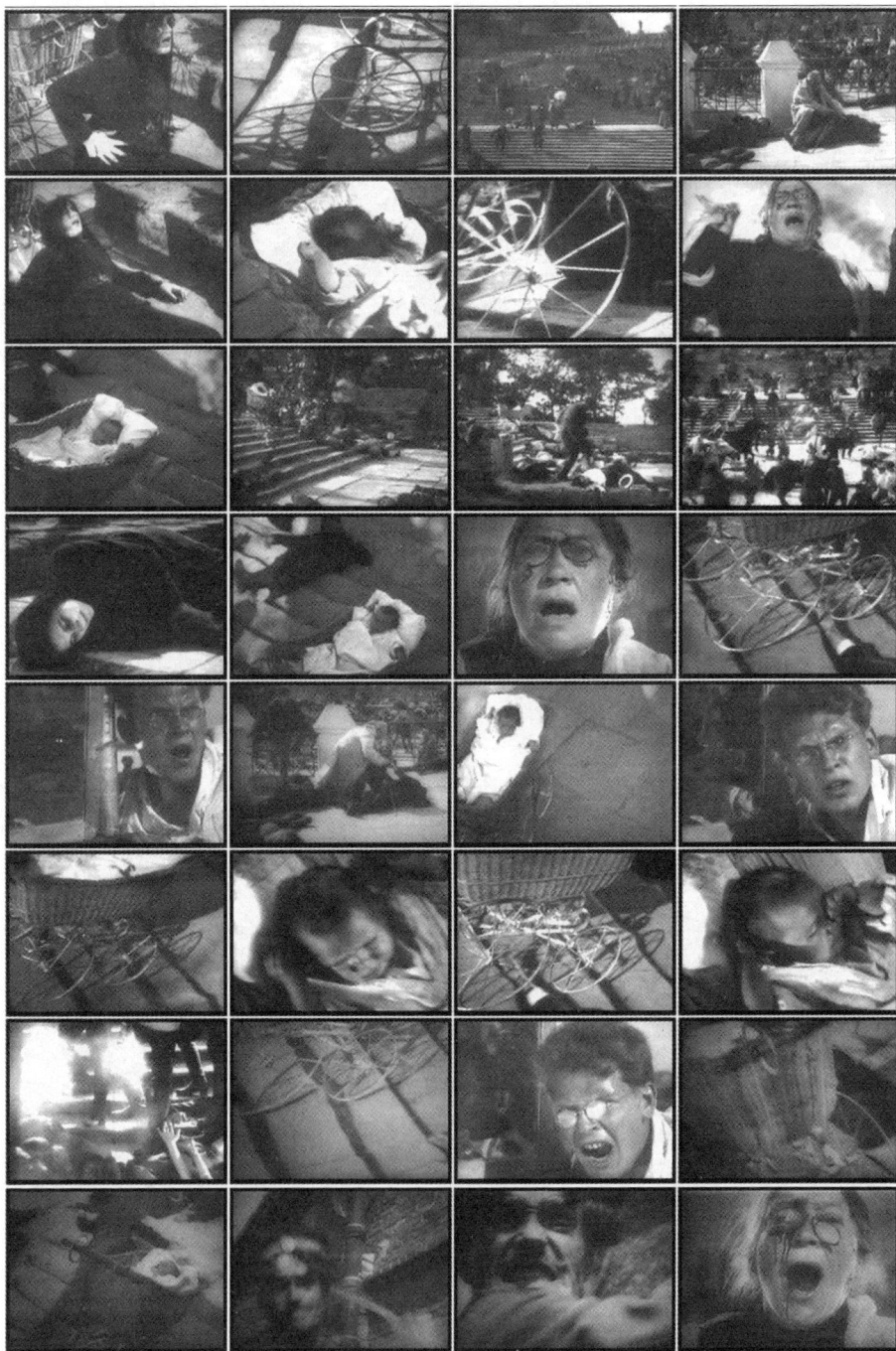

图 2-17 "敖德萨阶梯"片段：通过镜头对列表现时空与意义

在整个片段的 148 个镜头中,爱森斯坦充分实践了他的蒙太奇理念,他利用镜头动作的交互反应、时间的延长等,刻意放大了军队士兵机械而冷血的形象,以及惨遭屠杀的无辜群众的形象。沙皇士兵持枪压来、士兵踏阶梯的皮靴、愤怒奔跑的群众,士兵开枪,一片群众倒下,母亲中弹,婴儿车从阶梯上滚下,喊叫着抱着死去的儿子向枪口走来的父亲等,这个段落似乎延续了相当长的时间,也表达出一种力量的对比和控诉的情绪。给人留下深刻印象的并非作品传达的故事,而是那种通过对列性镜头所形成的强烈的视觉震撼。这种效果本身正是爱森斯坦努力追求和不断实践的。

爱森斯坦把镜头内部可能存在的冲突概括为以下十种:

① 线条的冲突,如尸体的纵躺和阶梯横线的对比。

② 平面的冲突,如一排士兵向阶梯下抱小孩的妇女射击镜头。

③ 立体的冲突,如独自向阶梯上走去的父亲或母亲,和从他们身边狂奔而下的人群形成对比。

④ 空间的冲突,如人群东蹿西跑与士兵有秩序的机械动作形成对比。

⑤ 光的冲突,如亮与暗的对比。

⑥ 速度的冲突,如婴儿车下滑的速度与士兵脚步的不同。

⑦ 物体和观点的冲突,如阶梯上的人群已经被持枪的士兵驱散,只有怀抱婴儿的妇女勇敢地迎着士兵而上,她也被枪杀了。但是,突然阶梯上又一次挤满了人,士兵又向他们射击。那么,这后来的一群人是从哪儿来的?物质上来历不明,但在观众的观点上已经接受了这一事实。

⑧ 物质与其空间性质间的冲突,如三个石狮子的镜头。

⑨ 事件与其暂存性的冲突,如一般下阶梯只需 2 分钟左右,但整场戏延续了近 10 分钟。

⑩ 视听对位方面的冲突(在有声片出现以后才有这种声画之间的冲突)。[①]

按照处理冲突的方式,爱森斯坦将蒙太奇分为以下五类:

① 韵律蒙太奇(metric montage),又称长度蒙太奇,是指以镜头的绝对

---

① 参见李稚田:《影视语言教程》(第二版),北京师范大学出版社 2004 年版,第 77 页。

长度作为主宰元素,而内容是次要的,通过长度的变化来创造加速的效果。长度的变化可以是规则的,也可以是不规则的,但能创造不同的张力与感觉,如整齐与凌乱、简单与复杂的印象。

② 节奏蒙太奇(rhythmic montage),被爱森斯坦称作"最初的感染力",是以内容来决定镜头的长度,依节拍和重音创造一种情感或思想。通过镜头外在长度的安排,比如逐渐缩短镜头形成加速,再配合更紧凑的内容,来强化整体的节奏。

③ 色调蒙太奇(tonal montage),爱森斯坦的卓越见解之一,又被他称为"抒情感染力",指的是用镜头中的主体造型、明暗、光线等冲突来展现思想内容和气氛。

④ 协调蒙太奇(overtonal montage),它是气氛蒙太奇的发展,类似于音乐中的复调结构,综合了以上三种蒙太奇的交互作用,运用画面、字幕以及声音为影片带来多重蒙太奇效果。

⑤ 理性蒙太奇(intellectual montage),爱森斯坦思想中最光辉也最引起争议的见解,被他称为"理性感染力"。镜头的组接不在于对长度、韵律或调性的运用,而重在对意义的阐释,以此作用于观众的理性心理,力图引发观众的思考。在理性蒙太奇中,爱森斯坦又特别推崇杂耍蒙太奇。杂耍蒙太奇是指为了把观众引入某种精神状态或心理状态中,以造成感情冲击,为了达到这一目的,导演可以任意选择镜头,不必依托剧情,不必靠演员的表演,只要最终达到说明主题的效果就可以了。①

世界电影经过了苏联理论家们的努力与实验,可以说完全从真实时间与空间的桎梏中解放出来。他们相信,一旦采用剪辑的手法,电影就有了无限的潜力,蒙太奇简直就是支配观众思想和联想的一个有益的指挥者。从此,人们发现:电影不只能叙事,更能诠释、暗示与象征意念;不只能记录、表现客观过程,更能组织、构造与重塑现实。

这些蒙太奇形式、思维规律和观念的发展为剪辑理论的进一步发展作出了独特的贡献。"蒙太奇派注重跨越时空的纵横驰骋,善于进行广泛概括和情绪对比,强调镜头之间的分隔、解析和对列。从此,电影告别了蹒跚学步的童年,出落

---

① 参见李稚田:《影视语言教程》(第二版),北京师范大学出版社 2004 年版,第 77—78 页。

成一个风情万种的新缪斯,确立了自己在艺术殿堂和传播界的地位。"①格里菲斯、普多夫金和爱森斯坦等卓越的电影工作者对蒙太奇思维在实践和理论上的探索,确立了电影在艺术领域的独立地位。从此,影视的剪辑思维有了自己可以衍生的基本法则,影视创作者们也获得了更为厚实的思维先导。

第四节　声画关系的实践

早期的电影实践一直注重画面语言的创作和合成,但人们没有忽视声音的作用,从最早影片播放时的伴音,到声音与画面一起成为影视作品的构成部分,电影人同样开展了卓有成效的探索和实践。

一、有声电影的出现

看电影的时候有声音相伴并非新鲜事,早在 1899 年,爱迪生已能在其实验室令电影发出声音。卢米埃尔兄弟和梅里爱亦曾在屏幕后现场说话配音。即便如此,彼时电影依旧停留在无声艺术的阶段。1927 年,美国华纳制片公司推出影片《爵士歌王》(*The Jazz Singer*),由此掀开了有声片的序幕。从此,声音成为电影不可分割的一部分。在此之前,电影一向被视为无声的艺术,卓别林甚至一度抵制有声电影。与此相对,电影观众对声音一直持正面态度。

早期有声电影的出现事实上是一把双刃剑,一方面它给电影带来了新的表现手段,另一方面,它几乎使默片后期取得的几近完善的视觉成果被弃如敝履。除了剧中人开口说出对白之外,"声音"远不具备艺术功能,反使本已有很高艺术水准的电影再度跌至起点,重新面临形式构成(声画配合、声音的功能性)的探索。而对于擅长创新的电影大师希区柯克来说,在其执导的英国首部有声片《讹诈》(*Blackmail*,1929)中,他便尝试让声音融入形象系统,并承担起表达心理状态、强化戏剧效果的功能。正如普多夫金所预想的,希区柯克用声音来表达思想,这与使用一系列的画面是一样的。在女主角艾丽丝用刀子杀死欲强暴她的画家之后回家,在吃饭时听到邻居们正在议论刚刚广播的凶杀案,她听不下去

---

① 张凤铸、杨君:《传播技术为视听艺术带来了什么?》,《现代传播》1995 年第 4 期。

了,这时议论声变成咆哮,嘈杂而含混,只有"刀子"一词她听得很清楚,这个词不断重复"刀子——刀子——"。突然,她清楚地听到父亲的声音:"艾丽丝,请把面包刀递给我。"而此时艾丽丝手里拿刀的样子看上去正和她杀死画家时一模一样,同时邻居们议论凶杀案的声音仍在继续。声音在此是用于发展艾丽丝杀人之后的罪恶感这一叙事要点的另一种信息单位。这在人们困惑于如何创造性地使用声音的年代,无疑是声音与画面相得益彰的范例。可以说,《讹诈》表现出多数早期有声电影的特点,即电影无声和有声场景混合在一起展示情节发展。

1931 年,弗里茨·朗的影片《M 就是凶手》(*M-Eine Stadt sucht einen Mörder*)把声音和影像的震撼力推进一步。作为曾拍出《大都会》(*Metropolis*,1927)这样经典默片的导演,弗里茨·朗有效地在《M 就是凶手》中做了很多有趣的有声片实验。他把声音当成画面一样去剪辑:杀手行凶前喜欢吹口哨,杀手躲避时发出的呼吸声等声效都成为与情节息息相关的有机体。事实证明了弗里茨·朗对声效的敏感度是惊人的,他不落窠臼地让声音参与叙事,同时也增加了影片的趣味性和真实性。

与朗同一时期的鲁本·马莫利安在 1929 年执导了一部名为《欢呼》(*Applause*)的有声片。该片讲述演员们的幕后生活,它建立了一个由声音包围的世界。他通过环境音表现人物的情绪和心态,将现实的声效和表现的声效融为一体,比如通过两条音轨单独录制然后合成的,合唱队在高音乐曲下低声吟唱。

早期有声影片的分头探索,宣告了电影艺术中声音的可塑性,改变了默片时代人们对声画关系的认知。

二、声画蒙太奇宣言

普多夫金、爱森斯坦、亚历山大洛夫三人在 1928 年的《苏联艺术》杂志上发表了一篇名为《有声电影的未来》的宣言文章。在文章中,他们指出,只有将声音作为一段蒙太奇的对位去使用时,声音才能使人们有可能去发展并改进蒙太奇。在音响方面进行的初步实验必须遵循音画分立的方向去进行。这种进攻式的方法将能产生一种精确的感觉,而在时间的配合下,这就能创造一种画面和声音的交响乐式对位。

此后,普多夫金写作了《有声电影的一个原则——音画分立》一文,指出有声电影的主要因素不是音画合一,而是音画分立,并以他的影片《逃亡者》探讨了音画分立的技术。爱森斯坦在发表《蒙太奇在 1938》一文后,又详尽探讨了声画对位的技巧,其本人则在影片《亚历山大·涅夫斯基》(Aleksandr Nevskiy,1938)中对音画对位进行了许多探索。由此,声画分立、声画对位或声画蒙太奇的技巧在后来的影片中应用得越来越普遍,成为蒙太奇艺术中不可缺少的重要手段。

20 世纪 30 年代起,声音已成为电影艺术中与画面一样重要的有机组成元素。在默片时代已经出现的类型片,由于声音的出现而更趋成熟,更多样化;至于音乐喜剧片、警匪片,可以说如果没有声音它们就不会出现和发展。此后,一方面,电影艺术家们越来越意识到声音对于画面可能产生的巨大表现力,开始了声画蒙太奇艺术思维的大踏步实践;另一方面,声音也为电影表现提供了更具写实效果的条件。在"音画艺术"趋于成熟的 20 世纪 30 年代,写实主义思潮几乎影响了各国的电影作品。

第五节　批判性反思

影视语言的演进与其他事物的发展轨迹一样,也经常处于"螺旋式上升"的状态。20 世纪 50 年代以前,电影家们基本集中于对蒙太奇理论的探索和论述,这已成为大部分电影人对影像表达的基本思考模式。但是,随着创作者探索的不断深入,到 50 年代之后,人们开始关注镜头的内部机制,对蒙太奇理念提出了批判和质疑,以法国的安德烈·巴赞和德国的齐格弗里德·克拉考尔为代表,他们从电影媒体的本质出发,认为电影的特性在于记录现实。这一观点的提出体现了电影剪辑思维从形式主义到写实主义的转换。

一、现实主义美学

被誉为"电影新浪潮之父"的安德烈·巴赞(见图 2-18)于 1945 年发表了电影现实主义理论体系的奠基性文章《摄影影像的本体论》,为电影带来真实美学的

图 2-18　安德烈·巴赞

新气息。他被赖兹等称为是"真实性和客观性电影剪辑理论的'哲学大师'"①。

巴赞认为,蒙太奇剪接过于倚重分切镜头的对列,产生的意义较为主观、抽象,对事件与人物的整体性会产生破坏,因此,传统蒙太奇排除了观众本身组织能力的基本自由,破坏了物体本身的自主性,压抑了人与物体之间的自由运动。他认为,让现实本身自然地产生意义,而不是对现实强加意义,这才是电影媒体本性应该承载的。巴赞尤其推崇运用景深镜头,宣称景深镜头"是电影语言史上具有辩证意义的一大进步"②。他相信这些技巧能让观众有更大的自由去选择自己对事物的解释自由。他还认为,经典影片《公民凯恩》(Citizen Kane,1941)是景深镜头运用的典范,导演奥逊·威尔斯利用景深刺激观众,因为"景深镜头使观众与影像的关系比他们与现实的关系更为贴近。……景深镜头要求观众更积极地思考,甚至要求他们积极参与场面调度。倘若用分析性蒙太奇,观众只能跟着导演走,他们的注意力随着导演的注意力而转移,导演替观众选择必看的内容,观众个人的选择余地微乎其微。影像的含义部分地取决于导演的注意点和意图"③。在巴赞看来,深焦镜头能同时捕捉远、中、近距离的景物,让画面中各个距离的景物都清晰可见,不会牺牲场景中的细节,因此它能维持空间的完整性,令构图具有深度,同时亦能鼓励观众去检视每个影像之间的关系,从而获得自由阐释的权利。比如下面两个镜头(见图 2-19),左图是凯恩请人给歌手苏珊指导的画面,右图则是已经成为凯恩妻子的苏珊执意离开他的画面,两个镜头均以纵深的调度客观而真实地结构画面,而人物之间的关系、变化等均直观地呈现在观众面前,正好印证了巴赞赋予观众自由解释权利的主张。

巴赞的电影现实主义美学主要包括三大支撑。其一,电影影像本体论,核心观点是影像客观现实中的被摄物同一。在《摄影影像的本体论》一文中,巴赞提出,电影再现事物原貌的本性是电影美学的基础。因为一切艺术都是以人的参

① [英]卡雷尔·赖兹、盖文·米勒编:《电影剪辑技巧》,郭建中等译,中国电影出版社 2008 年版,第 266 页。
② [法]安德烈·巴赞:《电影是什么?》,崔君衍译,商务印书馆 2017 年版,第 70 页。
③ 同上。

图 2 - 19 《公民凯恩》片段：景深镜头的运用

与为基础的，唯独在摄影中，我们有了不让人介入的特权，所以摄影取得的影像具有自然的属性。"唯有摄影机镜头拍下的客体影像能够满足我们潜意识提出的再现原则的需要，它比几可乱真的仿印更真切，因为它就是这件实物的原型，不过，它已经摆脱了时间的流逝的影响。影像可能模糊不清、畸变、褪色、没有记录价值，但是它毕竟产生于被拍摄物的本体，影像就是这件被拍摄物。"①

其二，电影起源心理学，基本观点是电影发明的心理依据是再现完整现实的幻想。"电影这个概念与完整无缺地再现现实是等同的。"②电影是人类追求逼真的复现现实的心理的产物，这种心理因素决定了银幕形象的真实感，决定了电影技术的完善和电影艺术的发展方向：再现一个真实的世界。但巴赞同时也指出，电影不可能实现对客观现实的完整摹写，电影是"现实的渐进线"③。

其三，巴赞从以上两个基本命题出发，以真实观为基轴，以电影发展史为线索，对电影语言本身进行了全面的考察，指出现实主义是电影语言演化的趋向。他确立了一整套电影现实主义美学观念，包括表现对象的真实、时间空间的真实和叙事结构的真实三个方面。为了实现这些审美理想，巴赞提出了长镜头理论。

长镜头理论是对景深镜头理论的不严密概括，巴赞把长镜头当作与蒙太奇相对立的美学体系。按照长镜头（镜头—段落）和景深镜头的原则构思拍摄影片，是一种旨在展现完整现实景象的电影风格和表现手法。他认为，第一，长镜

① ［法］安德烈·巴赞：《电影是什么？》，崔君衍译，商务印书馆 2017 年版，第 6—7 页。
② 同上书，第 14 页。
③ 同上书，第 322 页。

头和景深镜头的风格可以避免严格限定观众的知觉过程,它是一种潜在的表意形式,注重通过事物的常态和完整的动作揭示动机,保持透明和多义的真实;第二,长镜头保证事件的时间进程受到尊重,景深镜头能够让观众看到现实空间的全貌和事物的实际联系,两者的运用可以展现时间和空间的真实;第三,连续性拍摄的镜头-段落体现了现代电影的叙事原则,摒弃了戏剧严格符合因果逻辑的省略手法,再现现实事物的自然流程,因而更有真实感①。他对英国导演弗拉哈迪的《北方的纳努克》(*Nanook of the North*,1922)中的狩猎过程(见图 2 - 20)非常欣赏:"在影片中,这个段落只由一个单镜头构成。谁能因此而认定它不如一个'杂耍蒙太奇'更感人呢?"因此,巴赞总结说:"在默片时代,蒙太奇提示了导演想要说的话,到 1938 年,分镜的方法描述了导演所要说的话,而今天,我们可以说,导演能够直接用电影写作。"②

图 2 - 20 《北方的纳努克》:长镜头展现狩猎过程

不过,巴赞并没有完全否定蒙太奇,"否定蒙太奇的使用带给电影语言的决定性进步显然是荒谬的,但是这些进步也是靠其他同样专门电影化的表现手法取得的"③。比起蒙太奇的分切、编排和组接,巴赞更强调单个镜头自身的含义和表现力,反对蒙太奇破坏镜头的暧昧性和多义性,破坏时空统一性。他指出,"若一个事件的主要内容要求两个或多个动作元素同时存在,蒙太奇应被禁用"④。

总之,长镜头是一种重要的电影语言方式,是一种基于镜头内部的剪辑思维,它作为电影纪实理论中的重要组成部分,不仅对电影生产创作产生了很大作用,也对电视尤其是纪录片的生产与创作有很大推动。

---

① 参见李恒基、杨远婴主编:《外国电影理论文选》(上册),生活·读书·新知三联书店 2006 年版,第 277 页。
② [法]安德烈·巴赞:《电影是什么?》,崔君衍译,文化艺术出版社 2008 年版,第 74 页。
③ [法]安德烈·巴赞:《电影是什么?》,崔君衍译,商务印书馆 2017 年版,第 69 页。
④ 同上书,第 53—54 页。

二、电影的本性

德国的电影理论家齐格弗里德·克拉考尔（见图2-21）也在一系列论著中表明了他的写实主义观念，认为电影的"基本特性是跟照相的特性相同的。换言之，即电影特别擅长记录和揭示具体的现实，因而现实对它具有自然的吸引力"①。克拉考尔与巴赞的电影观是一脉相承、息息相通的，他们都强调电影的照相本性，认为电影依赖视觉和空间的真实，要求电影完整地模仿生活、逼真地反映现实、真实地再现生活的原型，反对分切、组合等人为式制造的方法。就他们的理论观点而言，电影最本质的特征是照相式的记录，电影的艺术魅力主要来自镜头内部画面的复杂构成和潜在意义。

图2-21　齐格弗里德·克拉考尔

《电影的本性——物质现实的复原》被电影理论家爱因汉姆誉为"有史以来最重要的电影美学专著"，克拉考尔在书中力求界定电影的特殊性。他的出发点是：电影与一切艺术不同，它是展示原初素材，即现实本身的唯一艺术。因此，电影工作者的目的应是揭示现实，而不是提供自己的内心想象。客观性固然是不可能的，但艺术家在组织自己的印象时，必须选择那些能再现现实和揭示现象的东西；不应利用现实，只应探索现实。他对比了卢米埃尔兄弟和梅里爱，赞扬前者，贬斥后者。在他看来，梅里爱那种利用电影制造幻象的做法是对电影表现手段的背叛。他认为，电影应该是非戏剧化、非预构的；就像生活流程，电影中的运动也不能止息；电影比之于其他艺术，更能捕捉生活的现象。克拉考尔用许多实例来证明：人在自己所生活的世界上，已经被大大异化了，抽象思维的习惯让我们忽略了许多物质现实的现象，只有电影才能使我们重新发现一向视而不见的东西，所以，电影的本性是物质现实的复原。

---

① ［德］齐格弗里德·克拉考尔：《电影的本性——物质现实的复原》，邵牧君译，中国电影出版社1981年版，第35页。

三、新浪潮运动

第二次世界大战期间,法国一批优秀导演为躲避欧陆战火,前往好莱坞工作。战后,昔日辉煌的法国电影却因缺乏创新意识,在与美国和意大利的激烈竞争中倍显颓唐。法国电影的萎靡、沉默与自满激起了一批青年导演的强烈愤慨,在 20 世纪 50 年代末的法国,这些青年导演掀起了一场名为"新浪潮"的电影运动。弗朗索瓦·特吕弗和让-吕克·戈达尔是法国新浪潮运动的代表人物。他们最早是《电影手册》的核心成员,此后由影评人发展为电影导演,代表作分别为《四百击》(Les quatre cents coups,1959)和《精疲力尽》(À bout de souffle,1960),被誉为"法国电影新浪潮的开山之作"。

(一)新现实主义

图 2-22　弗朗索瓦·特吕弗

作为法国新浪潮的领军人物,弗朗索瓦·特吕弗(见图 2-22)于 1953 年开始在安德烈·巴赞创办的《电影手册》上发表影评。特吕弗深受巴赞的影响,他认为,"假如巴赞还活着,他会帮助我们充分理解自身,从而将我们的计划、我们的才能、我们的目标和我们的影像风格建构得更为和谐圆融"①。1955 年,特吕弗开始尝试电影创作。1959 年,特吕弗的第一部电影长片《四百击》引起观影人极大兴趣,并摘取戛纳电影节最佳导演奖和纽约影评人最佳外语片奖等多项大奖。由此,特吕弗一举成名。《四百击》讲述了一个名叫安托万的倔强男孩,不服母亲与继父的管教,因偷窃被送至教养院,最终又逃出来的故事。该片一反传统电影的手法,大量使用跟拍和长镜头,再现极具生活化的场景,体现出新现实主义的特点。

---

① 转引自[法]安德烈·巴赞:《电影是什么?》,崔君衍译,商务印书馆 2017 年版,扉页。

（二）跳切技法

第二次世界大战结束后，以戈达尔（见图 2－23）为代表的法国新浪潮导演创造了"跳切"的剪辑方法。这种剪辑方法的特点是打破了常规状态镜头切换时所遵循的时空和动作连续性要求，以情节内容的内在逻辑联系或观众欣赏心理的能动性和连贯性为依据，以较大幅度的跳跃式镜头组接来抽离某些不必要的动作，省略部分电影时空，使其更能突出某些必要的内容。

图 2－23　让-吕克·戈达尔

作为戈达尔的代表作，影片《精疲力尽》运用大量跳切的技法，比如米歇尔杀人后带着情人帕特丽夏坐计程车前往爱丽舍宫的一段戏。在车上的对话段落中，戈达尔大量运用跳切的剪辑方法，压缩了时间和空间，剔除多余镜头，快速地将事件向前推进。在这里，跳切技法的运用给观众带来的不仅是影片强烈的节奏感，更是烘托出影片中米歇尔杀人后急切想要脱身的人物心态与他街头混混、玩世不恭的人物形象。同时，在这场戏中还出现了典型的声画不对位剪辑——只有对话人的声音，却没有对话人的画面。所有这一切都打破了 20 世纪初开始，以格里菲斯为代表的传统电影剪辑方法。

与以往格里菲斯的经典剪辑原则不同，戈达尔使用的跳切技法将剪辑以流畅性为第一准则，变成了以阐述导演观点或推进叙事、渲染情绪为第一准则。剪辑师不再受剪辑过程中的不可见性和镜头间衔接的束缚，而将重点放在剪辑过程中的再创作。

换句话说，跳切思维带来的是电影剪辑的革新，这种革新不仅影响了电影人的电影创作，同样给观众带来了全新的观影感受。从此，电影连续的时空被打破了，戈达尔告诉人们，剪辑的连贯已经不再是剪辑师首要考虑的问题，相比之下，人物心理和影片思想更为重要。为此，剪辑师可以不受时间与空间的束缚，打破传统的轴线原则，甚至舍弃影片的流畅性，来更好地表达影片人物与主旨。从某种意义上说，戈达尔赋予了剪辑师在编剧、导演的基础上进行第三度创作的权力。

四、现代剪辑风格

自从经典无缝剪辑原则在 20 世纪 50 年代被戈达尔、特吕弗等一批新浪潮旗手用手持摄影和跳切技法打破之后,视听语言的变革就如加速列车般快速前行。而美学理念和制作技术的发展与观众多年视听经验的积累亦形成强大合力,推动着电影在如今的大银幕上呈现出自由时空序列和立体叙事结构的模样。这种自由、开放的叙事格局让剪辑师的创造性得到了空前发挥。他们不仅要在剪辑台上重塑时空,而且要精心挑选"碎片化"镜头,有意识地利用可见剪辑点进行铺陈和渲染,剪出饱和的情境和别样的视效风格。这是一种全新的剪辑理念,它以戈达尔的跳切和省略技巧为基础,以完形心理学为依托,以"决定性瞬间"为内核,融合了广告和 MV 的表现手法,形成了影视上的包括碎片剪辑在内的现代剪辑观念。

现代剪辑风格已不会再像传统电影架构模式那样,将一件事情交代清楚后再讲另一件事,所以剪辑思维的突破成为一种必然。剪辑师若想与导演的叙事结合,并在此基础上将影片风格推向极致,就需要改变过去那种基于段落式叙事的镜头组接方法。于是就出现跳切、省略、平行、交叉等方法来重塑时空,重组事件,将传统意义上的段落与叙事结构统统打碎,抽离后重构成新的叙事段落。这样的现代剪辑风格更具创造性、立体性与艺术性(见表 2-1)。

表 2-1　两种剪辑风格的对比[①]

古 典 风 格	现 代 风 格
无形剪辑:观众不会意识到剪辑——他们看到的是整个影片	创造性剪辑:观众意识到了剪辑——他们在看一场表演
更慢的步调:更长的镜头长度,尤其在动作场景中	更快的步调:每种类型场景的镜头长度都较短
通常为线性结构:能够轻易把握依据同步事件发展的时间线	经常是非线性结构:要很费劲才能跟上异步事件发展的时间线

---

① 参见[美]钱德勒:《剪辑圣经:剪辑你的电影和视频》(第 2 版),黄德宗译,电子工业出版社 2013 年版,第 160—161 页。

续表

古 典 风 格	现 代 风 格
通常有一条或两条情节主线;一般为剧情驱动;被叙事与戏剧化主宰,避免边缘化	一般为多条情节主线;感觉和感官优先,其次才是剧情;叙事碎片化,戏剧的重要性降低
音乐服务于故事;在舞台上唱歌与背景音乐都是为剧情服务的——制片厂师徒从《绿野仙踪》(*The Wizard of Oz*)里删掉了歌曲《Over the Rainbow》	音乐驱动故事;歌曲位于影片的中心,通常也由歌曲结束影片
连续性原则,剪辑师通过匹配剪辑(匹配视线、动作、角度等)保持连续性	连续性——管它呢,观众在其中看到连续性,但并非剪辑的原则
避免跳切	拥抱跳切
观众能看到的特效非常少,最常见的是时间过渡效果,如渐显和叠化——如果有需要也会使用合成和遮罩、慢动作和快动作	毫无限制地使用特效,观众能看到所有类型的炫目、划像和其他过渡效果——绿幕拍摄以及疯狂地变换步调
几乎不用分割屏幕	经常使用分割屏幕
已有的剪辑模式,即从广角镜头到中景、过肩,然后是特写	颠倒的剪辑模式,无数种可能性,如不以广角镜头开始,大量使用特效镜头,使用重复的不匹配角度
除了混乱的场景,如战争场面,通常都遵循180度轴线原则	180度轴线原则常被忽略和打破
有需要的情况下使用蒙太奇,如速度提供信息、加快剧情发展和显示时间流逝	无处不在地使用蒙太奇,有时可能整部影片都是蒙太奇
昂贵的摄像机、更多的团队、拍摄时间比例低;影片与剧本紧密联系,使用复杂的摄像机,由于庞大团队通常有很多阻滞	手持摄影机、部门多、拍摄时间比例高;松散的剧本影片,因为小团队拍摄起来没有任何阻滞

　　20世纪60年代末,综合美学兴起,电影创作者不再单纯地追求蒙太奇派或纪实派的表现手法。他们在表意和记录中寻求合理的优化,既充分发挥镜头之间的关系,又开掘镜头本身的内涵,长镜头和蒙太奇彼此交织,又相互衍生,创造出绚丽多彩的影视作品。当然,影视语言的发展与探求并未停止,它总是与人类科技和文化的发展息息相关。在进入影视剪辑的艺术殿堂之前,回顾以往的镜语踪迹,对于深入了解视听语言的语法具有鉴往而知未来的效果与启示。

推荐阅读

1. ［英］马克·卡曾斯：《电影的故事》，杨松峰译，新星出版社 2009 年版。

2. ［英］菲利普·肯普主编：《电影通史》，王扬译，中央编译出版社 2013 年版。

3. ［美］大卫·波德维尔、克里斯汀·汤普森：《世界电影史》（第二版），范倍译，北京大学出版社 2014 年版。

4. ［美］罗伯特·C.艾伦、道格拉斯·戈梅里：《电影史：理论与实践》，李迅译，北京联合出版公司 2016 年版。

5. ［法］安德烈·巴赞：《电影是什么?》，崔君衍译，商务印书馆 2017 年版。

6. ［美］理查德·纽珀特：《法国新浪潮电影史》，陈清洋译，吉林出版集团有限责任公司 2014 年版。

7. 杨远婴主编：《电影理论读本》，北京联合出版公司 2017 年版。

观摩影片

1. 《月球旅行记》(*Le voyage dans la lune*，法国，1902)

2. 《一个国家的诞生》(*The Birth of a Nation*，美国，1915)

3. 《战舰波将金号》(*Bronenosets Potemkin*，苏联，1925)

4. 《爵士歌王》(*The Jazz Singer*，美国，1927)

5. 《四百击》(*Les quatre cents coups*，法国，1959)

思考题

1. 纵观电影发展史，一共有过几次思潮? 其主要观点分别是什么?

2. 分析爱森斯坦对电影剪辑的贡献。

3. 法国新浪潮运动的代表人物有哪些? 其代表观点为何?

第三章

电视编辑语法

经过百余年的历史传承,影视媒体已经形成了一套较为系统和规范的视听语言和语法,蒙太奇和长镜头作为主要的叙述模式,成为影视人员在实践中不断探求内涵与外延、不断丰富和检视的理论体系。通过回顾其演进过程,影视剪辑的基本轨迹与启示清晰地呈现出来,而对它们的基本原理与构成形态需要作进一步的解读。作为电视编辑的核心体系,从蒙太奇思维的整体内涵及其表达方式,再到镜头内部蒙太奇的独特影像,电视编辑的语法主导了剪辑的思维方式、实践流程与传受交互。

第一节　蒙太奇思维

最初,单镜头影片是不需要剪辑的,后来技术发展推动了剪辑的诞生,便有了剪辑的基本语法。蒙太奇逐渐成为"影片的神经系统"[1],成为影视剪辑艺术的基础。如今,人们已经达成共识:镜头是构成电视节目的最基本单位,它记录的是客观事物某个局部的运动形象,具有一定分散性、独立性,如果把它们随意组织在一起,不能表达任何意义,必须按照一定的思维规律组织起来才能完成交代故事的任务。这种镜头组织的语法就是蒙太奇。

一、蒙太奇的内涵

蒙太奇原是法国建筑学中的一个名词,原意是"安装、组合、构成",即将各种

---

① 〔苏〕B. 日丹:《影片的美学》,于培才译,中国电影出版社 1992 年版,第 50 页。

建筑材料根据一个总的设计蓝图,分别加以处理,安装在一起,构成一个整体,使它们发挥出比原来个别存在时更大的作用。影视界借用这个名词,最初就是指镜头组合和构成的含义。

假如我们把卢米埃尔兄弟拍摄的世界上最早的几部影片作为原始素材,进行镜头的重新分割和组接后,可得到图3-1的示例。

在卢米埃尔兄弟拍摄的《火车进站》中,机位没有发生变化,但随着主体(火车和旅客)的运动,景别也发生变化,由远景到近景;《水浇园丁》和《工厂大门》机位不变,景别也不变,只是主体在运动。如果把它们的内容进行重新分割和穿插,将一些在时空上本无直接关联的镜头组织在一起,就可以构造出一个虚拟的故事:园丁在浇水,火车上下来一群旅客,进入一个大门(可能就是花园的大门),旅客中的一个小孩踩了园丁的水管。即使不添加其他内容,在镜头信息的重新组织中,也可以形成两条同步发展的线索,创造出新的戏剧化效果,这就是蒙太奇叙事的力量。

镜头组接的章法和技巧构成了蒙太奇的基础意义,正如爱森斯坦所说,"把无论两个什么镜头对列在一起,他们必然会联结成一种从这个对列中作为新质而产生的新的表象。……两个蒙太奇镜头的对列不是二数之和,而更像二数之积——这一事实,以前是正确的,今天看来仍是正确的"[1]。

二、蒙太奇的叙述方式

蒙太奇的含义并不局限于镜头间的排列与组接,它还是整个影视片场面、段落的结构法则。随着影视艺术的发展,蒙太奇具备了三个层次的内涵。

第一,作为电影电视反映现实的艺术手法,即独特的思维方法。我国电影理论家夏衍曾指出,"中国人写戏曲、传奇很讲究'脉络'和'针线',外国人写电影剧本则是很重视'蒙太奇',这两者很有关系……"[2]。他想强调的实际上是贯穿于影视创作过程的思维脉络,作为脉络的蒙太奇始终存在于编导的创作观念,贯穿从构思到选材、从拍摄到编辑的全过程。

第二,作为电影电视的基本结构手段和叙述方法,包括分镜头和镜头、场面、

---

① [苏]爱森斯坦:《爱森斯坦论文选集》,魏边实等译,中国电影出版社1962年版,第348—349页。
② 夏衍:《写电影剧本的几个问题》,中国电影出版社1980年版,第61页。

图3-1 《水浇园丁》的叙事再构成

段落的安排与组合的全部艺术技巧。"以若干镜头构成一个场面,以若干场面构成一个段落,以若干段落构成一个部分等,这就叫蒙太奇。"①镜头—场面(句子)—段落—作品,这正是蒙太奇思维统摄带来的影视构成方法。

第三,作为电影剪辑和电视编辑的具体技巧和章法,进行镜头间的基本组接,这是蒙太奇的基础意义,即狭义理解。

可见,蒙太奇是整个影视片的思维方法、结构方法和全部艺术手段的总称。从总体上讲,它是编导对整部影视片的叙述方法、叙述角度、时空结构、场景段落组合以及节奏布局和风格塑造;从横向上讲,它是指对画面与画面、声音与声音、画面与声音之间的全部组合关系;从纵向上讲,它是指镜头的选择与处理、镜头的分切与组合、场面段落的组接与转换的技巧和方法。蒙太奇广泛而丰富的内涵统率和支撑了电视节目的制作,是全部思维的集中体现。正如夏衍所说,"所谓蒙太奇,就是依照着情节的发展和观众注意力和关心的程序,把一个个镜头合乎逻辑地、有节奏地连接在一起,使观众得到一个明确生动的印象或感觉,从而使他们正确地了解一件事情的发展的技巧"②。

蒙太奇的叙述方式是多种多样的,没有固定划一的模式,对此,电影理论家波布克曾深有感触地说:"过去二十多年间,在电影中没有一个名词像'蒙太奇'那样被如此地曲解和滥用。每一次当电影剪辑师把两个或两个以上的场面切成一系列短镜头并连接在一起时,他就可以说是创造了一个蒙太奇。"③爱森斯坦、普多夫金等都提出了各具侧重点的、不同的分类方法。按照惯用的构成方法,根据内容的叙述方式和表现形式,蒙太奇可分为叙事蒙太奇和表现蒙太奇两大类,同时,它们也可以细分为各种类别的蒙太奇形式,各具特点,结构方法和表现效果也迥然相异。

第二节　叙事蒙太奇

叙事蒙太奇是影视最简单、最直接的表现形式。它以交代情节、展示事件为

---

① [苏]多林斯基编注:《普多夫金论文选集》,罗慧生、何力、黄定语译,中国电影出版社 1962 年版,第119—120 页。

② 夏衍:《写电影剧本的几个问题》,中国电影出版社 1980 年版,第63 页。

③ [美]李·R. 波布克:《电影的元素》,伍菡卿译,中国电影出版社 1992 年版,第136 页。

主要目的,按照事件发展的时间流程、逻辑顺序、因果关系来分切和组合镜头、场面和段落,表现连贯的剧情,它重在体现动作、形态和造型的连贯性。叙事蒙太奇包括以下四种具体形式。

一、连续式蒙太奇

现实中的事件主要依先后顺序和因果关系发展,按此方式叙述是最基本和普遍的思维方式,是绝大多数影视节目的基本结构方式。连续式蒙太奇以单一的线索和连贯动作为主要内容,以情节和动作的连续性和逻辑上的因果关系为镜头的组接依据。

这种方式的优点是有头有尾,脉络清楚,层次分明,符合观众的理解方式、认知习惯等基本思维逻辑,但它不宜用于处理多线索同时发展的情节,不利于省略多余过程,有时易造成平铺直叙的感觉,缺乏艺术表现力,在实际运用中经常与其他形式交叉使用。

二、平行式蒙太奇

影视中常有"花开两朵,各表一枝"的做法。当两个或两个以上的事件,或事件的两个或两个以上的不同方面平行发展时,需要分开进行叙述,常用平行蒙太奇的方式,即把两条或两条以上的线索分开表现,不同地点同时发生的事件依次分叙,造成一定的呼应和对位,产生丰富的戏剧气氛和艺术效果。

在影片《无间道》第一部中,有一段关于"再见警察"的段落:整个片段台词不多,但是编导结构出了几条并进的线索,时而交汇,时而分开,最终又殊途同归,汇聚到一个共同的焦点上(见图3-2),大致形成了图3-3所示的叙事框架。在这个"再见警察"片段中,四条线索同时展开,共发生三次交汇,直到最后在《再见,警察》的音乐声中完成全段的总体汇合,在此画上了这个段落叙事的句号。

再比如,谍战电影《风声》以"谁是'老鬼'"为线索展开故事。日本皇军特务军官长武田和汪伪政府特务处处长王田香锁定了五个嫌疑人,他们以开会为名将五人"邀请"到密闭的裘庄,以期揪出真正的"老鬼"。不同空间、同一时间的平行蒙太奇叙事首先通过"监视"和"窃听"两种方式呈现给观众。被怀疑对象——译电组组长李宁玉、收发专员顾晓梦、剿匪大队长吴志国三人在阳台上聊天,

图 3-2 《无间道》"再见警察"片段:平行式蒙太奇剪辑

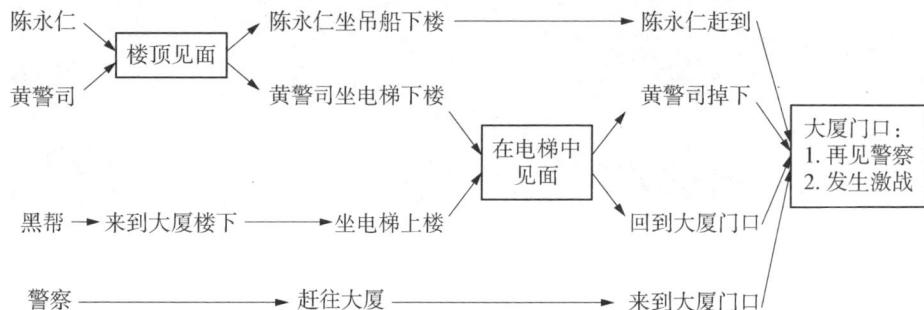

图 3-3 《无间道》"再见警察"叙事框架

与此同时,武田和王田香则正在密室内监听他们对话。这种观众所知角度[1]的叙事方式给予观众上帝视角,又将一个复杂事件的多元层面交错在一起叙述,省略了解释的多余时间,又扩大了画面信息量,互相衬托,造成了足够的情绪冲击力,营造出紧张的戏剧氛围。

需要注意的是,"平行"的数学内涵对应两条永不相交的直线,而在影视中,平行蒙太奇虽在过程中不相交,最终却会汇于一点,这个交汇点同时主导两条或多条线索的发展与推进。

三、交叉式蒙太奇

交叉式蒙太奇是平行式蒙太奇的发展。平行式蒙太奇注重情节的单一和主题的统一,重视事件的内在联系和平行发展。而交叉式蒙太奇强调两条或两条以上的线索具有严格的同时性、密切的因果关系和迅速、频繁的交替表现,其中一条线索往往影响或决定其他线索的发展。它们相互依存,彼此促进,造成紧张激烈的气氛,加强矛盾冲突,引起悬念,推动剧情发展。

"电影中大量运用平行安排情节的方法,把不同情节线索和层次同时交织在一起,即一条情节线叠加在另一条上面,还有把一个情节按下不表的叙事手法,即在紧要关头的时刻,作者暂时打断一条故事线索而跳到另一条平行的线索上去,给观众造成一种紧张的悬念。"[2]互相制约的线索组合在一起,以制造悬念为主要指向,能激发观众的收视兴趣。举例而言,影片《红河谷》中有处决和解救英国人的一场戏(见图3-4)。

通过火药线燃烧、英国人的表情以及格桑救人几条线索的迅速频繁交叉组接:火药线的燃烧和熄灭影响着事件的进程和未来走向,因此主要用特写呈现;琼斯和少尉作为人物主体,他们的表情是点火与灭火的反应镜头;点火人、灭火人以及其他人则构成场景中的并列关系。三条线索相互制约,环环相扣,把联想空间留给观众,制造了悬念,使气氛逐渐紧张,最终达到高潮。

---

① 彭吉象:《影视美学》,北京大学出版社2009年版,第93页
② [苏]B. 日丹:《影片的美学》,于培才译,中国电影出版社1992年版,第68页。

图3-4 《红河谷》"处决与解救英国人"片段:交叉式蒙太奇剪辑

四、颠倒式蒙太奇

这是一种打乱时间顺序的结构方式,先展现故事或事件的现在状态,然后再介绍故事的始末,表现为时间概念上过去、现在和未来的重新排列组合。它常借助叠印、化变、画外音、旁白等转为倒叙。大量影视作品均采用这种思维方式结构全片,如《公民凯恩》《泰坦尼克号》《大明宫词》等。在影视作品中这种手段的使用也是屡见不鲜。在前面所述的"再见警察"段落中,当陈永仁惊愕地发现从空中掉下的正是他刚刚见面的黄警司,此时他触景生情,眼前立即闪现出四个他与黄警司交往的镜头。

运用颠倒式蒙太奇,打乱的是时间顺序,但时空关系仍需交代清楚,叙事应符合逻辑关系,事件的回顾和推理都以这种方式结构。因此,在实际的颠倒表述过程中,会借用特写、叠化等多种方式实现转换。

电影《海上钢琴师》(*La leggenda del pianista sull'oceano*,1998)讲述了主人公 1900 在海上漂泊,以船为家的传奇一生。影片开始,通过麦克斯的回忆和独白并配合叠化的镜头,将观众带入 1900 的故事。故事最后,承载着美好回忆的船被引爆,又再次将观众带回现实的叙事空间。影片开头通过颠倒蒙太奇营造悬念;影片结尾重回现实,实现了时间和空间上的场景交错,保持了故事的完整性。

叙事蒙太奇是画面组接的基础和主体,是电视片的基本结构方式。不论是同一时空的事件按时间顺序交代,还是把有内在联系的不同时空的事件用平行手法或平行交叉手法进行叙述,都是为了让观众了解事件的进展或全貌。

第三节　表现蒙太奇

表现蒙太奇与叙述蒙太奇相异,它不是为了叙事,而是为了某种艺术表现的需要,把不同时间、不同地点、不同内容的画面组接在一起,产生新的含义。表现蒙太奇属于修辞手法,它不注重事件的连贯、时间的连续,而注重画面的内在联系。它以两个镜头的并列为基础,通过镜头间的相互对照、冲击,产生一种直接、明确的效果,引发联想、表达概念;通过画面间的对列、呼应、对比、暗示等,创造性地揭示形象间的有机联系,展现事物的关系,在镜头的并列过程逐渐认识事物的本质,揭示事物间的联系,阐发哲理。表现蒙太奇包括以下几种具体形式。

一、积累式蒙太奇

若干相关内容或有内在相似性的镜头并列组接在一起,造成某种效果的积累,可以达到渲染气氛、强调情节、表达情感、突出含义的目的。它突出的不是一种在画面结构上的时空或情节上的连贯,而是依靠画面外在形象及其内涵中的某种相似因素。这种相似体现为画面形象表达的内容意义属同一类,在编辑时,首先要为一组镜头确定一个主题,这个主题或是一种情绪,或是一种意义,或是一个概念,它们便构成电视编辑选择镜头的重要依据。例如,《奇异博士》(*Doctor Strange*,2016)中,史蒂芬医生为参加神经学会的晚宴所做的准备工作:精心装扮,挑选领结和手表。各种细节都展现了这位医生拥有的荣誉、财富及其不俗的品位,同时镜头的叠加为影片增加了悬念,带来更强的戏剧张力,为之后的剧情发展做了铺垫。

概括起来,积累式蒙太奇通常应用于以下场合。

(一) 诗意效果的创造

生活本身就有诗意,自然中有诗,感情中有诗,劳动中也有诗,影视艺术中的诗意效果更是丰富多彩,积累式蒙太奇是建构诗意效果的重要思维工具。《冈仁波齐》(2017)中,无边无际的山原、踽踽前行的普拉村朝圣者、虔诚的跪拜方式、远方的拉萨……没有离奇的情节,没有烦乱的生活实景,有的只是一首用光、色、运动和节奏写就的视觉诗(见图3-5)。

图3-5 《冈仁波齐》片段:蒙太奇展现的诗意效果

（二）情绪情感的表达

情绪是思维的内化形态，是信息加工的客观指针。客观关联的形象积累不仅可以使观众在屏幕上看到某些事实，同时还可以唤起观众对现实的一些思考，从而产生一种情绪的感染力。电影《我和我的祖国》(2019)中的《回归》单元，在香港正式回归中国的那一刻出现了多个人物特写：手握旗杆的升旗手、精确到刻度的手表、场馆外待命的香港警察、站在天台守着电视的华哥。这些镜头组接在一起，渲染了重大历史时刻的紧张感，同时表现了众人对香港回归祖国的期盼（见图 3-6）。

图 3-6　《我和我的祖国》中《回归》单元：蒙太奇展现的情绪感染力

二、对比式蒙太奇

对比式蒙太奇是把性质、内容或形式上相反的镜头并列组接，产生强烈的对比效果，表达创作者的寓意，强化表现内容、思想或情绪。苏联电影理论家提摩盛科曾举过一个极具对比性的例子，与杜甫笔下"朱门酒肉臭，路有冻死骨"的诗句相呼应：

大腹便便的富豪用过晚餐后坐在沙发上；

在这个富豪开设的工厂里工作的一个工人，因"罪"被关进监狱，坐在电椅上；

富豪按一下开关，天花板上的枝形灯亮了；

监狱里也有人按了一下开关，电流通过那个工人的身体；

富豪打了个哈欠，躺在椅子上；

工人躺在那里，已经死去。

这样的组接突出了富豪是杀害工人的罪魁祸首的思想含义，给观众留下对比深刻的印象：一边是酒足饭饱，昏昏欲睡的富豪；另一边是无辜入狱，惨遭杀害的工人。

对比式蒙太奇中的对比因素不仅可以是画面内容，包括真与假、美与丑、贫与富、生与死、高尚与卑下、胜利与失败等，而且也可以是画面形式，包括景别大小、角度仰俯、色彩冷暖、光线明暗、声音强弱以及节奏快慢等。这种对比在实际运用中要注意信息对立的储蓄，做到使思维的力量含而不露。

概括起来，对比式蒙太奇通常应用于以下场合。

（一）思想内涵的阐述

现实生活中本身就有许多矛盾存在，贫与富、大与小、新与旧、强与弱、先进与落后、高大与渺小等，把这些对立因素集中，通过镜头的组接加以强调，既能造成观众的视觉震惊感，也形成了表达创作者思想的有力手段。伊文思在《新土地》（*Nieuwe gronden*，1934）中把丰收的麦田、粮食被烧、牛奶被倒入大海的镜头和骨瘦如柴的饥饿儿童的镜头剪辑在一起，通过对比表达了创作者强烈的控诉。

（二）人物形象的刻画

通过两种形象的对列，常常可以使其中某一具体形象更加鲜明、突出。第86届奥斯卡最佳影片《为奴十二年》（*12 Years a Slave*，2013）讲述的是原为自由人的黑人索罗门被诱拐卖到尚未废除农奴制的美国南方的不幸遭遇。十二年里，索罗门共跟随过两个白人庄园主：福特先生和艾普斯先生。两位庄园主都会召集农奴向他们传播《圣经·新约》里的"福音"，导演在表现这样相似的情节时却呈现了不同的场面：福特先生是让农奴们围坐在自己身边，在风景如画的庄园内为他们朗诵《马太福音》，艾普斯先生却是让农奴们站立在自己面前，以《路加福音》的名义，居高临下地向他们训话和立规——"不服从就挨打"。据此，福特先生的善良耿直和艾普斯先生的冷血无情形成了鲜明的对比。

三、比喻式蒙太奇

比喻式蒙太奇即通过镜头画面的对列，用某种形象或动作比喻一个抽象的概念，或借助另一现象所固有的特征来解释另一现象（利用两个现象的共同点），从而含蓄、形象地表达某种寓意或感情。"深藏在下意识里的联想可以通过这种蒙太奇手法而浮现或激发出来。"[①]比喻主要借助具有一定联想意义的类比对象组织在一起，通过镜头的对列产生一种新的含义，从而造成人们的心理联想，达到寓意或象征的目的。在影视蒙太奇构成中，比喻有两种形态。

（一）隐喻

即通过镜头或场面的对列或交替，对具有某种相似特征的不同事物形象进行类比，含蓄而又形象地表达作者的某种寓意或事件的某种情绪色彩，从而深化并丰富事件的形象。隐喻与类比和联想类似，即把未知事物和既有经验加以联系，用已知来替代未知，从而把未知同化于已知，从而增进人的认识。

一方面，用作隐喻的两种视觉信息应该是有某种可比性和内在联系的，如果是生硬的对照，就很难让观众产生联想，也就不能达到隐喻某种含义的目的。电视连续剧《雍正王朝》中有一个情景在长达几十集的篇幅中经常出现，这就是紫禁城的太监们每天清晨把宫内的粪便、垃圾装上牛车清除出宫。该剧是从正面诠释雍正一系列变革举措的，他不遗余力推行的新政恰如偌大的紫禁城每天必须清除粪便、垃圾一样，是革故鼎新之举。这一细节初看可有可无，丝毫不影响剧情的发展，仔细一品味却是一种精妙的曲笔手法，内涵深刻。

---

① ［法］亨·阿杰尔：《电影美学概述》，徐崇业译，徐昭校，中国电影出版社1994年版，第57页。

另一方面,隐喻要在异质事物间建立起相关联系。越是远距离的隐喻就越富想象力。"表现出想象力的大胆,想象力在碰到一种对象(一个感性事物、一个确定的情境或一个普通意义)时,在就这种对象进行工作中,显示出一种能力,能把外表上相隔很远的东西结合在一起,摄取最丰富多彩的东西来为这一独特的内容服务,并且通过心灵的工作,把一个五光十色的现象世界联系到既定的题材上,这种塑造形象,通过巧妙的联系和配合把一些不伦不类的东西联结在一起的能力就是一般的想象力。"[①]可见,隐喻不是一般的意象思维活动,它是相距很远的异质事物间建立或赋予同一性联系的直觉意象思维活动。《末代皇帝》(*The Last Emperor*,1987)最后的情节颇具超现实主义色彩,晚年的溥仪来到乾清宫,从龙椅后面取出一个蝈蝈笼子,并将它交给了一名少先队员。少先队员打开笼子,竟有一只蝈蝈从里面爬了出来(见图3-7)。这只蝈蝈便是一个隐喻,既表现了溥仪曾经像普通孩子一样喜欢玩耍,同时也象征着溥仪自身的命运——一生就像只蝈蝈一样被囚禁着。

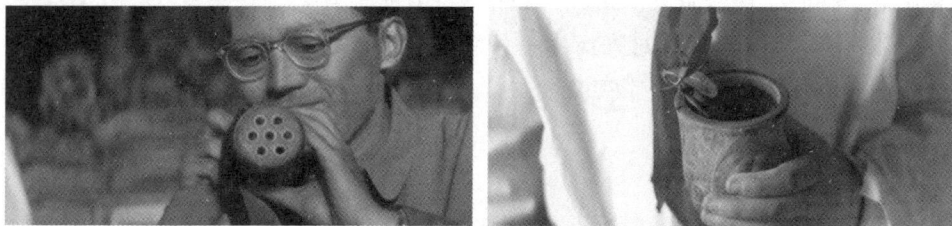

图3-7 《末代皇帝》片段:蝈蝈便是溥仪自身的隐喻

运用形象间的隐喻构成段落时,必须寻求一种贴切和自然,不能牵强,也不能太庸俗和直露,而应追求新颖和含蓄。否则,不仅难以形成新的含义,还会使观众感到莫名其妙,失去兴趣。

(二) 象征

即通过镜头间的对列,让形象本身的意义隐去,同时经过观众的联想和想象产生另外一种新的引申意义。与隐喻剪辑依靠两种视听觉形象的对比不同,它是以情节中特定的情境为依托,使镜头中的形象产生一种形象以外的引申意义。在《战舰波将金号》中,爱森斯坦在全片的高潮点,闪电般迅速地把三个姿势不同

---

① [德]黑格尔:《美学》(第二卷),朱光潜译,商务印书馆2015年版,第136页。

的石狮镜头组接在一起(见图 3-8),构成"石狮怒吼"的形象,使影片的情绪感染力达到高潮。从躺着的石狮,到抬起头来的石狮,再到前脚跃起吼叫着的石狮,这组镜头象征了人民对冷酷残暴的沙皇制度的愤怒已达到忍无可忍的地步。

图 3-8　《战舰波将金号》片段:象征式蒙太奇剪辑

　　象征具有一定的主观色彩,但并不是凭空的,而是具有其合理的内在依据。电影《了不起的盖茨比》(*The Great Gatsby*,2013)中,永远处在海湾对面的绿光可以说是推动全片情节发展的动力,因为它象征着主人公盖茨比对人生和爱情的希望。片中盖茨比多次站在自家的码头上,将手伸向空中试图抓取海湾对面的绿光,这么近又那么远,仿佛他跟心爱之人黛西之间的距离。

　　有时,象征的剪辑也常用借代的手法,用现实生活中的物象来指代另一种东西,调动观众的想象力。影片《海上钢琴师》讲述了一位诞生于海上的音乐奇才精彩不凡且极富争议的一生。影片中,巨型渡轮和陆地幻化成了寓言中的象征符号,分别代表了人类已知的世界和未知的世界。主人公 1900 对陌生世界(陆地)的恐惧事实上代表了人对未知世界的普遍迷茫、惶惑和恐惧。"陆地上太多的选择,会让我无所适从。"对他而言,陆地是艘太大的船,太多的诱惑和选择对他而言都是未知的,他难以应付;只有巨轮才是他认识和了解的,也才是他所能适应的已知世界。

　　再如,电影《白日焰火》(2014)的片名与其说是借用片中那家夜总会的名字,不如说是呼应片尾吴志贞被警察带走后,张自力放向空中的那场焰火盛景——虽然美丽绚烂却终究短暂易逝,白日的焰火更是难辨其实、虚无缥缈。这仿佛就象征了吴志贞和张自力之间的爱情,绽放后便消失无踪,甚至在绽放之时都没能看清它的绚丽。

　　在具体运用象征式蒙太奇时应注意贴切自然,不宜用得过多,因为影视片主题思想的揭示主要是通过人物形象和故事情节来展现的,所以蒙太奇手法必须为表现人物的行为和性格服务,不能过多地使用隐喻、比拟、象征。否则作品将脱离形象的具体性,成为一些理性的抽象和概念性的图解。

四、重复式蒙太奇

重复式蒙太奇是把代表一定寓意的镜头、场面或类似的内容在关键的时候反复呈现,构成强调,形成对比,表达事物内在和本质的发展。

在影片《了不起的盖茨比》中,一块废弃的印有私人眼科诊所广告的广告牌比影片核心元素绿光出现的次数更频繁。该广告牌坐落在连接繁华纽约城和富人聚居区的煤矿开采区,这里居住着为整座城市飞速发展提供动力的底层劳动人民。本片的叙述者尼克·卡拉维将这块广告牌称为"上帝之眼"。这只"眼睛"除了一直注视着矿区人民艰辛的日常生活,还看到了盖茨比驾豪车载着尼克去纽约,看到了汤姆与莫尔特(汤姆的情妇)背叛各自的婚姻,看到了黛西驾车撞死疯子般的莫尔特。影片最后,盖茨比被误解成莫尔特的情夫,被误认为是撞死莫尔特的凶手,甚至被莫尔特的丈夫射杀。所有这一切难免引起观众的愤懑,但导演通过"上帝之眼"的反复呈现,似乎想告诉观众——上帝把一切都看在眼里,从而在一定程度上实现了与观众的"共情"。

重复式蒙太奇的运用可以使作品内涵由浅入深,意境由淡变浓,艺术表现力由弱变强,其构成元素包括人物、景物、场面、动作、细节、语言、音乐、音响、光影、色彩等。各种元素的"反复",有的能贯穿全剧,深化戏剧冲突;有的能渲染气氛,让观众"入戏";有的能蕴含某种暗示、喻义,引发观众联想。重复能使人产生一种时光流逝的亲切感,有助于主题思想的揭示、人物形象的刻画和结构的完整。

总之,任何两种不同事物之间总是存在直接或间接的内在联系,人们往往通过这种联系来分析、洞察事物的本质。表现蒙太奇最能体现编辑的创作风格,它用一种作用于视觉联想的表意方法,切入事件的深层,去表现比观众所看到的表象更深刻、更富有哲理性的内容。

应当注意,虽然蒙太奇是形式美学的代表,但是蒙太奇叙述方式是为特定内容服务的,"内容和完全适合内容的形式达到完整的统一,因而形成一种自由的整体,这就是艺术的中心"[①]。在影视作品的编辑中应避免脱离内容、一味追求

---

① 〔德〕黑格尔:《美学》(第二卷),朱光潜译,商务印书馆 2015 年版,第 157 页。

形式的做法,切实做到形式为内容服务。

第四节 镜头内部蒙太奇

与蒙太奇相对应的叙述模式是长镜头。长镜头强调通过运动摄像或其他场面调度形式,多角度、多层次、多景别而又连续不断地表现特定的对象,力求在不加剪辑的镜头中展现完整的事件。由于长镜头是在镜头内部实现剪辑,通常又称为"镜头内部蒙太奇"。应该说,长镜头与蒙太奇理念共同为创作者提供了广阔的表情达意自由,丰富了现代影视剪辑的语法体系。

一、长镜头的传播特点

长镜头理论代表着对纪实美学的追求,它主要是通过场面调度来完成对时空的叙述。"场面调度"原为戏剧创作用语,指导演对舞台上人物关系、位置及其造型的安排。后来被影视艺术借用,特指导演对画框内事物的安排。影视场面调度包括两个层次:演员调度和镜头调度。演员调度是指导演对演员的运动方向、位置以及与其他演员之间的交流等进行的动态或静态的不同造型;镜头调度是指运用摄影机机位的变化,展示人物关系、环境气氛以及事件进展等。当然,场面调度包括镜头组接构成的调度和单个镜头内的调度。"以场面调度风格为主导的作品的特征是长镜头、大景深的画面和流畅的机位。"①

(一)长镜头的类型

长镜头首先是时间较长的连续画面,依据拍摄方法的不同,可分为两大类。

1. 固定长镜头

机位固定不动、连续拍摄一个场面所形成的镜头,称为固定长镜头。世界上最早的电影大多是用固定镜头来记录现实或记录舞台演出过程的,《北方的纳努克》是世界公认的早期长镜头经典之作。

---

① [美]约翰·S.道格拉斯、格林·P.哈登:《技术的艺术:影视制作的美学途径》,蒲剑等译,北京广播学院出版社2004年版,第129页。

2. 运动长镜头

用推、拉、摇、移、跟等运动方式拍摄下来的多景别、多角度变化的长镜头,称为运动长镜头。一个运动长镜头可以起到一组由不同景别、不同角度镜头构成的蒙太奇段落的表现作用。运动性长镜头比较容易完成"内部蒙太奇"的调度,而且只有包含内部蒙太奇元素的长镜头才具有足够的信息量。

如果单纯将长镜头理解为时间长度概念,显然不符合长镜头的真实内涵,也会弱化长镜头的表现力。一些纪录片、故事片导演不仅主张不轻易切换镜头,而且不做无根据的移摄,即根据人的肉眼习惯来处理画面,大量采用静止性长镜头(固定视点的长镜头),这类长镜头基本上都含有主体的运动元素,并且更加强调以场面的调度来增加画面的生动性和动感。也就是说,镜头内部蒙太奇仍然在起作用,否则会给人沉闷、拖沓之感。

在《路边野餐》(2015)中有一段长达 41 分钟的经典长镜头:陈升驾驶着载着青年卫卫的摩托车沿路下坡,摄影师走楼梯抄近路抢在陈升和卫卫之前到达。导演将这个段落处理成纪录片的方式表现,但同时又保持视角的独立性,通过跟镜头和人员有计划的场面调度来展现人物经历,体现了导演较好的场面调度能力,加强了画面的生动性。

(二) 长镜头的特点

长镜头理论的提出不仅是对摄影技巧的总结和发展,更是对传情达意的表现艺术的创造。

1. 记录性

长镜头理论强调电影的照相本性,强调对"物质现实的复原",它最主要的美学特征是记录性,即最大限度地、逼真地记录现实。

首先,长镜头不间断地表现一个场景、一场戏或一个过程,具有信息传递的完整性。因此,在许多电视新闻或纪录片中大量运用长镜头,不致打断或干扰被摄对象的动作和话语,保持图像和声音信息的连贯和完整。

其次,长镜头客观再现了事件发展的真实过程及其现场气氛,具有不容置疑的真实性。如实、完整地还原原生态影像,使真人、真事、真物尽收眼底,摒弃了镜头分切与组合的假定性,从而增加了影视作品的可信性和说服力。

最后,长镜头注重展现客观世界的自然流程和情绪氛围,具有视听感知的参与性。长镜头连续记录事态的进展使观众身临其境,能在不受干扰的情况下感受镜头内部的变化,目睹生活的真实流程和具体情状。长镜头在视觉效果和内心感受上直接诉诸观众,具有一气呵成的感染力,同时也把判断的权力赋予观众。

2. 表现性

长镜头并不局限于再现和记录事件,它还具有很强的表现和造型功能。当分切式蒙太奇的思维方式被应用于长镜头叙述时,蒙太奇的外在形态已经被潜藏在长镜头摄影的运动流程或景深调度之中,成为名副其实的镜头内部蒙太奇。

长镜头不仅可以展示真实的外在现实,也能表达主观情绪或思想内涵。电影《白日焰火》中,张自力在吴志贞被捕入狱后独自一人在舞蹈室狂舞,步伐杂乱,更没有节奏可言,与其一直以来的沉稳形象大相径庭。一分十秒的固定长镜头淋漓尽致地表达了男主人公亲手将所爱之人送进监狱之后内心的煎熬与痛苦。

有时候长镜头制造的氛围可以达到蒙太奇组接所不能企及的效果。影片《芳华》(2017)使用了长达 6 分钟的长镜头展现战争场面,一气呵成。一方面展现了战争的激烈,将剧情推向高潮,另一方面预示了在战争中接受洗礼的年轻人的命运将就此改变。

二、长镜头与蒙太奇比较

作为一种特殊的剪辑,长镜头与蒙太奇在叙述风格、方式和效果等方面存在着一定的差异(见表 3 - 1)。

表 3 - 1　长镜头与蒙太奇比较

类别	蒙太奇	长镜头
叙述风格	主观、表现	客观、再现
叙述方式	强调镜头间的组合	强调镜头内部调度
叙述时空	分割、创造	连续、还原
叙述效果	强制、封闭	非强制、开放

(一) 叙述风格

在画面语言上,长镜头表现出与分切式蒙太奇十分不同的风格:前者的叙述是客观的、再现的;后者则侧重于主观的、表现的。分切式蒙太奇构造中,镜头的选择、排列都在一定程度上体现了创作者的主观表达,是创作者带有主观倾向性的、让观众"看见、看清、看懂"的表现过程。而长镜头力求以客观的方式,在不加剪辑的状态下再现事件流程。电影《鸟人》(*Birdman*,2014)运用长镜头讲述曾经风光无限的好莱坞明星里根·汤姆森试图通过改编雷蒙德·卡佛的《当我们谈论爱情时我们在谈论什么》重新赢得关注与尊重。该片充分体现了导演的场面调度能力,导演亚利桑德罗·冈萨雷斯·伊纳里多凭借该片荣获第87届奥斯卡金像奖,同时这部影片也因出色的故事构思和摄影技巧获得了奥斯卡最佳影片和最佳摄影。

(二) 叙述方式

分切式蒙太奇强调镜头之间的组合,而长镜头重视镜头内部的调度。在蒙太奇中,单个镜头不一定要表达完整的意义,只有通过剪辑思维的加工,才能形成流畅的意义整体。因此,蒙太奇叙述的关键在于剪辑,通过各种剪辑技巧融合各种视听元素。而长镜头本身能够表达完整的信息,其时空的转换和意义的表达均体现在镜头的运动或景深的调度之中,所以,长镜头叙述的重点是拍摄前的思维指导,即在前期构思中形成造型方法和结构技巧。

长镜头运用得最极端的例子是俄罗斯导演索科洛夫拍摄的《俄罗斯方舟》(*Русский ковчег*,2002),全片只有一个镜头,共九十多分钟,没有任何剪接,可谓电影史上最长的长镜头了。影片讲述了一位当代电影人突然发现自己置身于1700年前圣彼得堡的一座古老的宫殿里,而且周围的人都无法看到他。与他有同样经历的是一位来自19世纪的法国外交官,这一奇遇使两人开始了一场历史漫游,他们目睹了俄罗斯千年来的风云变幻。他们漫步在宏伟壮丽的宫殿里,见证了彼得大帝用鞭子狂怒地抽打他的将军、凯瑟琳女皇的人生、革命前夕末代沙皇一家最后的晚餐,还有1913年最后一场辉煌盛大的皇家舞会。在他们的时间旅行逐渐展开之时,两人之间也不断就俄罗斯的历史文化问题发生争执:外交官秉持西方对俄罗斯爱恨交织的传统感情,而现代电影人却反思和质疑他国家的过去和现在。

该片充分体现了导演卓越的场面调度能力,使观众在镜头的变化中目睹俄罗斯历史的变幻,跨越了时间和空间的束缚,完成了一次梦幻般的旅行。比如,尼古拉一世见使者的场面,起初是远景,然后是主人公在人群中曲折地穿过,正面和反面交错,然后高过头顶,投向中央,看到使者之后,从人群中穿过,锁定中间部分,介绍了部分交涉情况之后,很快又拉到人群的另一边,拍摄女士们的情况,最后回到外交官处。整个镜头虽然没有隔断,但变化非常丰富,既多角度地交代了情节,又增加了趣味性。

(三) 叙述时空

分切式蒙太奇是时空构造的艺术,擅长通过镜头的分切组合压缩、延长或拼凑时间和空间形态。长镜头则保留了实际时间的连续性和空间转换的自由性,不打断时间的自然过程,保持了时间进程的连贯性,与实际时间、过程一致,同时,表现的空间是实际存在的真实空间,在镜头的运动中可以实现空间的自然转换,实现局部与整体的联系。因此,蒙太奇对影视时空具有创造性,而长镜头则是现实时空的还原,真实性更强。科幻片《地心引力》(Gravity,2013)只有156个镜头,开场第一个镜头就是一个接近20分钟的长镜头[①]。可以说,导演阿方索·卡隆用长镜头向观众呈现了所有角色在外太空的"真实"工作图景。

(四) 叙述效果

蒙太奇是强制、封闭的叙述,而长镜头是非强制性的、开放型的叙述。蒙太奇通过形象的对列传达出创作者的主观意图,在剪辑次序和长度的控制中影响观众对意义的理解,而长镜头则通过记录一种接近现实生活的原生态来满足观众的想象。长镜头在表现心理情绪变化方面有独到的韵味,它不像经过蒙太奇剪辑的镜头那样给人跳跃、切割的感觉,而是把人物或事件完整地展现在观众面前,让人看到人物完整的心理过程,同时给观众更广阔的想象空间。电视连续剧《亮剑》中就有一段引人深思的长镜头,在表现主人公李云龙带领的独立团和日军进行肉搏战时,导演只用了一个长镜头,冷静地对准了这一肉搏时刻,前排的战士倒下来,后排的战士冲上去,前赴后继。与一般的战争电视剧不同,《亮剑》没有突出硝烟弥漫、尘土飞扬的战场,没有强调冲锋号响、举起刺刀冲出战壕的画面,也没有用慢镜头、大特写表现英雄倒下的场景,只是真实地再现了一段战争的冷静与残酷,将思考和想象的空间留给观众。

一般而言,导演会选择性地使用长镜头。某一场戏会大量使用剪辑,另外一场戏则会用长镜头表现。这使导演可以用不同风格的方法连接叙事或非叙

---

① 杨柳:《〈地心引力〉:"新瓶旧酒"味更浓》,《电影文学》2014年第19期。

事形式①。在影视创作中,长镜头与蒙太奇有不同的作用,彼此无法替代,对它们的应用应在扬长避短、取长补短中共生共荣,为影视传播作出贡献。

推荐阅读

1. [法]马赛尔·马尔丹:《电影语言》,何振淦译,中国电影出版社 1980 年版。

2. [加]迈克尔·翁达杰:《剪辑之道:对话沃尔特·默奇》,夏彤译,北京联合出版公司 2015 年版。

3. [英]罗伊·汤普森、[美]克里斯托弗·J. 鲍恩:《剪辑的语法》(插图修订第 2 版),梁丽华、罗振宁译,北京联合出版公司 2017 年版。

4. [英]罗伊·汤普森、[美]克里斯托弗·J. 鲍恩:《镜头的语法》(插图修订第 2 版),李蕊译,北京联合出版公司 2017 年版。

5. [美]路易斯·贾内梯:《认识电影》(插图第 12 版),焦雄屏译,四川人民出版社 2017 年版。

观摩影片

1.《鸟人》(*Birdman*,美国,2014)

2.《奇异博士》(*Doctor Strange*,美国,2016)

3.《我和我的祖国》(中国,2019)

4.《英雄》(中国内地/中国香港,2002)

5.《俄罗斯方舟》(*Русский ковчег*,俄罗斯,2002)

思考题

1. 举例分析蒙太奇的内涵。

2. 比较叙事蒙太奇与表现蒙太奇在影视作品中运用的异同。

3. 什么是镜头内部蒙太奇?它有什么特点?它与分切式蒙太奇在思维方式与风格方面有何差异?

---

① [美]大卫·波德维尔、克里斯汀·汤普森:《电影艺术:形式与风格》(插图修订第 8 版),曾伟祯译,北京联合出版公司 2015 年版,第 244 页。

第四章

镜头组接原则

镜头组接是影视构成的基础。任何类型的电视节目和视频作品都是由一系列镜头有序排列、组接而成的。其基本要求是流畅和连贯,即"作出一次流畅的剪接,意味着两个镜头的转换不致产生明显的跳动并使观众在看一段连续动作的幻觉不致被打断"[①]。在镜头组接的具体技巧和手法上,应服从一些基本规律和"机械性"原则。这些规律和原则将在一定程度上实现视频流的形式美感,从而服务于内容的表达和呈现。

第一节　画面内容的逻辑性

内容是剪辑处理的重点,内容表达的逻辑准确与否将直接影响电视作品视听觉信息的传达和意义表述的好坏,也将对电视作品的思想内容与艺术情感产生重要影响,因此,电视编辑的首要任务是完成准确的叙事与表意。

一、生活逻辑与思维逻辑

各种形态的电视节目在镜头组接时都要考虑镜头衔接、场景转换、段落构成的逻辑性,这也是整个电视编辑工作的基本内容,包括节目构成的三个主要方面,即故事情节进展的逻辑性、人物事件关系的逻辑性和时空转换的逻辑性。也就是说,电视节目中镜头与镜头之间、场景与场景之间、段落与段落之间的组织

---

① ［英］卡雷尔・赖兹、盖文・米勒编:《电影剪辑技巧》,郭建中等译,中国电影出版社 2008 年版,第 200 页。

衔接必须使这三方面既合乎生活的逻辑,又合乎人们的思维逻辑。只有在剪辑时正确处理上述三大逻辑关系,电视语言才能准确、流畅,才能完美地表现电视节目的情节内容和思想内涵。

(一) 生活逻辑

生活逻辑是指事物本身发展的客观规律。"剪辑可以而且应当按照其本身规律为发展思路,为发挥影片的内涵服务。"[①]把动作或事件发展的过程通过镜头组接清楚地反映在屏幕上,是电视剪辑最基础的工作。剪辑要尽可能把握事物发展的总体进程和认识过程,确保镜头编排次序上正确的逻辑关系。当然,在现实逻辑中,事物的发展不仅在纵向上呈现出时空变化,而且在横向上也与其他事物保持着千丝万缕的联系,这种联系是我们全面认识事物的基础,也是镜头转换的逻辑依据。因此,镜头连接必然以事物之间的现实生活关联为基准,而事实上,观众的心理联想也正是建立在这些生活认识基础之上的思维活动。

(二) 思维逻辑

思维逻辑是指人们观看影视节目时的心理活动规律,即满足人们欣赏影视作品的视觉心理要求。它可以充分调动观众的欣赏情趣,引导观众进行积极的思维活动、情感活动和认知活动,加深对画面内容的理解。比如在影片《海上钢琴师》中,主人公 1900 与一个女孩邂逅的段落中,导演用了一组符合视线匹配规律的镜头连接。在这里,人物关注的和被关注的对象顺理成章地连接在一起,也为作品后面即将展开的情节作了铺垫(见图 4 - 1)。

这一段落中有两类镜头,一类为表现 1900 的客观镜头,另一类则是他看到女孩时的主观镜头。我们可以清晰地感受到这两类镜头的区别:主观镜头呈现的是从剧中人物的视点拍摄的画面;客观镜头则代表创作者的眼睛,客观描写或客观评述一件事物的镜头。对于一般作品来说,客观镜头的数量远超过主观镜头,但主观镜头具有举足轻重的地位和作用,它能代表剧中人物的视线或心理活动,将其视像或心像具体化为影像画面。因为主客观视点的转换,画面之间形成了良好的呼应关系。正如马尔丹所说,"每个镜头必须为下一个镜头作好准备,去触发并左右下一个镜头。都必须含有下一个镜头能够满足的答复(例如看到

---

① [美]米哈伊尔·罗姆:《电影创作津梁》,张正芸译,中国电影出版社 1994 年版,第 224 页。

图4-1　《海上钢琴师》片段：符合逻辑思维的镜头剪辑

什么)或完成动作(例如一个动作姿态或运动的结果)的那个元素"①。这个元素能使各镜头之间都具有一种内在的逻辑联系,使画面组接自然流畅。

主观镜头能够使观众产生代入感,使他们身临其境。比如在这个邂逅的段落中,本来在弹奏的 1900 无意间望向窗外,却看到一位美丽的女子。一瞬间 1900 就被她吸引住了,目光一直停留在女孩身上。客观镜头令观众看到的是 1900 那专注的眼神,而主观镜头则让观众看到他眼中女孩子的面容。观众仿佛就站在他们中间,看到他们的"对望"。当女孩从一个窗口走向另一个窗口的时候,1990 的目光随之移动,自然也带动了观众的视线。观众通过这样的视线转变,可以感受到主人公的心其实已经开始追随着女孩。

主观镜头和主观视点的创造使电视既能再现外在物质世界和物质运动,也可表现内在精神世界与思维活动;既能有效地调整观众观看事物的视角,起到视觉连缀作用,也能在一定程度上揭示片中人物的心理感受和喜怒哀乐,是带有一定心理描写的镜头。主观镜头一般由两部分构成:一是主观镜头前的人物的客观镜头,二是片中人物所看到的或想到的内容,它们之间的组接也就形成了一个视觉转换的契机。在具体组接时,通常要在人物镜头后保持短暂的停留,这种停留可长可短,但都能给观众一个非常明确的暗示,说明下面将出现此人看到或想到的"主观镜头"。如果去掉这短暂的停顿,观众就无从意识到主观镜头的存在。

但是,需要明确的是,主客观镜头的转换并不意味着思维逻辑的全部,凡是与人的思维习惯和思维特点相吻合的镜头间的转换都是合理的。剪辑师应该牢记,了解画面内容、了解故事的环境与进程是观众欣赏影视片最基础的心理要求。镜头间的转换应该顺应观众的心理观赏需求。无论出于哪一种目的,激发观众的共鸣是共通的,只有观众感受到了艺术的表现效果,艺术的追求才有意义,简言之,才有可能生产出"耐看""必看"的电视作品。因此,在镜头组接过程中,剪辑应该跳出自我认识的框架,以旁观者的姿态来审视镜头的组合关系,检验艺术表达的实际效果。

二、镜头组接的基本关系

镜头的合理连接是以镜头间的内在关联为前提的,只有这样,镜头连接才会

---

① 〔法〕马赛尔·马尔丹:《电影语言》,何振淦译,中国电影出版社 1980 年版,第 129 页。

呈现出有目的的连贯性。

就镜头组接的方式而言,一般有以下三种作用:分隔作用,即将现实过程分隔,加以省略或分段;解析作用,即将现实对象解析,就其细部加以选择强调;对列作用,即将形式或内容上截然不同的镜头连接对列起来,产生一种节拍上或联想上的效果[①]。现实中复杂的影视形态已使镜头的这些基本作用得到了拓展,创造出更多具象化的关联形式,进而使电视的表现手段更加丰富多彩。

《2014 世界杯半决赛　德国 VS 巴西》完整记录了这场球赛的比赛过程,其中剪辑人员进行了如下处理。接下来,我们对其进行镜头关系方面的简要解析(见表 4-1、图 4-2)。

表 4-1　《2014 世界杯半决赛　德国 VS 巴西》片段镜头关系解析

镜头组编号	镜　　头	镜头关系解析	
1	(全景)德国队第一粒进球	层次关系	
	(远景)德国队第一粒进球		
2	(远景)德国队第二粒进球	并列关系	对比关系
	(中景)德国队员反应		
	(中景)德国教练反应		
	(中景)巴西教练反应	并列关系	
	(特写)巴西观众反应		
3	(远景)德国队第三粒进球	层次关系	对比关系
	(远景)德国队第三粒进球		
	(全景)德国队员反应		
	(近景)巴西队员反应	并列关系	
	(特写)巴西观众反应		
4	(远景)德国队第四粒进球	并列关系	对比关系
	(全景)德国队员反应		
	(特写)巴西观众反应		
	(特写)巴西观众反应		

① 陈鲤庭编:《电影轨范——电影艺术表现技巧概释》,中国电影出版社 1984 年版,第 94 页。

续表

镜头组编号	镜 头	镜头关系解析	
5	(远景)德国队第五粒进球		
	(近景)德国队员反应		对比关系
	(近景)巴西队员反应	并列关系	
	(中景)巴西教练反应		
6	(远景)德国队第六粒进球	层次关系	
	(远景)德国队第六粒进球		
	(中景)德国队员反应		
7	(远景)德国队第七粒进球		
	(近景)巴西队员反应		
	(近景)巴西队员反应	并列关系	对比关系
	(中景)德国观众反应		
	(近景)巴西队员反应		
8	(远景)巴西第一粒进球		呼应关系
	(近景)巴西队员反应		
9	(近景)赛停巴西队员反应	并列关系	
	(近景)赛停巴西队员反应		

镜头的关系多种多样,概括起来,比较常见的有以下几种。

(一) 层次关系

其实任何镜头的转换都存在着必然的层次性,这里的层次关系特指按照分析过程或综合过程连接的镜头,这常常是叙事的基点。通常,它可以将事件的发展过程清晰地呈现在观众面前,使他们了解事件的各个层面。

比如段落中对进球的展现,同样是射门的一瞬间,剪辑可以选择从不同角度通过不同景别更加清晰和完整地表现进球过程,让屏幕前的观众可以从整体和细节上都获得更多信息。

图 4 - 2　《2014 世界杯半决赛》德国对战巴西的片段：体现镜头组接的各种关系

（二）呼应关系

呼应关系是指镜头间具有看与被看、听与被听的联系，又称视线关系。马尔丹在《电影语言》中分析蒙太奇心理基础时指出[①]，当上个镜头中出现一个人物，下个镜头将使观众看到：

——————————

① ［法］马赛尔·马尔丹：《电影语言》，何振淦译，中国电影出版社 1980 年版，第 128—129 页。

他真正看到或当时正在看的东西;

他所思考的,他想象或回忆所引出的事物;

他力图看到的事物,他的思想倾向(例如,他听到了一个声音,摄影机随即向观众展示音源);

在他的视线、思想或回忆之外与他仍有关的人或事(例如,某人在对方不知道的情况下掩蔽起来,监视对方)。

视线的匹配成为镜头连接的常用手段,当然,呼应关系不仅停留在单一的时空范围内,它还可以超越时空束缚,形成镜头之间的相互呼应、相互关联。比如,在上面的段落中,有多处使用这样的镜头连接,进球、丢球等几个发生在球场的活动和在剪辑时直接用上的看台上观众或欢呼或低落的画面,这是对前面活动的反应动作,借助呼应关系,使上下镜头或段落的连接更顺畅。

(三) 平行关系

平行关系是指镜头分别展示不同的形象,它们可能是同一时间内对不同空间的事物或同一事物与不同方位产生的联系,这一关系虽然在上述段落中未体现,但也很容易理解。最简单的一组平行关系就是观看比赛的现场观众与屏幕前的观众,他们虽处在不同空间,但都在关注球场上的动态。两条线索同步发展,打破了事件发展的线性时空关系,将事件的多侧面影响展示给了观众。这两条线索之间的转换则是利用了镜头与镜头之间的呼应关系。

平行关系也可以是将两个相互关联的对象交替组接,比如将体操比赛的冠亚军参赛过程交替切换,形成一种对等画面形象的直接较量,使它们相互影响、相互加强,从而产生某种紧张、激烈的比赛氛围。

(四) 并列关系

并列关系是指两个镜头之间在内容、形状或语义上具有相同或相似的地位和作用。一种情况是具有并列关系的镜头强调内在的一致性,在组接时通过某种相似性获得积累效果,如上面段落中,巴西队每一次丢球,巴西队的教练、队员、观众都会作出相应的反应,他们之间即构成并列关系。每一种反应都产生于不同的主体,但是因为源于同一因素,各个主体之间有着某种关联性,他们的焦急、低落也表现出了巴西队的被动与无奈。不容置疑,单一镜头是很难表达这种感受的,唯有并列性镜头的集中体现才能产生凝聚感、向心力。另一种情况是,把内容几乎完全相同的镜头重复组织在一起,从而起到强调作用。

(五) 对比关系

对比关系是指揭示出镜头间存在的矛盾,并将它们形象化地突出,这又称为冲突关系。上面段落中就有一个显著的对比,即巴西队与德国队。赛场上,它们本就是对立的关系,自然双方的队员也存在对立。当德国队连续进球,支持它的观众在欢呼庆祝的时候,巴西队的观众却难掩低落的情绪。无论是情绪、节奏,还是画面内容与造型等信息上的对立,都可以使不同的形象互相衬托、互相强调,从而表达某种寓意效果或突出事物的本质特征。

(六) 隐喻关系

隐喻关系是指镜头间画面内容的对列作用,产生比拟、象征的作用,引发观众心理上的联想。卓别林在影片《摩登时代》(*Modern Times*,1936)的开头安排了两个镜头,第一个是一群在畜栏里拥挤的猪,第二个是一群拥挤在地铁里的人,以此表达人畜命运之相似性这样令人震惊的主题。这是一种隐喻连接,它主要通过上下镜头间的鲜明且共通的含义来揭示内涵。

另一种则具有渲染效果,蒙太奇的比兴作用赋予镜头内容情绪化的力量。例如,电视转播为了营造节庆的热闹,通常在狂欢的人群镜头之后接上漫天烟花的镜头,用以烘托气氛。又如,车展中,将一个围绕汽车移动拍摄的长镜头分剪开来,在中间穿插车展活动中燃放的烟火,既可以加快叙述节奏,又可以渲染气氛。

(七) 因果关系

因果关系是指通过镜头的转换呈现由原因引起结果,或者由结果推导原因,符合观众的欣赏逻辑。比如下面两组镜头:

第一组:德国队进球
第二组:德国队员相拥庆祝

这两组镜头因果关系的逻辑性很强,事件发展的先后顺序、情节内容上的呼应关系都可以非常明确地帮助观众理解画面的转换。

(八) 意外关系

意外关系是指编辑过程中刻意制造悬念,突破常规,使观众的心理期待暂时停顿,转移观众的注意力。影片《泰坦尼克号》男主人公杰克之所以能登上这艘世界上最豪华的游轮,是由于一次偶然的赌博,作品在表现这个段落时用了一个令观众有些意外的剪辑方式(见图4-3):杰克被对方抓起衣领,对方挥拳击向他之时,杰克似乎会应声倒地,然而,编辑利用这样一种连续的动势剪辑,最后倒下的是对方的同伴,而杰克正得意扬扬地等待赌博结果。

图4-3 《泰坦尼克号》片段:利用意外关系组接镜头

意外关系的镜头连接追求艺术化的戏剧性,易引起观众欣赏心理的起伏,常能给人束手无策、豁然开朗或螳螂捕蝉、黄雀在后的感觉。

第二节 动作衔接的连贯性

电视画面的动作形式本质上有两种:动与静。电视最基本的形态特征就是运动,运动是构成剪辑的基础,也是影响观众思维的前提。镜头内外部各种运动的结果会产生直接的运动感,这种动感效果往往是剪辑考虑的最基本因素之一。

"如果要想使一部影片的各个部分顺畅贯通,那就必须进行控制、组织和选择。为了控制,就必须考虑运动,即演员的运动和摄影机的运动。"[1]事实上,画面物理构成的动作不仅包括主体的动作和摄影机的运动,还包括镜头转换所产生的视觉运动。

一、动静搭配法则

为了保持画面连贯,使镜头内外的动作实现流畅连接,影视剪辑应遵循以下几项基本原则。

(一) 动接动

"动"是指视觉上有明显动感的镜头,"动接动"是指视觉上有明显动感的镜头相切换的方法。比如电影《归来》(2014)中有这样一个段落,镜头的运动或被摄体的运动产生了动感,而这些有动感的镜头连接起来便产生了流畅的视觉效果(见表4-2)。

表4-2　《归来》片段:"动接动"解析

画　　面	镜头动作	被摄体动作	视觉效果
	下摇	静—动	由静到动

---

① [乌拉圭]丹尼艾尔·阿里洪:《电影语言的语法》,陈国铎、黎锡译,周传基校,中国电影出版社1981年版,第166页。

画　　面	镜头动作	被摄体动作	视觉效果
	横摇	运动	有动感
	横摇	运动	有动感
	横摇	运动	有动感
	上摇—下摇	运动	有动感
	微微摇动	运动	有动感

画　　面	镜头动作	被摄体动作	视觉效果
	微微摇动	运动	有动感
	下摇	运动	有动感
	静止	运动	有动感
	上摇	运动	有动感

在表现动感的段落中,"动接动"的运用非常普遍,包括固定镜头组接时的主体运动,或一系列具有强烈动势的镜头组接在一起,交代运动的全过程,更重要的是创造强烈的动感节奏,给人以美的享受。例如,《归来》中火车站相见的段落中,陆焉识与妻子、他们的女儿及抓捕人员,多方汇聚于火车站,陆焉识与妻子向彼此跑去,与此同时,抓捕人员和陆焉识的女儿也步步紧逼,阻碍他们靠近。一

连串的运动镜头以及人物的奔跑动作使画面产生了紧张的气氛,增强了观众的代入感,仿佛观众也参与追逐之中。

运动镜头之间的组接通常情况下也按照"动接动"的原则处理,这与运动镜头的形式构成有天然的联系。运动镜头由三个部分构成:起幅、运动过程和落幅(见图4-4)。起幅是指镜头开始时的相对静止部分,落幅则指结束时的相对静止部分。

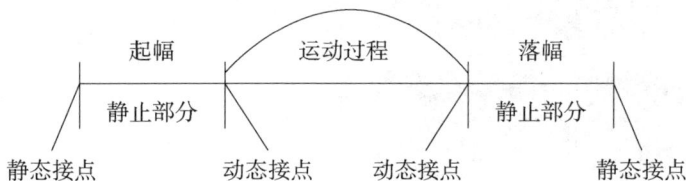

图4-4 运动镜头的构成

由于运动过程具有明显的动感,因此一些被摄主体不同、运动形式相同、运动方向一致的镜头连接时,可以直接切除镜头相接处的起幅和落幅部分,遵循"动接动"原则。例如,在表现山水风光时,连续的摇镜头使其好似一幅铺开的水墨长卷;表现精美的艺术品时,连续的推镜头留给人层层深入、仔细揣摩的印象;表现优美的园林风光时,一次次的拉镜头可以形成一步步展示的效果,使观众从局部看到全局,从细部看到整体。

另外,除去与运动方向相反的镜头,被摄主体不同、运动形式不同(指运用推、拉、摇、移、升、降、跟等不同的镜头运动方式)的镜头组接也应除去运动镜头的起幅和落幅部分,遵循"动接动"原则。例如,婚礼现场:

摇镜头:婚礼现场的宾客

推镜头:新郎与新娘

摇镜头:展现一个男子走向新郎与新娘

跟镜头:男子的背影

这些运动镜头组接时,要求在运动中切换,一般只保留第一个摇镜头的起幅和最后一个镜头的落幅,而四个镜头衔接处的起幅和落幅也应去掉。但组接时要注意上下镜头的运动速度应比较接近,并保持运动节奏的和谐一致,否则就会产生不协调感。

（二）静接静

"静"是指视觉上没有明显动感的镜头，"静接静"是指视觉上没有明显动感的镜头相切换的方法。在影视表现方法中没有绝对的静态镜头，每一个镜头的存在对情节的展开、人物的塑造都有积极的推动作用，"静"只是相对而言，多数情况是指镜头切换前后的部分画面所处的状态。例如，在电影《西北偏北》的一个段落中出现的"静接静"方式组接（见表 4－3）。

表 4－3　《西北偏北》片段："静接静"解析

画　　面	镜头动作	被摄体动作	视觉效果
	固定镜头	汽车驶入，主人公下车，汽车离开	无明显动感
	固定镜头	主人公目送汽车离去	无明显动感
	固定镜头	汽车渐渐消失在地平线	无明显动感

画　面	镜头动作	被摄体动作	视觉效果
	固定镜头	主人公环顾四周	无明显动感
	固定镜头	静止	无明显动感
	固定镜头	主人公环顾四周	无明显动感
	固定镜头	静止	无明显动感
	固定镜头	主人公环顾四周	无明显动感

这一段落中体现的是一种更为极致的情况，固定镜头与固定画面的组接，纯粹的"静接静"。这样的手法一般用于交代背景环境，起铺垫作用。《西北偏北》中的这个镜头展现了主人公所处地方的荒凉和他的孤立无援。还有一种"静接静"是移动镜头与固定画面的组合，一般保留运动镜头的起幅、落幅和固定镜头连接。但在视觉效果上，由于使用了短镜头，又形成了镜头之间的动态张力，与解说词中所说的"局促"相呼应。

当被摄主体不同、运动形式相同、运动方向相反的运动镜头连接时，一般保留上下镜头相接处的起幅和落幅部分，遵循"静接静"原则。如在电视新闻中我们常看到如下的组接：

左移镜头：主席台一边的与会者
右移镜头：主席台另一边的与会者

这是两个左右相反方向运动的移动镜头，在组接时，上个镜头保留落幅，下个镜头保留起幅，落幅和起幅的短暂停顿处相接，使观众有一个适应过程。至于落幅和起幅的停顿时间是长是短，一般依据电视作品的节奏来设计。快节奏的段落，起落幅的停顿时间就短一些；慢节奏的段落，起落幅的停顿时间可以适当长一些。除了左移、右移镜头之外，左摇、右摇镜头和推拉镜头、升降镜头等的连续组接，都可参照上面的方法执行剪辑。

电视作品中的动静与自然界中的动静一样，动是绝对的，静是相对的。无论是运动镜头的起落幅相接，还是固定镜头的直接连接，这些"动接动""静接静"都应充分抓住被摄主体及镜头本身内在和外在的造型因素，把握两个基本前提：其一，速度相近的画面衔接，保持运动强度的基本一致；其二，同趋向的画面衔接，保持动势的基本一致。

（三）例外规则

镜头组接的形式是复杂多样的，不同的场合会有不同的要求，因此，在"动接动"和"静接静"原则之外还有例外规则，即"静接动"或"动接静"。运用例外规则主要有两种场合。

其一，画面内容有强烈的转换，如动作、情绪或节奏等，上个镜头往往蕴藏着强烈的内在情绪或某种暗示性因素，为下个镜头的出现提供情绪的爆发或内容的铺垫。节奏的突变适合推动情节急剧发展,可以有效地压缩屏幕时间,传达的视觉感受更为简洁。比如,曾获奥斯卡最佳影片和最佳剪辑奖的美国影片《愤怒的公牛》(*Raging Bull*,1980)的开头,当裁判宣布了杰米的胜利后,摄影机已经开始摇向杰米的席位,介绍胜利者应当是动势的延续,也是一种习惯性的剪法。但是,编辑却在此时把镜头切了失败者拉莫塔,用较长时间呈现拉莫塔的反应,与上一个摇镜头(有明显动感)之间以"动"和"静"跳切(见图4-5)。从视觉效果上看,似乎存在一种视觉的呼应关系。事实上,剪辑师是以心理节奏和情绪控制了镜头的转换,使观众从剧动到骤停的突变中,强烈地感受某种暗示,从而在动静的对比中突出为争取参加拳王资格赛而故意输掉这场比赛的影片主角。

图4-5 《愤怒的公牛》片段:"动接静"

其二,有提示性因素。这种揭示因素可以是声音的,也可以是画面造型中的细节等。比如,上个固定镜头中甲和乙在对话,谈话中提到丙,下个镜头跟摇丙走在马路上,用上个镜头的声音作为提示因素,使观众在心理上有了一定的准备,为下一个镜头的运动作铺垫,这样的"静接动"效果也会是流畅的。

二、挖掘运动镜头表现力

运动镜头不仅可以通过摄像机的运动表现被摄主体的形态、运动,而且可以通过丰富的景别和角度变化,在活跃画面形式、展示环境气氛、描绘人物情感、形成视觉节奏和韵律等方面展现独特的表现力。摄像机的运动使被摄物体和环境在画面上产生运动,在屏幕上直接代表观众的视点和方向,符合观众的日常观察习惯。

(一)推镜头

推镜头是摄像机逐渐接近被摄主体或通过镜头焦距变化使画面效果由远及

近、由整体到局部时拍摄的画面。从视距上看,推镜头使观众与被摄主体之间越来越近,形成了由较大景别向较小景别连续递进的过程,类似于不断前进的视觉效果,艺术真实感更强;从布局上看,被摄主体增大的同时环境空间越来越小,形成视点的较大强制性。推镜头常用于以下一些场合。

1. 确定视觉重点,突出主体或细节

运用镜头的切换可以分散和转换观众的视觉注意,而推镜头可以在统一的时空内强调叙事的重点。获奥斯卡最佳影片的《末代皇帝》中,在表现溥仪登基时,镜头从太和殿外推向殿内的皇帝宝座,随着画面不断向殿内主体人物逼近,观众逐渐注意并看清画面中央端坐在龙椅上身穿皇袍的溥仪——一个刚满三岁的孩子,中国历史上最后一位皇帝正不知所措地东张西望,一个专门为他举行的盛大庆典在他眼里却显得那么不可思议。溥仪作为这个镜头的中心人物,随着镜头的推进逐渐从宏大的场面中被突出出来。在各类电视节目中,创作者可以根据表情达意的需要选择视觉重点,通过推镜头对某些具有戏剧性、说明性的细节画面进行强化。

2. 渲染人物内心活动

推镜头可以达到对人物内心世界的深入和渗透,反映人物内心的情感。纪录片《沙与海》在表现沙漠人家的少女时运用了一个变焦推镜头:当主持人问"你长大了,要嫁到遥远的地方,离开故土,你想不想爹娘?"姑娘默默流泪,长时间低头不语,画面渐渐推近,落幅于人物脸部。人物矛盾、思念、依依不舍的复杂心理得以渲染并流露出来。这类推镜头在采访中常常被抓取并加以使用,因此,摄像师要善于了解采访情境和背景,善于透过现象看到内在的意义。

3. 表达创作者的主观情绪

推镜头可以控制运动的速度,急推造成视觉上的冲击,缓推则构成情绪的渲染。《难圆绿色梦》中有一个段落选用了三个缓推镜头:从被风沙侵入的村庄推至被迫废弃的房屋、推至另一处被沙漠掩埋的房屋、推至坐在高高的沙山上的孤独的孩子。三个连续推镜头既让观众看到了触目惊心的环境与细节,同时,连续推镜头也产生了不断逼近之感,无言地把因忽视植被保护,曾经的绿洲之地正面临沙化的危险和风沙正一天天侵蚀家园的现状的严重性凸显出来。

(二) 拉镜头

拉镜头是指摄像机逐渐远离被摄主体或通过镜头焦距变化使画面效果由近

及远、由局部到整体时拍摄的画面。与推镜头相反,拉镜头画面给人带来远离被摄主体的感觉,是景别由小范围向大范围扩大的过程,造成逐渐后退的视觉效果,是视觉信息不断加大的形式。拉镜头常用于以下一些场合。

1. 交代事件发生的环境空间

拉镜头可以明确主体与环境的位置关系,展示各种视觉元素之间的相互关联。如果镜头从小赵身上拉开,然后出现会议室全景,画面就表达了"小赵在会议室"这一意思,它强调的是"会议室"这个重点形象,引申义是"小赵在会议室,而不在电影院、网吧"。观众可以在一个镜头内了解被摄主体局部与空间整体的变化关系,在叙述性段落中运用这样的拉镜头可以增强画面的可信性。

2. 突出视觉形象之间的联系

拉镜头的起幅表现对象明确,落幅则空间范围扩大,信息含量大大增加,起幅画面和落幅画面之间在形象上容易产生悬念、对比、联想等艺术效果。影片《任长霞》(2005)结尾有一个场景(见图4-6),公安局局长手持话筒:"同志们,大家没日没夜地忙了一年,我任长霞没什么好谢大家的,我给你们唱一段豫剧吧!……"当镜头拉开的时候,原来主席台下没有一个听众,而是空荡荡的一片。此时,外面正是除夕之夜万家灯火、礼花燃放的时刻,画面形象在空间调度所呈现的不仅是一种内容的介绍,还包括无需言表的意外之感和对比之意,这种镜头内部真实性力量超过了蒙太奇组接的效果。

图4-6 《任长霞》中的拉镜头:视觉空间的变化带来内容的变化

3. 形成鲜明的退出感和结束感

一般拉镜头的起幅个性鲜明、先声夺人,落幅则有一种退出感、结束感,常用作影视作品的结尾镜头。此外,拉镜头一般从特写或近景开始,往往能够引起观众的注意,激发他们急切的收视期待。

（三）摇镜头

摇镜头是指摄像机的位置不变，在改变镜头光轴的过程中进行拍摄的画面。摇镜头的画面效果与人们日常生活中原地转动头部、环顾四周的视觉效果相似，符合观众的观看习惯。摇镜头的造型表现力独特，常用于以下一些场合。

1. 描述较大的环境空间

摇镜头常用于交代事件空间，展示广阔的自然景色和浩大场面，包容丰富的视觉信息，展示独特的画面效果。电视连续剧《水浒传》开篇，一个缓慢的摇镜头把《清明上河图》中描绘的街景展现了出来，事件发生地的繁华、熙熙攘攘，在叫卖声、马车声中把观众的情绪引入特定的氛围。这种展示空间、扩大视野的摇镜头通常是用远景或全景画面速度均匀而平稳地摇摄完成的，其立意是通过摇的全过程给观众一个完整的初印象，而不是具体地描述某一个物体，它对镜头整体形象的追求大于对具体细节的描述。这种摇镜头常侧重写虚、造境，追求画面意境和气氛，抒情性强。

2. 建立事物之间的联系

摇镜头的起幅、落幅和运动过程可以表现两个或两个以上的被摄对象，将观众的注意力从前一个形象转移到后一个形象上，类似于连贯空间内的镜头切换效果，可以介绍同一场景中事物之间的内在联系，比如从庄严的国徽摇到正在宣判的法官，从昏暗的路灯摇到坚守岗位的卫兵，从慷慨陈词的演讲者摇到全神贯注的听众，可以清楚地介绍国徽与法官、路灯与卫兵、演讲者与听众之间的关系。

3. 发挥纪实性表意功能

摇镜头可以把意义相反或相近的事物联系起来，类似于镜头的对列蒙太奇效果，表示隐喻、对比、因果等关系。在《新闻调查》节目的《北京："非典"阻击战》中，当病房中的被访患者谈到"我特别踏实……对生命已经有新的感悟了"时，摄像师适时地将镜头从病房摇到窗外的绿树上（见图 4-7）。这种在同一时空内的表意方式，流露自然，叙述简洁，在纪实性节目中运用时具有不可置疑的论证力量。

4. 摇出意外之物，引起观众注意

观众对电视节目的收视注意是被动的，是在编导思维的强制下发生转移和变换的。摇镜头可以引出一些与事件不明确或相反的画面，从而加强戏剧性，甚至制造悬念，激发观众的兴趣。例如，在介绍某工艺品出口基地时，到处都是工

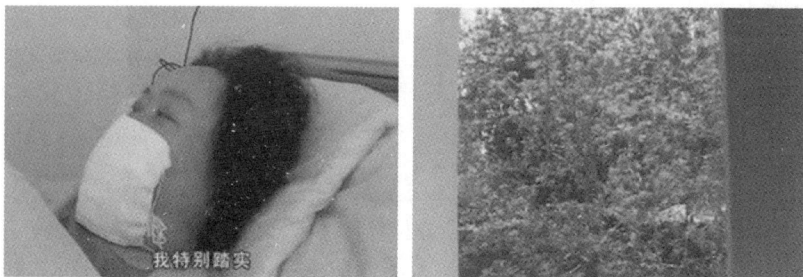

图4-7 《北京:"非典"阻击战》片段：摇镜头的隐喻功能

艺口生产商和销售商,镜头从一件件精美的工艺品摇过,最后落幅在一顶遮阳帽上,按照常规它应该是一件工艺品,然而,随着帽子的升起,一个头戴遮阳帽的工人正在辛勤劳作,形成戏剧性表达。

5. 表示剧中人物主观视线

在镜头组接时,上一个镜头被摄对象环顾四周,下一个镜头用摇镜头作为主观镜头表现其所见事物,如意大利现实主义影片《偷自行车的人》中的寻车镜头就是这个效果。上下镜头间存在着主客观的角度变化,剧中人的视线和所见有完整的展示。在运用这种方式的摇镜头时,需注意上下镜头动作速度的协调性。

6. 快速摇形成甩镜头

甩镜头是快速的摇镜头,从起幅快速地摇到落幅,中间过程画面由于速度过快而形成视觉模糊。这也与人们的视觉习惯是十分相似的,非常类似于人们观察事物时突然将头转向另一个事物,可以强调空间的转换和同一时间内在不同场景中发生的并列情景,有利于形成有冲击力的视觉效果。甩镜头的拍摄有一定的难度,需要熟练掌握技巧,明确落幅的视觉重点和过程的模糊性,努力达到"实—虚—实"的画面效果和整体的运动感。

(四)移镜头

移镜头是在摄像机机位按特定的轨迹运动过程进行拍摄的画面。移镜头是反映和还原人们日常生活中边走边看等动态观察事物的习惯和感受的一种方式,常用于以下一些场合。

1. 视觉空间的巡视

移镜头表现出的画面能给人造成巡视或展示的感受。《丝绸之路》的《敦煌彩画》一集中,有一幅高 1 米、长 13 米的壁画,如果用固定镜头或推拉镜头,由于视角范围等技术条件的影响,画面效果很不理想。摇镜头虽然可以展示广阔空间,但由于透视关系的变化,对长幅画卷的描绘会有图像的远近和大小之别,整体性会下降。摄像师采用了一个横移镜头,从起幅到落幅,构成一个连续运动而不断变化画面内容的整体,镜头的画框限制在流动中被暂时突破,烘托出壁画的浩大气势,产生了摇镜头和推拉镜头无法产生的造型效果和艺术气氛。

另外,纵向移动镜头在画面层次性和纵深感等方面也有独特的魅力。近年来常见于各类电视节目的航拍镜头,除了具有一般移动镜头的特点外,还以其视点高、角度新、动感强、节奏快等特点,展现了人们在日常生活中不常见到的景象,赢得了广大电视观众的喜爱。它能够把蜿蜒于崇山峻岭间的山川河流、绵延于峰峦叠嶂间的文物古迹行云流水般地一一展现,有时气势磅礴,有时娓娓道来,例如,南京电视台摄制的宣传片《金陵节拍》,其中大量的航拍镜头带领观众居高临下、极目远望,六朝古都的风貌尽收眼底。由于航拍技术的广泛运用,移动拍摄画面因其独特的视觉感、空间感而被频繁应用到各类节目之中。

2. 立体表现复杂场景

现实生活中的很多场景空间是非常复杂的,有些运动镜头的造型表现就“力所不能及”,主要表现为在画面视觉范围内景物之间的相互重叠,使观众很难在一个视点上对整个空间形成完整的认识。而移动镜头可以开拓画面空间,将一些大场面、大纵深的场景收入连续的画框之中,形成多景物、多层次的恢宏气势。大型纪录片《望长城》中在表现探寻长城足迹时,运用了一个在汽车上移动拍摄的长镜头,夕阳、远山、轻型飞机、大路,尽入画中,一种文化的深邃久远、路途的漫长、步履的艰辛随着运动展现和表达出来。

3. 主观视线的平行叙述

移镜头可以表现某种主观倾向,创造出强烈的主观色彩,表现更加生动的真实感和现场感,具有一定的参与感。坐在汽车上看到行人和车辆穿梭往来,犹如置身于汽车之中;穿行于图书馆藏书室一排排书架之间,似乎忠实的读者正在寻找他心爱的图书……不同方向的移动镜头仿佛把观众请到了画内情境,体验真实之感。上海申博片中有多处运用了在宽敞大道上摄录的移动镜头,广角镜头使画面形象的纵横层次丰富,日间蓝天白云下林立的高楼、夜晚流光溢彩中宽阔的高架桥,都有一种带领观众倘徉于现代化大都市的美感。

(五) 跟镜头

跟镜头是指摄像机跟随运动的被摄主体一起运动时拍摄的画面,其特点是镜头对准运动物体,并以相同的速度伴随其运动,被摄主体在画面中的位置保持相对稳定。跟镜头常用于以下一些场合。

1. 表现被摄主体的运动

跟镜头画面中,观众可以从画面框架的运动及被摄主体与画面中的其他景物的位置对比中体会被摄主体的运动状态。被摄主体在画面中运动的稳定性与画面内部的其他运动景物相比,呈现出一种相对静止的状态,有利于吸引观众的视线,也有利于观众了解被摄主体的行为变化等细节特征。近年的电视新闻中,有时会使用从俯视角度跟踪拍摄的画面,后期编辑时通过技术处理给某个空间内的特写运动对象加上特殊的指示图形,突出这个对象的行为过程,可以引导观众的视觉注意重心。

2. 营造主观的参与氛围

从人物背后跟随拍摄的镜头,由于观众的视点和被摄者的视点合二为一,具有强烈的主观性和参与感。《焦点访谈》《新闻调查》等深度报道类节目中,常见到记者跟随村民走到田间地头,查事实,体民情,给观众很强的参与感和关注感,他们时而盼望着赶紧抓到毒贩,时而等待着主要人物出场,时而深入人民群众,一切事件都在摄像机镜头中变成了主观追寻的连续画面。跟镜头的拍摄手法纪实性强,多运用于纪录片和电视新闻,常常能使观众产生身临其境之感。

(六) 升降镜头

升降镜头是指利用升降装置使摄像机在垂直运动过程中进行拍摄的画面。由于升降镜头在日常生活中的体验较少,常能给人极富视觉冲击力和新奇独特的画面感受。升降镜头常用于以下一些场合。

1. 表现高大事物

在垂直方向上调度摄像机、升降画面视点是升降镜头的最主要特点。升降镜头使画面内部各物体间的空间位置关系产生了不间断的变化,给观众以丰富的视觉感受。拍摄一些高大的事物时,可以运用仰拍镜头,也可以用上下摇镜头,但这些方式都会由于纵深的透视变化而使画面存在一定的缺憾,使对象整体中各个局部在大小上不均衡。而升降镜头擅长表现高大的物体,无论是高耸入云的城市建筑,还是高高挂起的巨大竖幅,都可以等视距地将各个局部表现出来,形成动态均衡的透视关系。

2. 展示规模和气势

由于升镜头的运动提高了拍摄视点,会产生登高望远的效果,强化画内空间的视觉深度感,引发高度感和气势感,特别是在一些大的场景中,控制得当的升降镜头可以非常传神地表现出宏大的气势。比如在拍摄大型广场音乐会的伴奏和群众场面、运动会开幕式的大型团体操表演、春节联欢会的歌舞节目时,一气呵成的升降镜头能赋予视点和构图多元的变化,此起彼伏、规模浩大的现场更易于打动屏幕前的观众。

3. 寄托寓意

升降镜头的运动方向和速度具有一定的主观性,从而形成或明快、或舒缓的节奏和风格。升降镜头拍摄的画面具有很强的形式感,当升降运动与推、拉、摇、移等拍摄方式结合时,更能产生流畅、活跃的表现形式,甚至隐含某种思想和寓意。电视连续剧《长征》第24集中,当红军走出茫茫草地,顺利完成长征之后,作者用了一个极富表现力的综合运动镜头(见图4-8):画面首先从蒋介石头顶的俯拍近景开始垂直下移,然后边降边退,景别由近景逐渐变成全景,客观距离感的产生衬托了此时此刻蒋介石在围剿红军失败后压抑、低沉的心境和难以接受的窘境,似乎在诉说着国民党军队的远离甚至失败。

图4-8　《长征》片段:降镜头与后退镜头结合,寄托寓意

此外,升降镜头与摇镜头类似,由于运动带来的变化,也可能会产生令观众意想不到的效果。在电视连续剧《金粉世家》的结尾(见图4-9),男女主人公金燕西与冷清秋在同一个镜头的起幅和落幅中都有所交代,不失为在一个连贯镜头内说明人物关系的好方法。

图4-9 《金粉世家》片段：降镜头的落幅引出意外

第三节　空间组合的方向性

作为节目内容展开的依托,影视的"再现空间"和"构成空间"具有举足轻重的地位。"构成空间"在拍摄之后的分切需要在剪辑时予以重新组接,因此,为使观众在观看影视节目时形成统一、完整的空间概念,需要保证空间组合方向的一致性。

一、轴线与轴线规律

在影视制作中,被摄对象的运动方向、视线方向和对象之间的关系所形成的一条假想直线被称为"轴线"。根据被摄对象在画面中的位置或运动状态,轴线可分为关系轴线、运动轴线和方向轴线三种。

在同一场景中,为了保证被摄对象在画面空间的正确位置和方向统一,相邻两个镜头拍摄角度的处理要遵守轴线规律,即在轴线一侧的180°之内设置机位或选用同一侧的镜头进行组接,这是构成画面空间统一感的基本条件。

(一) 关系轴线

它是指被摄对象之间的假想直线。比如两个交谈的人中有一个要出门,那么,两个人之间或人与门之间的一条假想直线就形成了关系轴线。在某个对话场景中,两个对话的人物之间会形成一条关系轴线。

　　剪辑中,一般应选用轴线一侧的镜头,比如 1 号和 2 号镜头(见图 4-10)。因为在镜头 1 和 2 中,画面中的人物 A 和 B 处于画框的左侧和右侧,只不过所处的前、后景位置有些差异。但如果换用 3 号镜头,则 A 和 B 在画框中的位置明显发生了变化,不宜与镜头 1 和 2 直接组接在一起,否则易造成视觉跳动。

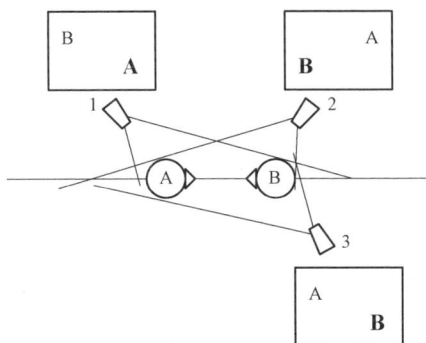

图 4-10　关系轴线

　　当拍摄两个人面对面交流的场景时,按照轴线调度原理,通常在关系轴线的一侧设定机位,这些机位的连线又通常可以构成一个底边与关系轴线平行的等腰三角形,这就是镜头调度中的三角形原理,也称为机位的三角形布局法(见图 4-11—图 4-15)。其中,1 号镜头是顶角位置,决定了被摄对象在画框中的位置关系,是场景调度的依据,具有统摄全局的作用;2 号、3 号镜头是外反拍镜头,又称过肩镜头,呈现局部关系;4 号、5 号镜头是内反拍镜头,组接在一起可以呈现被摄对象的交流关系;6 号、7 号镜头是平行镜头,与 1 号镜头在视轴上同步;8 号、9 号和 10 号、11 号镜头分别是被摄对象的正面和背面角度,称为中性镜头、骑轴镜头,剪辑时使用这类镜头有强化戏剧性的作用。

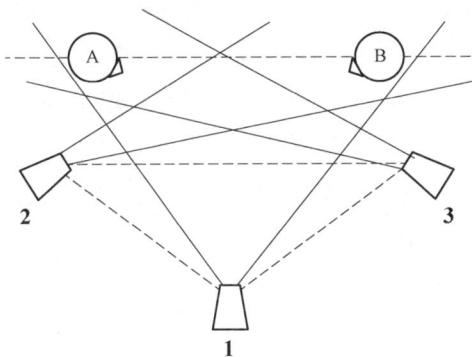

图 4-11　外反拍位置

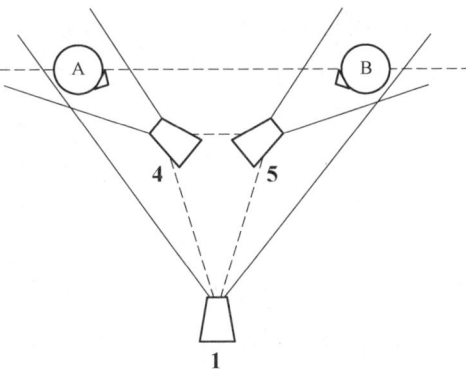

图 4-12　内反拍位置

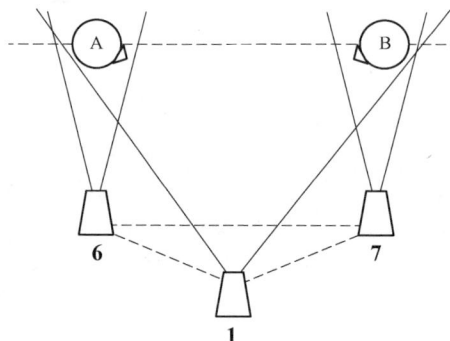

图 4 - 13　平行位置

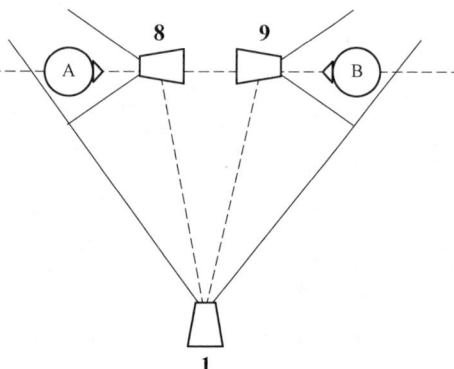

图 4 - 14　内正反拍位置

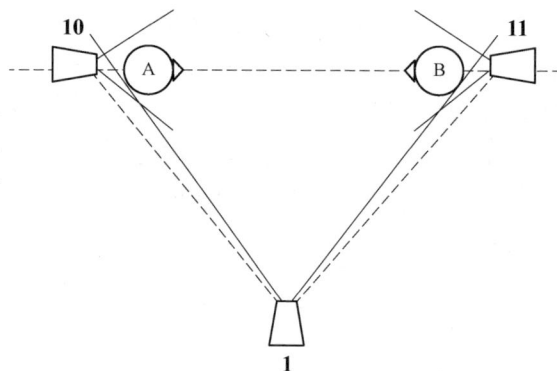

图 4 - 15　外正反拍位置

　　如果把上述几种三角形布局的方式综合起来,放到一个场景布局中考虑的话,可以得到 1 个顶角机位、2 个内反拍机位、2 个外反拍机位、2 个平行机位、2 个内正反拍机位和 2 个外正反拍机位共 11 个拍摄角度。为了塑造对场景的统一视觉感知,无论是前期拍摄还是后期剪辑,都要从多个视点上来表达整个场景中的各个环节,并进行合理、有效的连接,这样才能使观众对场景环境有全面、具体和正确的印象。同时,为了使场景中画面表达丰富多彩且灵活多变,可以在机位调度的时候充分综合利用上述 11 个机位拍摄的画面,在剪辑时进行合理组接,跳出单纯"外反接外反、内反接内反"的固定组接模式,给观众以全方位、多角度的变化且合理、有效的视觉感受。

　　获得奥斯卡最佳外语片的意大利影片《天堂电影院》(*Nuovo Cinema Paradiso*,1988)中,有一场戏颇为风趣(见图 4 - 16),男主人公多多和放映师艾

图 4 - 16 《天堂电影院》片段：轴线与镜头位置解析

弗多同时参加一场考试,尽管机位来回变化,但观众可以明显感受到在他们之间存在一条假定直线,这条直线始终在两个人物线的右侧,因而所形成的空间感也是统一的。

（二）运动轴线

运动轴线是指被摄对象的运动轨迹形成的一条假想直线。比如汽车向前行驶的轨迹所形成的假想直线,就构成了运动轴线（见图 4 - 17）。如果在拍摄或剪辑时违反了运动轴线原则,把镜头 1 或镜头 2 与轴线另一侧的镜头 3 组接在一起,就会破坏主体的连续前进效果,导致方向错乱。

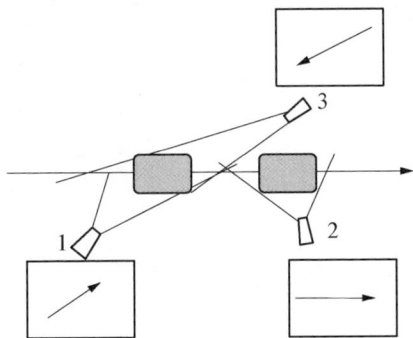

图 4 - 17 运动轴线

(三)方向轴线

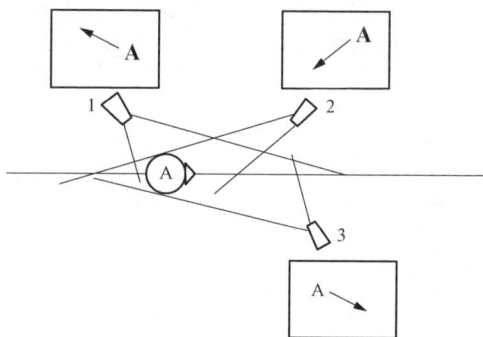

图 4 - 18　方向轴线

方向轴线是指被摄对象的视线方向形成的一条假想直线(见图 4 - 18)。比如人物面对某个朝向就会形成一定的方向轴线,当然,朝向的变更也意味着方向轴线的变化。

因此,为避免观众在观看时形成视觉错乱,在影视节目的拍摄和剪辑过程中应当尽可能选用轴线一侧的镜头来构建场景空间,形成完整的空间视觉形象。

二、轴线的合理突破

在拍摄过程中摄像师有时会根据画面构图的要求安排画面,忽视轴线规律,剪辑时应当予以纠正。轴线一般情况下不可逾越,但为了表现内容的需要,也可采取一定的方法突破轴线,显示镜头调度的灵活性和多样性。在剪辑影视节目时,常用的"越轴"处理方法有以下几种。

(一)运用运动镜头

在违反轴线规律的两个镜头之间插入一个越过轴线的连续运动镜头,观众在同一镜头内能清楚地看到被摄对象的运动方向和位置关系的变化,形成连贯流畅的画面方向感。但机位的移动应尽量找到合理依据。如图 4 - 19 所示,原来 1 号和 2 号镜头是越轴的,随着 3 号运动镜头的介入,使之成为一种视觉的连贯和延续。

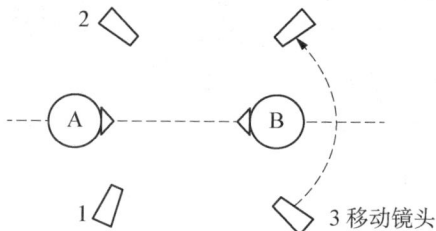

图 4 - 19　越轴:移动镜头

（二）运用被摄主体的运动

在同一镜头内，随着被摄主体的运动，轴线发生变化，会产生新的轴线，再依照新轴线进行拍摄和组接，镜头组接有了新的合理依据，空间转换就变得更流畅，不易产生视觉跳动。如图4-20所示，原本1号镜头和3号镜头在轴线的同一侧，后来主体运动方向的改变使3号镜头和2号镜头又在轴线的同一侧了，这时1号镜头和2号镜头的组接又变得顺畅了。

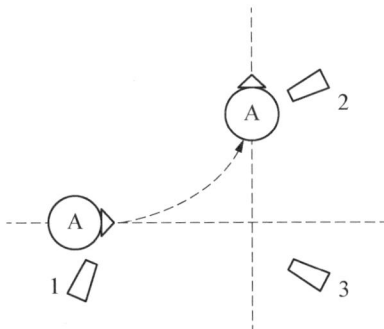

图4-20 越轴：主体移动

（三）运用被摄主体的特写

特写是集中表现被摄对象的画面，能更细致地表现被摄体的某一部分，不反映与其他事物的空间位置关系，属于方向性不强的镜头，但在吸引观众注意力，淡化越轴造成的视觉跳动等方面可以释放巨大的能量。在电影《贫民窟的百万富翁》(*Slumdog Millionaire*，2008)的结尾，特写成为空间位置关系变化的契机（见图4-21）。

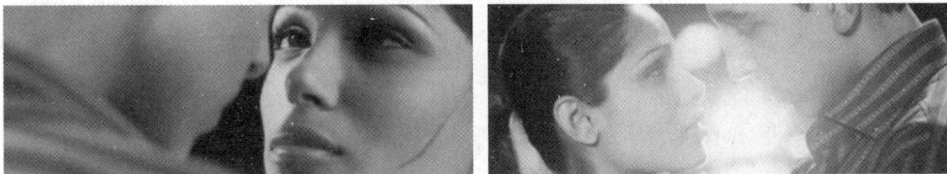

图4-21 《贫民窟的百万富翁》特写机位

（四）运用空镜头

空镜头是画面中无人物的景物镜头，如蓝天、白云、鲜花、草地等，它们都是无方向性的，一旦插入，即能造成时空的间隔和停顿，使轴线的转换显得流畅。有时人们常用多机拍摄来表现迎来送往的车队等场景，可能出现前后镜头方向相反的画面，又不可能补拍，那么剪辑时在中间插入一些彩旗招展、横幅标语、鲜花等空镜头，既可活跃气氛，又能解决车队方向错误的麻烦。

(五)运用场面中的俯拍全景或远景

在一些拍摄大场面的镜头连接时,如果主体运动速度不快,俯拍全景或远景也是突破轴线的有效手段,视点的变化为轴线的突破提供了转换的契机。比如天安门广场阅兵过程中,在越轴的两个镜头中接入俯拍远景,再次交代当前的视点状况,衔接前后镜头,可以使组接显得自然。《社交网络》(*The Social Network*,2010)就是运用远景镜头模糊人物运动方向改变的事实,从而使镜头的组接更为顺畅(见图4-22)。

图4-22 《社交网络》中的越轴镜头

(六)运用大的动作

运用动作剪接点也可以使上下镜头顺利越轴。大的动作较为强烈,即使是越轴的镜头相接,也会冲淡观众对问题的注意。在影片《红河谷》中有一个小段落,当女主人公丹珠发现望远镜的神奇魅力后,递给管家观看,管家拿起望远镜看后突然放下,一下便将轴线跨越了原来的方位,这为丹珠离开房间创造了转换机位的机会。

这几种常见的突破轴线的方法在实践中的应用并不是机械的,多元化的人物调度和机位变化不仅能活跃画面形式,也能为表情达意提供实质性的画面造型并保持连贯性。而情绪等也往往会缓冲人们对动作与关系轴线的强烈冲击,如在影片《天狗》中,当主人公狗子发现山林被砍,将村民们送的礼物全部退回到村委以后,他来到村中对村民表示歉意,这里剪辑师正是在情绪的连贯中实现了画面的跳转。

第四节 景别与角度的和谐性

在镜头画面组接中,景别和角度的变化代表视域和视点的变化,不同景别和角度的组合会形成不同的叙述效果。为了流畅地展示情节、准确地传递信息、自由地抒发情感和深刻地揭示思想,这些不同景别和角度的镜头间的过渡要和谐、自然。

一、电视景别的叙述意义

一部影视作品是由具有不同艺术效果的景别组合在一起的。一方面,不同景别代表不同的画面结构方式,其大小、远近、长短的变化会造成不同的造型效果和视觉节奏;另一方面,不同的景别是对被摄对象不同关注程度和视觉重点的解析和刻画,会传达不同性质的信息。因此,电视编辑首先要把握好不同景别的叙述功能,最优化地发挥各种景别的结构张力和表现特长。

(一)远景的张力

远景是在所有景别中视距最远、表现空间范围最大的一种景别,多用于表现远处的人物、景物。在表现环境气氛、光线效果和影调色调时,远景有一定的优势。编辑时,在以下一些场合适合选择远景画面。

1. 用以展示广阔空间

远景画面视野开阔,适用于表现广阔的场面、规模和气势,绵延的群山、浩瀚的海洋、无垠的草原等,它是各类景别中表现空间容量最大的景别。纪录片《话说长江》多次运用远景画面表现蜿蜒在崇山峻岭间的长江,水天相连、天低水宽的长江,使人们对长江有了深刻的认识。画面不仅表现了长江的长,而且表现了长江的浩大;不仅表现了长江的美丽,也表现了长江的壮观。这种壮观和浩大是通过远景传达给屏前观众的。当然,好的远景不是为了介绍而介绍,而应该有更丰富的内涵。比如获奥斯卡七项大奖的史诗影片《阿拉伯的劳伦斯》(*Lawrence of Arabia*, 1962)中,大量的沙漠远景已经超越了场景空间的展示,更多的是赋予影片一种美感,体现了一个穿透沙漠的灵魂。片中远景的使用也塑造了浩瀚缥缈的沙漠中的人物劳伦斯——一个特定境界中的孤苦奋斗者与拓路者,一个沙海深处的理想者与求生者(见图4-23)。

2. 用以以势传情

"远取其势"是远景画面传情达意的优势。远景可以将观众的视点拉远,从一定的距离对事物加以观照,达到以势传情。在国庆盛大阅兵式实况直播过程中,近景、特写表现游行队伍中人们的喜悦神情,通过人物的表情给观众以情绪

图4-23 《阿拉伯的劳伦斯》片段：远景的视觉魅力

上的感染。当远景画面出现时，具体人物都"退"到了游行队伍和方阵之中，成为一个"点"，画面上的人物神情消失了，继之而来的是威武庄严、波澜起伏的游行队伍。宽阔的天安门广场上，几十万人组成的几十个游行方阵似黄河在涌动。这时打动观众的是画面中人山人海的游行群众所构成的壮观场面和宏大气势，这种气势换用其他任何景别都无法使观众感受到。

3. 用以借景抒情

远景画面表现景物具有不明确性和不专指性，可以调动观众的联想和想象思维。观众在观赏一个富有意境的远景画面时，常根据各自不同的生活体验来补充对画面的视觉感知，赋予画面中景物以各种感情及情绪色彩，使描写景物的远景具有浓郁的抒情意味。比如影片《黄土地》的开头共有8个镜头（见图4-24），其中6个是远景镜头。通过这6个远景镜头，观众不仅了解了落日时分黄土地上的千沟万壑，也反映了镜头后的创作者的深厚情感和浓浓诗意。

图4-24 《黄土地》开篇：体现远景的情感力量

4. 用以开篇或结尾

由于远景画面包含的景物范围大，提供的视觉信息多，在受众心理上表现出一种过渡感,视觉节奏舒缓,常用于电视节目或段落的开篇或结尾。用于开篇,可以介绍事件发生的地点和周围环境,同时它具有一定的气势,能够先声夺人;用于结尾,则可表现人物逐渐远离,加上远景画面镜头一般较长,从节奏上对事件或情节的叙述可以形成一个阶段,观众的审美心理容易产生退出感,此时结尾,顺其自然,恰到好处。

当然,远景画面并不是结尾的唯一景别,近景、特写等小景别作为电视结尾也有戛然而止、趣味无穷的艺术效果,但这种处理常伴随运用定格等手法,使画面中的运动停止,时间暂时凝固,视觉中断。有很多电视片,特别是电视连续剧、时长较短的小专题片等都采用这一手法,通常能取得点到即止的效果。

(二) 全景的叙事性

全景是表现成年人全身或场景全貌的画面,能够确定人物所处环境以及与周围事物的空间关系,具有较强的叙事能力。与远景相比,全景画面具有明显的视觉中心和结构主体,能够突出特定范围内被摄对象的轮廓。编辑时,在以下一些场合适于选择全景画面。

1. 用以交代事件或场景的全貌

全景表现的场面大、信息多,容易使观众对所表现的事物、场景有一个完整的观照。观众对画框内事物的感知和把握是完整而直接的,正如卢米埃尔兄弟在《水浇园丁》等影片中使用的景别一样,全景的表现效果比剪接合成的影像更真实、更客观。因此,在纪实性电视节目中,全景能够令人信服地表现和介绍事物的全貌。

2. 用以完整展示人物形体动作

全景画面可以将被摄对象完整地置入画框,体操比赛中的双杠、吊环、鞍马运动员优美的动作,舞蹈表演中演员洒脱飘逸的舞姿,工厂里纺织工人忙碌的身影等都可以通过全景画面完整地展示出来。影片《出水芙蓉》(*Million Dollar Mermaid*, 1952)的那一段令许多观众为之捧腹的舞蹈段落中,男主人公男扮女装在一群女学员中学跳芭蕾舞,幽默风趣的人物行为变化通过长镜头展现在观众面前,而最为关键的是,由全景交代的整个行为进程客观真实。

3. 用以发挥画面的内在结构力

全景可以在展示人物的同时表现所处的环境与气氛,利用人物和环境之间的内在联系,形成一定的说明、映衬或对比作用。教室里站在黑板前滔滔不绝的老师,清晨马路上兢兢业业清扫的工人,欢呼的人群中垂头丧气的人,画面中不同形象之间的呼应与对比有时能够达到蒙太奇组接的独特效果。2005 年的影片《千里走单骑》中,男主人公高田为帮助儿子完成心愿,独自来到中国云南,遇到了很多意想不到的困难,也结识了很多纯朴善良的中国人。在山村,当他面对"异乡的温情"时,内心的孤独仍然难以言表,全景画面浓缩地将他此时的心境反衬和描摹出来(见图 4-25)。

图 4-25 《千里走单骑》片段:全景内部形成对比

4. 用作段落叙述的总角度

在电视节目拍摄和编辑时,通常使用全景作为某一场戏(或段落)开始的总角度,确定事件发生的空间范围,为情节确定特定的情境。比如一场辩论赛,通常根据表现的主次,首先要拍摄一个赛场的全景,然后拍摄主席的近景,正方、反方队员激烈争论的中景、近景、特写,还有听众的全景和其他景别,这样在剪辑时,全景的运用便于使所有人物的位置关系更为明确。这种剪辑方法在好莱坞式的影视剧中通常是叙述性段落的起点和总括。与此同时,由于全景的"定位"作用制约了后续镜头的调度,拍摄时务必保持其他景别镜头色调、影调、运动及位置等的一致性。

(三)中景的过渡性

中景是表现人物膝盖以上或反映物体局部的画面。观众可以在中景中看清人与人之间、人与物之间的位置和关系,可以感受到一点环境气氛。与全景相比,中景画面中人物整体形象和环境空间降到次要的位置,它更注重具体的动作和情节。编辑时,可以在以下一些场合选择中景画面。

1. 用作叙事性段落的描写镜头

编辑一些有情节性的场景时,通常选择中景画面,它可以把人物半身的动作和情绪交流展示出来,看清交流双方人与人之间或人与物之间的关系、交流或反应,是对话场景中常用甚至是必不可少的镜头。同时,环境依然在画面中占有一定比例,起到烘托的作用,可以表现人物的情绪、身份、相互关系及动作的目的,从而推动情节的发展。中景有着其他景别不可替代的艺术功能,在编辑中往往是远景、全景与近景、特写之间的过渡。

2. 用以表现被摄主体的结构特征

中景画面对于人的手臂活动可以实现一种较完美的表现。作为人物上半身动势最为活跃和明显的手臂活动,中景画面可以将其完整而突出地呈现出来。同时,中景使被摄体外沿轮廓局部出画,将观众的注意力集中在人物上半身的动作及结构特征上。中景的视距能为演员提供较大的自由活动空间,不仅能使观众看清人物的面部表情,而且更有利于显示人物大半身的形体动作,同时演员又不会因空间的窄小而与环境气氛脱节。所以,中景在表现以人物为主体的电视节目中经常被使用,应用中景可以恰当地交代背景或动作路线,如果与展示全貌的全景交替使用,会更加相得益彰。在许多电视节目中,常用于拍摄主持人或出镜记者,以及采访的画面,交代人物所处的基本环境(如节目现场)或关系。

(四) 近景的传达力

近景是表现人物胸部以上或物体局部的画面。近景能细致地传达人物面部神情及物体的纹理和质地感。编辑时,在以下一些场合适于选择近景画面。

1. 用以表现人物情绪、刻画人物性格

近景画面具有传神达意的功能,正所谓"远取其势、近取其神",近景将人物或物体推向观众,更好地表现出人物的面部表神态和情绪,刻画人物的性格。人物的喜、怒、哀、乐和任何一个表情动作,都会一览无余地暴露在观众面前,使观众很容易感受到人物浮现在面部的微弱变化,感受到角色情感的变化、心态的转变或性格的复杂性。

2. 用以营造与屏前观众的交流感

近景画面可以使观众看清展示被摄主体心理活动时的面部表情和细微动作,使观众仿佛置身于事件,容易形成彼此的交流,产生情绪上的共鸣。拉近画中人物与观众的心理距离,是电视画面吸引观众并将观众带进特定情节或现场实现高效互动的一种有效手段。许多演播室节目的主持人或播音员都是以近景画面出现在观众面前的。

由于电视小屏幕播放的特点,往往因较难处理大场面,而主要依靠近景别来建立声誉和树立形象。但在景物空间复杂的场面,近景别对环境具有不明确性,易出现空间混乱,特别是叙述性段落中过多地使用近景会使观众难以把握方位感。

(五) 特写的汇聚力

特写是表现人物肩部以上的头像或被摄主体细节的画面。特写突出对象局部,最醒目,它能在特定的时间里把观众的注意力集中到具有决定意义的一点上,把次要的信息都推到画框之外,常用于表现人物脸部表情和其他细节等。编辑时,在以下一些场合适于选择特写画面。

1. 用以刻画人物内心活动

特写在表现人物脸部时,善于揭示人物复杂的心理状态和思想变化。"它舍弃一切多余的、不必要的东西,只表现动作、时间和性格的最本质的特征,把人的内心世界放大并向我们推近。"[①]与近景相比,特写的心理描写作用更突出,有时甚至是震撼人心的。在叙述性段落中,细节性特写还可以发挥由表及里、以小见大的功用。

2. 用以揭示事物本质特征

特写画面通过描绘事物最具价值的细部,排除一切多余形象,从而强化观众对表现对象的认识,并达到透视事物深层内涵、揭示事物本质的目的。苏联导演普多夫金在制作影片《圣彼得堡的末日》(*The End of St. Petersburg*, 1927)时,表现沙皇的将军们研究对革命军作战计划的一场戏中,镜头基本选用头部以下作为特写:观众只能看到这些人坐在桌子前举行军事会议,但看不见他们的脸;只看见他们身上穿的军服,胸前挂满了耀眼的勋章,但看不到完整的人物形象。导演正是用这些镜头来说明这是一群没有头脑的草包,说明沙皇帝国的威严趋于崩溃的逻辑性意义。

3. 用以创造情绪气氛

特写画面中的形象鲜明、单一,在剪接时用一系列不同内容的特写画面可以

---

① 〔苏〕B. 日丹:《影片的美学》,于培才译,中国电影出版社 1992 年版,第 179 页。

使视觉形象更为集中,能够加强画面节奏、渲染气氛、烘托情绪,特写集中运用的地方常常是电视中推动情绪、烘托气氛的地方。特写使"演出与观众之间不存在任何隔阂了,人们不是在看生活,而是深入了生活。它允许人们深入到最隐秘处。在放大镜下,一张脸赤裸裸地暴露在人前,毫无遗漏地把它热烈的模样展示出来"①。犹如音乐中的"重音符"、语言文字中的"惊叹号",特写发挥着重要的结构作用。但是,正如音乐中不可能都是重音,所以在使用特写时也要有一定的控制。

概括来说,景别形成的不同系列具有不同的表现风格和造型力量②(见表4-4),为编辑选择不同景别的镜头提供了参照依据。

表4-4　景别系列比较

分析 ＼ 景别	全景系列 （大远景、远景、大全景、全景）	近景系列 （中近景、近景、特写、大特写）
1	抒情的、写意的	叙事的、纪实的
2	画面强调"势"	画面强调"神"(质)
3	表现人物"形体"关系	表现人物"神态"关系
4	空间"实"写	空间"虚"写
5	大景深、背景实	小景深、背景虚
6	地平线与人物关系重要	地平线与人物关系不重要
7	画面气氛十分重要	画面构图十分重要
8	环境为主、人物为辅	人物为主、环境为辅
9	构图更注重绘画性	构图更注重随意性
10	画面角度不太重要	画面角度十分重要

二、电视角度的视点价值

镜头角度是在拍摄时确立的视点和方位。"变幻多端的摄影方位是电影

---

① 〔法〕马赛尔·马尔丹:《电影语言》,何振淦译,中国电影出版社1980年版,第21页。
② 张会军:《电影摄影画面创作》,中国电影出版社1998年版,第22—23页。

艺术的第二个重要创作方法。它又使电影艺术在原则和方法上有别于任何其他艺术。"[1]"横看成岭侧成峰,远近高低各不同",不同角度产生不同造型效果和情感色彩,为电视节目创造了丰富的语言手段。

(一) 拍摄方向

拍摄方向是指摄像机镜头与被摄主体在水平方向上的相对位置,又称水平拍摄角度。

1. 正面角度

正面角度是指摄像机处于被摄体正面方向的角度。正面角度一般会产生庄严、稳重、对称等感觉,最能够体现对象的主要外部特征,把被摄对象正面的全貌呈现在观众面前,有利于表现主体对象正面的风貌、特征和气势等。例如,雄伟的天安门城楼、人民大会堂、人民英雄纪念碑以正面展示,可凸显其庄严、神圣的形象。

正面角度表现人物时,可以完整展示人物的脸部特征和形体动作,如果采用平角度,有利于画中人物与屏前观众的面对面交流,使观众产生参与感,亲和力强。电视节目中的主持人造型大多采用这种角度呈现。

正面角度有时会显得呆板,缺乏活跃性因素。电视连续剧《长征》中表现国民党军事会议时,基本采用正面全景,画面常常是机械、固定的,缺少变化和活力。而红军的会议则在运动中转换,多角度、多景别的切换或许也是红军战略思想的实际显现。这种角度的设计,也反映了剧中国共的战术对比,喻示着共产党领导红军走向胜利。

另外,由于正面角度多突出横向线条,这些线条与画幅边框平行,易使画面缺少纵向的透视变化,没有构图的动势方向,因而体现不出更多的空间和体积,易造成呆板感。而且,正面角度对物体的透视感和立体感也表现得不明显。若画面布局不合理的话,就有可能使被摄对象显得主次不分,平淡而无生气。因此,在后期编辑中,正面角度多与其他角度综合运用。

2. 正侧面角度

正侧面角度是指摄像机处于被摄体的正侧方向,与被摄体正面成90°的拍摄角度。这个角度有利于勾画被摄对象侧面轮廓形状和运动姿态。这个方向具有

---

[1] 〔匈〕贝拉·巴拉兹:《电影美学》,何力译,中国电影出版社2003年版,第83页。

较强的指向性和诱导性,能够激发观众的联想和想象,参与形象的立体构造。

正侧面角度可以比较清楚地交代被摄对象的方向、方位,经常用来表现人物或事物的动势。对于那些运动的拍摄对象,用正侧面角度拍摄不仅可以表现其富有特征的侧面线条,也可以表现其运动的美感和气势。在百米赛跑的拍摄中,正面角度的运用可以形成极具冲击力的动感和迎面感,而正侧面角度的选择则可以清楚地交代运动员的运动速度、位置和运动方向,包括最后的冲刺和名次都可以让观众直接看到,具有很强的横向穿透力。

正侧面角度常用于表现被摄人物之间的情感交流,既能明确交代彼此之间的位置关系,又能细腻地展现人与人之间的情感交汇。在访谈类节目中,除了用正面近景别来表现访谈人物的神态和表情外,也经常用全景或中景的侧面角度来拍摄面对面交流的主持人和嘉宾,以形成一种交流氛围,增强节目内在的交互性。

侧面角度的不足同样不利于展现立体空间,空间透视感较弱,而且被摄主体与观众间会缺乏交流。

3. 背面角度

背面角度是指摄像机处于被摄体的正后方向进行拍摄的角度。背面角度所表现的视线与被摄对象的视线一致,使观众产生与被摄对象视线相同的主观效果。

背面角度将被摄对象和他们关注的事物放在同一个画面内加以表现,往往带给观众一种强烈的参与感。近年来,许多纪实性电视节目往往采用这个角度进行跟踪式采访和现场拍摄,采访中摄像机追随现场人物,具有很强的纪实效果,而且记者的跟踪也在客观上给屏前观众带来了伴随感。

背面角度表现被摄对象时视点新颖、别致,在一组镜头中出现往往能引起不同的反响。由于被摄对象背向观众,画中人物的面部表情全部隐去,造成一种不确定性,犹如在舞台场面调度中,虽然看不到演员的表情,却能够引起观众的好奇和想象,产生意想不到的效果。同时,人物的肢体语言成为屏幕的主要构成,对表现人物心理活动具有重要作用。电视画面创作者可以利用这种期盼心理来设计矛盾冲突和推进故事情节的发展。电视连续剧《康熙王朝》中,康熙在行宫看《皇舆全览图》,这时索额图来报:“皇上,周培公去世了。”此时拍摄康熙的背影镜头持续时间近2分钟。原本一个正常看图的镜头,在这里由于情绪的介入,将康熙的内心感受“无声胜有声”地传达了出来(见图4-26)。

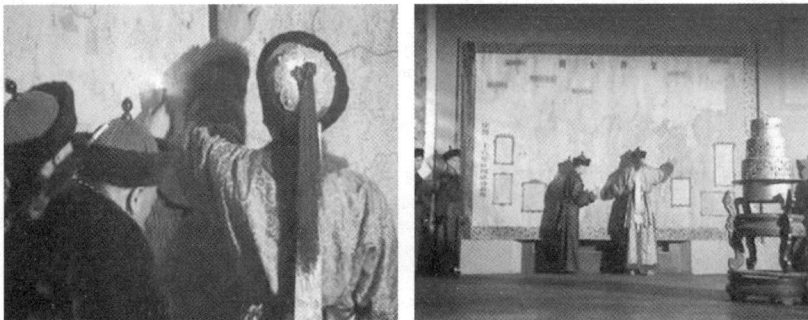

图4-26 《康熙王朝》片段：背面镜头刻画心理

4. 斜侧面角度

斜侧面角度是指摄像机处于被摄对象前侧面和后侧面的拍摄角度,它介于正面、正侧面、背面角度之间,兼有各种角度之长,使所表现对象的形象具有丰富多样的变化。

斜侧面角度有利于表现画面的空间透视感和物体的立体感,它能使被摄体本身的横线在画面上表现为与画面边框相交的斜线,使画面呈现出不同程度的对角线结构,形成造型形象的近大远小和线条汇聚等视觉效果,构图生动活泼。

斜侧面角度有助于体现画面中事物间主次关系的安排,协调主体与陪体的空间关系。在电视采访中,常用斜侧面角度表现被采访者,记者位于前景,属于后侧面角度;被采访者位于后景,属于前侧面角度。如果是平等的双方交流,斜侧面角度的正打和反打镜头交替切换,更显得自然流畅。

斜侧面角度是一种影视中经常使用且具有很好表现力的角度,因为它可以避免正面角度中某些人物面部的缺陷,调整人物脸部的轮廓形象,表现面部的表情起伏,达到美化的目的。

(二) 拍摄高度

拍摄高度是指摄像机镜头与被摄主体在垂直平面上的相对位置或相对高度,包括摄像机镜头的光轴与水平面所成的夹角,又称垂直角度。影片《桂河大桥》和《阿拉伯的劳伦斯》都是大卫·里恩导演的作品,但在开头使用镜头的角度是截然不同的:前者运用了一个仰摇镜头(见图4-27);后者开片第一个镜头采用的是大俯角度(见图4-28)。

图4-27 《桂河大桥》片头：仰摇镜头

图4-28 《阿拉伯的劳伦斯》片头：俯拍镜头

正是角度选择的差异形成作品主旨的倾向性。《桂河大桥》仰拍苍穹下一只翱翔的雄鹰，天空的蔚蓝色充满画面。蓝色在西方人的眼里象征着自由，其中突出的活动主体正是自由的化身——雄鹰。开片镜头的视点定位在自由的高度上，这与随后身陷密林之中的英军战俘形成明显对比，也与本片结束时自由的航拍镜头形成呼应。而在《阿拉伯的劳伦斯》中，主要色彩为土黄色，给人一种封闭、不安的感觉。

1. 平角度

平角度是指摄像机镜头与被摄对象处在同一水平面上的拍摄角度。平角度接近人眼观察事物的高度，符合人的正常心理特征和观察习惯，它拍摄的画面在结构、透视、景物大小对比度等方面与人眼观察到的图像大致相同，使人感到亲切、自然。在电视新闻节目中运用平角度会显得客观、公正。

在影视剧中用平角度作为叙述视点会显得平实化，有时可以表现人物的主观视点。我国影片《城南旧事》中超过一半的镜头都以小英子(略低于成年人)的角度观看她周围的世界，贯穿了一种人格化的叙述倾向。

2. 仰角度

仰角度是指摄像机的位置低于被摄对象的位置，镜头光轴方向向上仰起时进行拍摄的角度。由于摄像机低于被摄体，拍摄的画面会产生仰视效果。仰角度画面的地平线明显下降,甚至落在画幅下方之外,从而突出画面中的主体,将次要的物体、背景置于画面的下部,使画面显得洁净,富于写情意味。

仰角度表现人物时,画面中主体形象会呈现出高大、挺拔的姿态,具有权威性;拍摄建筑物时则可产生巍峨、雄伟的气势,因此常用于表现崇敬、仰慕、赞颂等情感和崇高、庄严、伟大等气概。各类专题节目中常见的雄伟的天安门城楼和华表等,在仰角度视域中常常化作情感的代码,成为中华民族的代名词。而在影片《公民凯恩》中,仰拍凯恩的镜头大多是用于表现他遽然上升的权力,但是角度最大的仰拍运用却用于拍摄他人生最失败的时刻,即竞选州长失败之时,镜头将凯恩和他的朋友孤立在空间的背景——孤零零的竞选标语中(见图4-29)。这一组仰拍镜头持续了数分钟,采用了类似于"声画对立"的表达形式。

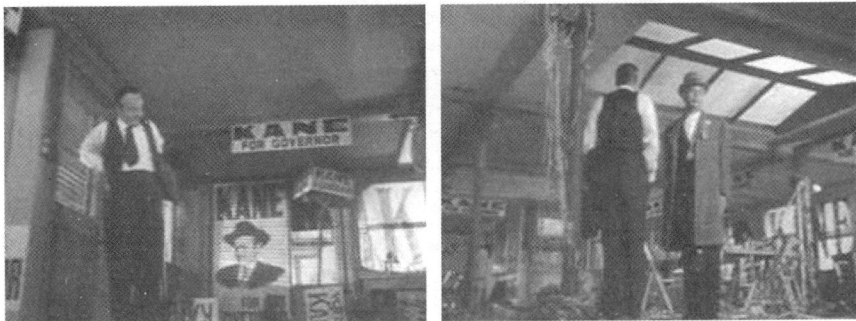

图4-29 《公民凯恩》片段:仰拍镜头蕴含反意

在表现一些跳跃或腾空动作时,仰角度可以夸大跳跃的高度和腾空的动势,具有很强的视觉冲击力。在直面而来的受检阅部队或仪仗队中,以低角度向上拍摄的画面富有强烈的动势,威武庄严的军威构成一幅令人敬仰的画卷;战争场面中奔涌而来的快马和扛着架梯的士兵,张扬了一种热烈沸腾的力量。

3. 俯角度

俯角度是指摄像机的位置高于被摄对象的位置,镜头光轴方向向下俯视时进行拍摄的角度。俯角度画面内地平线明显升高,甚至是落在画面上方之外,因此俯角度拍摄有利于展示场景内的景物层次、规模,常被用来表现宏大场面,给人宽广辽阔的视觉感受。比如在北京奥运会倒计时一周年庆祝活动的现场直播中,俯角度就成为一种展示场景与气势的主要景别(见图4-30)。因此,在剪辑序列中,选择这种角度的镜头,既可增强说服力,也能展示特定氛围。

图 4-30　《北京 2008 年奥运会倒计时一周年庆祝活动》现场直播：俯拍镜头介绍环境

　　基于对宽广空间的交代,俯角度可以形成一定的规模和气势,位置关系、数量分布、远近距离等一一呈现于画中。电视连续剧《长征》描述红军走出草地的情景时,用了两种镜头,一种是俯角度全景,一种是平角度中景,在大雨倾盆中,红军首长和普通士兵手挽手,高唱国际歌,豪迈地向前走来。平角度中景主要刻画红军走出草地的豪情满怀;全景俯角度则重在对磅礴气势的渲染,在有很强纵深感的广阔视野中,后景的茫茫草地与前景中一排又一排神情凝重、呈排山倒海之势直指胜利的红军交相辉映,把"不可征服"的草地抛在远处,人定胜天,"不可战胜"的红军创造了自己的战争奇迹。这个全景画面被该电视连续剧当作片名的背景,也足见其强烈的表意性。

　　俯角度拍摄的人物显得矮小,具有藐视、贬低的意味,常用于表现人物形象的无力和渺小,赋予其某种主观化情绪。电视连续剧《三国演义》中关于华容道的一场戏,主要人物关羽和曹操的地位和尊卑在此时有所差异,于是作者恰如其分地用仰角度表现关羽的胜利,用俯角度交代曹操的落败。也正是由于俯角度的这一特征,一般不适于表现被摄主体与观众的平等交流和正常情感的表达。

　　4. 顶角度

　　顶角度是指摄像机镜头近似于与地面垂直,从被摄体上方自上而下进行拍摄的角度。这种角度由于改变了人们正常观察事物的视角,画面各部分的构图会产生较大的变化,会给观众带来强烈的视觉冲击。

运用顶角度可以使观众感受到被摄对象在大小、高低等方面的对比,形成一种居高临下的心理优越感。同时,顶角度可以强调被摄对象之间的相互关系以及各种地面上的线条,如人物的运动轨迹等,使画面富于图案化的形式美感。

三、景别与角度的组合

一般而言,在编辑时主要考虑景别和角度变化的依据是叙述清楚、视觉流畅和情绪充分。有研究者从角度的类型和匹配的角度两个方面总结了实际剪辑中常用的、能够保持流畅的剪辑角度和位置(见表4-5)。景别角度的和谐性原则包含以下三层含义。

表4-5　流畅剪辑角度[①]

角度类型	匹配的剪辑角度
超远景、远景、广角	全景、中景、近景、特写、插入镜头
全景	近景、特写、大特写、插入镜头
中全景	中景、近景、特写、插入镜头
中景与特写	大特写、插入镜头
在左侧的角度	所有在右侧的角度,反之亦然
运动镜头:摇、移、跟、推拉	如果步调与画面相匹配,剪切同一类型的镜头
俯拍	几乎不存在连续性的问题,可以剪切任何镜头
过肩变焦	以匹配的一对镜头进行剪辑,包括特写、插入镜头、中远景、远景以及广角
视点镜头	所有与视点和屏幕方向匹配的镜头
双人镜头	特写、插入镜头、远景、广角或其他人的两人镜头

(一) 对于同一主体,同机位、同景别的镜头不宜直接相接

对于同一环境中的同一主体,如果机位和景别相同,其画面内容相近,构图

---

① 参见[美]钱德勒:《剪辑圣经:剪辑你的电影和视频》(第2版),黄德宗译,电子工业出版社,第143—144页。

缺乏变化,观众一方面认为它是前一镜头的重复,另一方面又会觉得在组接的一瞬间,画面中主体和景物的位置有突然的移动,易产生视觉跳动,从而破坏画面造型因素的连续性和戏剧动作的连贯性。因此,在制作影视节目时,必须充分考虑这一点,特别是多机位现场拍摄时,更应注意机位上景别和角度的相互协调和配合。

在电影《芳华》开篇的文工团舞蹈段落中,景别的变化并不明显,但角度发生了多个变化,再加上镜头的运动,整个组接连贯流畅,使观众能够观赏到舞蹈的完全展示(见表4-6)。

表4-6　《芳华》开篇段落的景别与角度变化

景别	角度	技巧	画面	音乐
全景—近景	正—斜侧—正—背面微俯	跟—移—推—移		《草原女民兵》

景别	角度	技巧	画面	音乐
			长起来 站在草原上把北京仰望 站在草原上把北京仰望	
近景	背面 微仰	上摇	挂住 站在草原上把北京仰望	《草原女民兵》
近景— 中景	斜侧—背面 微俯	移—跟	心中升起不落的红太阳 心中升起不落的红太阳	《草原女民兵》

续表

景别	角度	技巧	画面	音乐
近景—中全景—近景	正面微俯	拉—推	 心中升起不落的红太阳	《草原女民兵》
近景—中全景	斜侧微俯	拉	 心中升起不落的红太阳	《草原女民兵》
中全景	背面—正面微俯	拉	 节奏 心中升起不落的红太阳	《草原女民兵》
中全景	侧面	拉		《草原女民兵》
全景	正面		 牛羊成群	《草原女民兵》

景别	角度	技巧	画面	音乐
中全景	侧后		 牛羊成群	《草原女民兵》
全景	正面—背面微俯	横移	 马儿肥壮	《草原女民兵》
近景—中近景	侧后面—侧面	横移	 因为有了碧绿的牧场 穗子速度 因为有了碧绿的牧场	《草原女民兵》

　　当出现同机位、同景别的镜头组接时,可以"软硬兼施"。其一,通过"硬"切插入其他相关镜头。在电视新闻片中,为删除被采访者语言的累赘之处,可在衔接处接入与采访现场相关的画面内容,如话筒、记者的反应镜头等。这种剪辑技巧被称为"缝合",即为消弭人工痕迹,使观众对影视片的感觉自然流畅,把观众"缝"入叙事,这种方法被广泛应用于好莱坞经典现实主义影片。其二,通过"软"切将前后镜头进行叠化或白场等特技作过渡处理。这种手法在电视新闻和专题

制作中应用较多,其他各类影视节目亦可以运用。

当景别和角度有比较明显的变化时,前后镜头的连接会显得流畅。当然也不宜用变化过大的镜头组接,如从远景到特写或从特写到远景镜头的连接,而是采用一种逐渐变大或变小的景别安排。

当景别和角度有比较明显的变化时,前后镜头的连接会显得流畅。当然也不宜使用变化过大的,如从远景到特写或从特写到远景镜头的连接,而是用一种逐渐变大或变小的景别安排。例如,很少有人会先去表现一群人,接着在毫无过渡的情况下立即去表现人群中某妇女颈上的一条项链。

(二) 景别角度的变化和内容节奏相一致

景别和角度实际上是摄像机代替观众,在不同的距离和方位观察事物,反映观察者的不同注意范围和方位。不同的景别和角度具有不同的表现力和描述重点,其叙述功能也不一样。节奏变化的快慢和表现的内容决定着景别和角度的变化,剪辑师要根据人们认识事物的心理来选择镜头内容及景别和角度。

影视镜头组接的句式类似于文学句子,一个文学句子由若干个词组成,而蒙太奇句子由若干个单独镜头组成,表示一个完整的意思或动作。影视表达的句子类型是多种多样的,人们通常以景别的变化来划分,由于景别具有不同的情绪作用[①],也为不同的句式奠定了不同的情绪趋向(见图 4 - 31)。

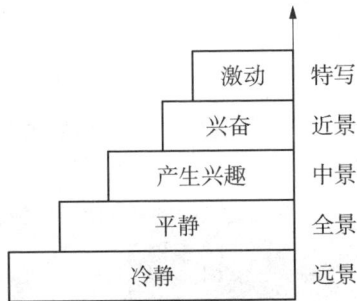

激动	特写
兴奋	近景
产生兴趣	中景
平静	全景
冷静	远景

图 4 - 31　景别情绪音阶

1. 前进式句子

由远景向特写方向发展,一般称为前进式句子,即远景→全景→中景→近景→特写的过渡。它适用于从事物的整体引向细节介绍,把观众的注意力从环境逐渐引向兴趣点,给人以情绪和气氛越来越强的感觉。

在悬疑大师希区柯克的经典作品《精神病患者》(又译《惊魂记》,*Psycho*,1960)的开头段落中,他用一组推进镜头慢慢靠近一扇窗户,观众的视觉感受越来越强烈。这种由远到近的组接符合人们了解事物的心理特点和观察事物的视

① 参见刘书亮:《电影电视导演术》,北京广播学院出版社 1997 年版,第 211 页。

觉特点,能够有层次地展示某一动作或叙述某一事件过程。这样的手法也符合人们的偷窥心理,在影片开头便营造了悬疑氛围。

对于动作来说,剪接中一般先用全景建立动作的总体面貌,再用中、近景强调动作的实际意义和细节部分。对于事件来说,则先用全景或远景交代事件发生的环境背景,即建立总体环境概貌,再用中、近景交代事件的各种结构因素和关系,把注意力引向具体的事物,突出细节。

但是,对镜头结构方式的理解并不是简单地视其为全景、中景、近景和特写的镜头组接,而应把它看作一种叙述思路,一种从大环境逐渐深入事件的叙事方法。因为在多数情况下,对现实生活艺术化、概括化的事件不可能用三四个镜头表述全面,它总有相对复杂的发展过程。以一个耳熟能详的故事为例:从前有座山(远景),山里有座庙(全景),庙里有个老和尚在讲故事(中景)。但在实际的论述中,情况可能会复杂得多:从前有座山,山上青松翠柏,鸟语花香,一条小路通向山顶;山里有座庙,红墙绿瓦,庙门上的漆皮已经剥落;庙里有个老和尚讲故事,庙堂里香烟缭绕,灯光昏暗,小和尚在聚精会神地听着。这样就不是三四个镜头的简单组接,而是循序渐进的多种镜头组合了。它不仅讲述了一个故事,而且造成了一定的情绪效果。影片《黄土地》中男主人公出场的画面运用的正是类似的效果(见图4-32),环境的穿插介绍了背景,也蕴积着情绪。

图4-32 《黄土地》主人公出场:景别的前进

2. 后退式句子

由特写向远景方向发展,一般称为后退式句子,即特写→近景→中景→全景→远景的过渡。它把最精彩或最富有戏剧性的部分放在前部突出出来,制造出先声夺人的效果。有时为了突出重点,用特写把兴趣点加以强调,使人产生强烈的求知欲,然后再向外扩展,逐步展示环境和全貌,后退式句子一般适于表现低沉、安静、深远的情绪和逐渐减弱的气氛。如《欢乐颂》第一季第一集中(见图4-33),樊胜美的登场就极具悬念,导演利用多个局部的特写进行组接,让观众对她的外貌和性格充满了好奇。

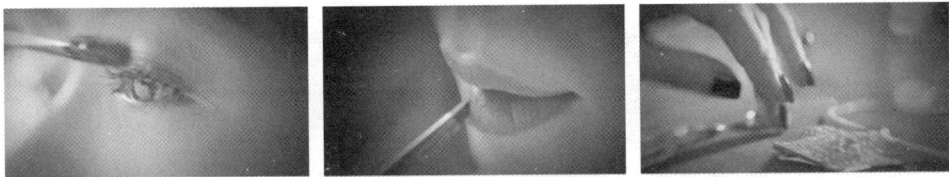

图4-33　电视剧《欢乐颂》中的特写

　　根据景别在剪辑中的不同功用,后退式句子给观众营造了解析式、期待式的编排组合。有时为了突出重点内容,用较小的景别把兴趣点强调出来,使人先引起兴趣再逐渐了解环境和全貌。有时为了造成某种悬念和震惊效果,先展示局部,使观众产生一种期待心理,然后再展示整个环境。这是一种比前进式叙述更容易吸引人的变异手法,一开始即给人以视觉上较强的刺激效果。

　　3. 环形式句子

　　由上述两种句子交替进行,形成一定的循环,称为环形句子。它可以是一个前进式句子加一个后退式句子,先表现情绪由低沉、压抑到高昂,又逐步变为低沉的波浪形发展;也可以相反,情绪先高昂转低沉,然后又变得更加高昂。

　　在电视连续剧《英雄无悔》的高潮段落中,黑社会为获取香港富商远东集团的财产,设计绑架了司徒远东的儿子,此时运用了下面一组镜头:

　　(特写)司徒远东紧皱眉头、焦灼不安的神情。
　　(近景)司徒远东的妻子絮红在哭泣。
　　(中景)司徒远东强压内心的焦灼与痛苦,劝解妻子絮红。
　　(全景)俯拍司徒远东家的大客厅,司徒远东一家和助手阿勇沉默着,焦灼、恐慌的压抑气氛笼罩着客厅。
　　(中景)司徒远东夫妻与助手阿勇商量如何解救儿子,阿勇起身出画。
　　(特写)司徒远东深思的表情……

这一组镜头采用的就是环形句式,以司徒远东焦灼不安的特写开始,继而描述司徒远东一家人商量营救儿子的对策及整体环境气氛,最后以司徒远东深思的面部特写结束。其实这种安排与景别所表达的情绪也是吻合的,整组镜头始终围绕能否营救小孩展开,特写表现了司徒远东的焦虑,全景、中景则相对舒缓,交代故事过程。

4. 穿插式句子

它是一种把几种句式相结合的句型,其特点是情绪随着景别的变化而起伏不定。通过不同景别角度镜头的交叉组接,使气氛时而紧张,时而轻松,并且具有一定的悬念。

这种方式通常按照事件发展的时空或内在的逻辑顺序选取一个完整运动过程中的几个主要片段,并将它们组接在一起,每个片段只是事件发展中一个具有代表性和相关性的动作高潮,体现了一种"以局部代整体"的意念。通过这些高潮段落的组合,给观众建立起一个完整事件过程的印象。这种方式省略了不必要的中间过程,是一种简洁明了的叙述方法,而且具有概括性和含蓄性。较之前述三种句式,它具有更大的自由性,运用得当,可以使镜头组接更加灵活自如,更具创造性。在电视连续剧《玉碎》最后一集,面对日本侵略者企图侵吞国宝"望天吼"时,玉器商赵如圭震天一吼,把"望天吼"摔得粉碎,展现出"宁为玉碎,不为瓦全"的人格与骨气。创作者通过不同的景别跳切(见图 4 - 34),将赵如圭的悲愤、怒气、豪气以及吼、摔等一连串表情、动作急速组合在一起,形成了强烈的视觉震撼。

几种不同句子组接时并不要求各种景别一应俱全,可以有跳跃、有间隔,也可以有重复。同时,在具体的镜头组接过程中,各种句式也可以组合运用,形成特殊的复合句式,剪辑人员应当根据题材内容和风格样式进行创新,防止生搬硬套。

蒙太奇句子表现出来的节奏和观众的心理节奏是一致的,只有当景别和角度的变化符合人的观察方式时,才有可能对观众的思维起到良好的引导作用。表现叙述性、介绍性内容时,景别变化要平缓,对思维过程、感情的发展也宜采用平缓的景别变化,而对情感、思想或空间的突变,则可使用快节奏,采用穿插式句子和跳跃式景别,传达不同的情绪和感染力,以此来刺激观众,引起他们的注意。

图 4 - 34　《玉碎》片段：景别跳越组合造成视觉震撼

（三）利用镜头连接中景别的积累或对比效应，营造情绪氛围

在不同景别与角度的组合序列中，除了常规的前进式、后退式、环形式以外，同类景别或两极景别也会造成特殊效果。

1. 同类景别镜头组合

等同式句子是同类景别镜头的组合,可以产生一种因积累、对比的强烈效果而给观众造成视觉上的震惊和心理上的冲击。这种情绪型剪接在考虑景别因素时,主要着眼于景别带来的视觉感受强度,越是激烈动荡的情绪气氛,越要加大视觉感受的强度。法国著名导演吕克·贝松"奠定国际声誉之作"的影片《这个杀手不太冷》(又译《杀手里昂》,*Léon*,1994)开头就连续运用了 21 个特写镜头(见图 4 - 35)。

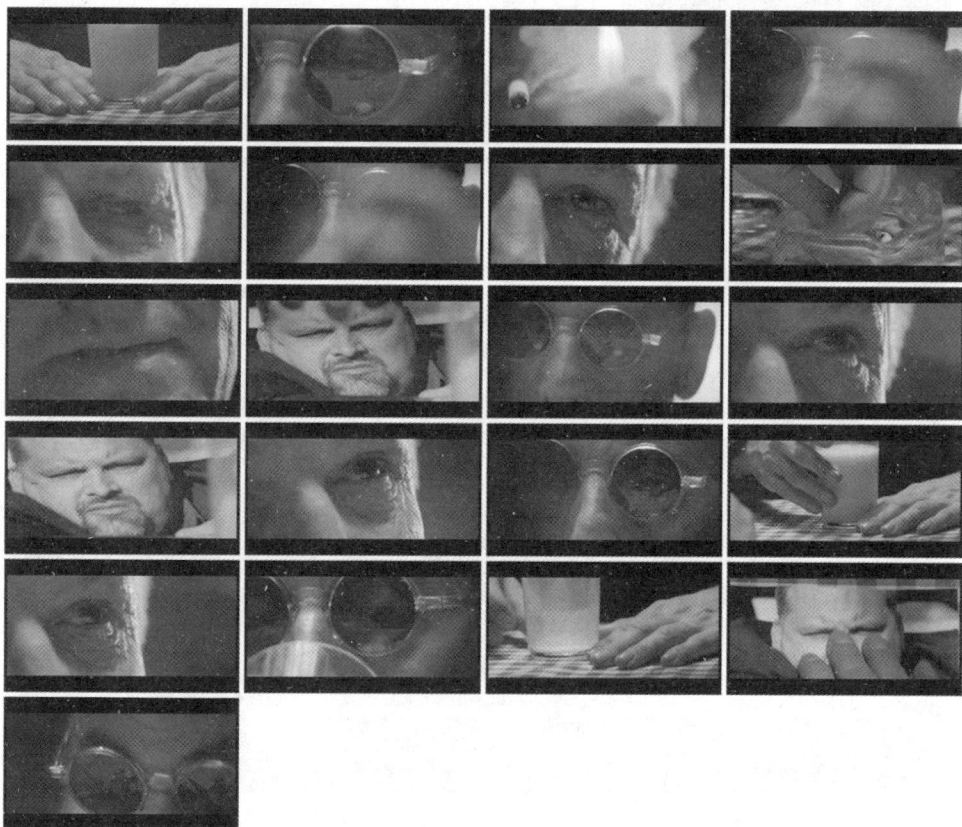

图 4 - 35 《这个杀手不太冷》开头:特写组合营造积累效果

这场戏主要交代黑手党头目东尼把任务下达给杀手里昂,通常影片会使用一个前进式句子,用全景交代人物的位置关系和环境,然后分别用中景、近景和特写,加上正反打镜头来叙述。但是,这里一组持续 62 秒的特写镜头却打破常规,在镜头的使用上作了淡化空间的处理,使这场戏的场景在画面中并不具体,无法从画面上看清角色周边的环境。里昂的出场就先声夺人,强化了一种隐秘、恐怖的气氛。同时,运动镜头(主要是摇镜头)、主体运动(人物的一系列动作)和短镜头(平均每个镜头3秒)形成一种内在张力,在强烈的视觉冲击中,以动感和快节奏渲染气氛,奠定影片的基调。当然,镜头的主要对象构成是东尼和里昂,镜头之间的逻辑关系相当清晰,通过镜头之间视线的匹配把人物的关系交代清楚(东尼与里昂的雇佣关系、东尼与照片中人物的恩怨关系、里昂与任务中对手的关系),人物的基本性格特征(东尼的凶狠,里昂的冷漠麻木、自我封闭等)也反映了出来。从这个意义上讲,这组镜头又很好地完成了这个段落叙事的基本任务。

2. 两极镜头对比连接

不同类镜头的组接即大跨度景别的镜头组接,用表现广阔范围的全景和表现细节的特写组成"两极镜头",造成一种强烈的对比效果或冲突感,可以强调、渲染或突出人物内心情感与环境氛围,达到震撼人心的效果。

从造型角度看,标准的两极镜头表现出"极"这个概念,即用全景表现广阔的范围,用特写淋漓尽致地表现细节。它是前进式句子急推或后退式句子急拉的变体。美国影片《巴顿将军》(Patton,1970)的开头就运用了一段有较大视觉冲击力的视觉形象(见图4-36)。

影片前十五秒钟,画面一出来就是一面美国国旗,看不见它的四边,用句行话说,观众只知道这面国旗占满了整个画面,至于它有多大,就没法估计了,因为画面上只有一面旗,没有其他的参照。接着在嘈杂的人声和"立正"口令声中,一个小人影从画框正中的下边露了出来,巴顿出现在国旗前(从人物与画框的比例来看,属于远景)。接着巴顿向前迈了四步,立定,敬礼(大特写),同时响起美国陆军的升旗军号。一组特写塑造了巴顿的视觉形象:一身戎装,身着马裤、马靴,头戴钢盔,佩着琳琅满目的勋章、结婚戒指、天主教教皇赠予的戒指、象牙把手枪和军徽,然后再次回到国旗前面。其中用了两次两极镜头组接,只有在极其特殊的场合和特别令人震惊的地方,或导演特别想要引起观众注意的地方才会使用两极镜头。而在这里,巴顿将发表的是一场令美国军人振奋的演讲,导演的意图全部化作视听语言呈现了出来。

从构成形式上看,两极镜头的跳切会使空间急剧变化,造成大起大落的空间节奏,有助于强调、渲染或突出人物内心情感与环境氛围。

图4-36　《巴顿将军》开头片段：两极镜头形成对比

两极镜头具有最鲜明、最强烈的视觉效果，也能创造特定的气氛，但选用时一定要慎重，不能滥用，而且要用得精，用得恰到好处，只有如此，才能取得出其不意的视觉效果。

第五节　影调、色调的统一性

光影和色彩是电视造型和表意的有效手段，它们既可以再现历史又可以提炼现实生活中的五颜六色，或记录或抒情，激发观众的情感共鸣。在追求视觉效果的现代影视节目中，影调和色调的处理成为影视剪辑的一种重要艺术调度手段。

一、选择合适的影调和色调

一般而言，任何一部影视作品，不论是电影、电视连续剧、电影电视纪录片、音乐电视、广告，还是晚会等，都有一个与主题相对应的情绪基调或情感倾向，或浪漫或现实、或欢快或沉闷、或严肃或轻松、或霸气或温和、或高昂或低沉等。而在表现具体的画面内容时,很关键的一点就是要把情绪基调和情感倾向落实到色调和影调上,要使色彩与光影的运用与作品的主题、情境及氛围等结合起来,通过一定的色彩和光影组合来强化基调、塑造形象、烘托主体,给观众以鲜明的视觉印象和强烈的感染力。

(一) 影调和色调的形成

影调是指画面上明暗关系的总体倾向,它是画面造型和构图的主要手段,也是制造气氛、形成风格的手段之一。色调,即色彩基调,是指画面的色彩组织和配置以某一颜色为主导时呈现出来的色彩倾向。色调的形成主要包括两个因素:一是色彩在整个作品中的时间长度;二是该色彩在单一画面中的空间面积。作为色调的色彩,必须在时间长度和空间面积上都占据主导地位,这二者缺一不可,否则"基调"也就无从谈起了。以张艺谋导演的几部作品为例,电影《红高粱》是血红的,《大红灯笼高高挂》是深红的,《满城尽带黄金甲》是金黄色的,而《我的父亲母亲》是黑白和彩色的组合(以黑白表示现实,彩色表现回忆),《一个都不能少》则是一种具有纪实风格的真实色彩还原。不同的基调选择,既是作品内容的规定性,也是导演对作品艺术特色的理解和演绎。

影调和色调通常统称为调子,在影视中,很少以一个镜头画面为单位处理调子,更多是以一个句子、一个段落或整部作品为单位。常用的调子有以下几种。

1. 按照明暗分布倾向划分

影调大致分为亮调(高调)、中间调(明暗调)和暗调(低调)。影调主要以画面上黑、白、灰所占面积的大小来划分,画面上白色(或浅色)所占面积大,称之为高调,适宜表现清新、明快、浪漫、轻盈、纯洁、宁静、淡雅与舒适的情绪或气氛;画面上黑色所占面积大,称为低调,适宜表现庄严、神秘、含蓄、低沉、压抑、忧郁、倔强和力量的情绪或气氛;如果黑白灰配置恰当,中间层次较为丰富,称为正常调子,使人有正常协调之感。灰色层次多,影像明暗变化大,则影调丰富,影调细腻;反之,黑白灰过渡剧烈,呈跳跃式变化,灰色层次少,则影调单一粗犷。不同的影调能产生不同的视觉感受:丰富的影调有助于产生恬静、温和、舒畅之感;粗犷的影调有助于给人们带来刚强、激烈、兴奋之感。

2. 按照色相分布倾向划分

色调分为暖色调、冷色调和中间色调。一般而言,暖色调是以红、橙、黄等温暖的色彩为主要倾向的画面，象征着太阳、火焰等，有助于强化光明、热烈、兴奋、欢快、活泼和激烈等视觉感受。冷色调是以各种蓝色（纯蓝、紫蓝、青蓝）为主要倾向的画面，象征着森林、大海、蓝天，有助于强化苦难、深沉、恬静、安宁、神秘、寒冷等效果。

3. 按照色彩深浅程度划分

色调可分为浓彩和淡彩。浓彩色调是由颜色较深（饱和度高而明度低）的色彩构成，给人浓郁强烈（暖色基础）或低沉悲凉（冷色基调）等视觉感受。淡彩色调是由颜色较浅（饱和度低而明度高）的色彩构成，有强化淡雅、恬静气氛的作用。此外，还可以细分为亮彩色调（高明度色彩）与灰彩色调（色彩中含有灰色成分）。

4. 按照色彩组合效果划分

色调可分对比色调和和谐色调。对比色调是以两种色相差别较大的颜色搭配所形成的色彩基调，分为冷暖对比和明暗对比。冷暖对比是两种色相差别较大的颜色（如红与绿、黄与紫、橙与蓝）对比，能在视觉上造成一种色相反差，各自的色彩倾向更加明显，从而更充分地发挥各自的色彩个性。明暗对比是用色明度强烈的反差形成的对比。对比色调给人的视觉感受是鲜明的，带有强烈的冲击力与刺激性，处理不当反而会造成杂乱无章和刺目的感觉。

和谐色调是由相邻的近色（靠色）或色相环 90 以内的色彩构成。和谐色调不如对比色调那样富于视觉刺激，但因其无色彩跳跃而让人感到和谐、舒畅，强化了淡雅、素净与温馨的效果。明度强烈的和谐色调也具有强烈的视觉感染力与冲击力。一些和谐色调常用黑色、白（消色）来丰富画面的表现力，使画面色彩朴素、典雅，既温和又有丰富的层次，既雅致又爽朗有力。

（二）影调和色调的作用

除了起到造型作用以外，影调和色调有丰富的戏剧作用，大致包括：创造色彩、光线效果；构成影视作品色彩和黑白的基调；突出被摄对象及其主要细节；创造特定环境的特定气氛；塑造人物形象；加强或减弱戏剧情节的节奏等①。

特定的调子反映特殊的情绪和情感。在电影《无人区》中，导演对潘肖与詹铁军两个人物形象的展示用了两种完全不同的影调。观众可以看到两人是一明

---

① 参见郑国恩：《影视摄影艺术》，北京广播学院出版社 2003 年版，第 85—88 页。

一暗(见图 4-37)：潘肖在明处，是明亮的，能够清楚看到人物的外貌；詹铁军在暗处，有多处阴影，只能局部展示他的样貌，增添了一种神秘感。这部影片在光影上赋予了人物不同的身份特质，盗猎者是邪恶的一方，他的性格是捉摸不定的。这样的影调处理不仅能让观众直观地区别两者的身份，而且还有更深层次的寓意。导演利用这一明一暗的处理，将两个人物的对立关系塑造得恰到好处。从某种程度上说，在一定色调的统筹下，观众能更好地感受作品主题的情绪特征和基调氛围。

图 4-37　电影《无人区》片段中的明暗关系

二、影调与色调的统一

在影视作品镜头组接时，需要使影调和色调在总体上保持一致，否则会产生视觉冲突，破坏对事件描述的连贯性，影响内容的通畅表达。具体来讲，影调色调的统一性表现在两个方面。

(一) 调子和内容、情绪的统一

对于一个完整的段落，其中各个镜头的影调和色调应该与该段落的内容和情绪相一致。例如，在表现欢快的气氛、温和的情绪时，段落中的镜头一般使用亮调子和暖调子。如果把暗调子或冷调子的镜头组接在其中，就会破坏原有的统一性。罗姆曾指出，"在彩色片(剪辑)中还应考虑镜头的色调"①。他认为，如果前后镜头脱离了一定的色调，会产生色震荡，这时就要设法缓和色调转换的急剧性。

---

① ［苏］米哈伊尔·罗姆：《电影创作津梁》，张正芸译，中国电影出版社 1994 年版，第 229 页。

　　在剪辑过程中,一部影视作品的调子是随着内容的变化而改变的,色调的变化往往蕴含情绪、意境与寓意。

　　《辛德勒名单》(*Schindler's List*,1992)是将黑白与彩色配合运用得十分经典的一部影片。导演斯皮尔伯格大胆地使用黑白色调来表现,使黑白和彩色之间的反差十分强烈,开篇和结尾的颜色带有明显的寓意。电影开场基本为黑白色调,火车站人车稀少,一名登记员在站台上摆放好一张桌子,并在桌上放置了墨水、钢笔等物件。此时四周一片寂静,一些犹太人进入站台,镜头拍摄登记员坐下,并仰起头询问犹太人姓名。接着一组运动镜头与之相连,展现更大规模的犹太人员登记活动正在各地火车站展开。这组镜头给人的视觉和听觉以极大的冲击力,一下子将观众的视听带到了那个令人不安的年代(见图4-38)。

图4-38　电影《辛德勒的名单》站台片段

　　而影片结尾(见图4-39),当犹太人走出集中营获得自由时,银幕上骤然间大放光明,出现了一片灿烂的彩色。由压抑阴沉的黑白两色一下转到丰富的自然色彩,极其形象地尽显了人们解除死亡危险、重获自由的豁然开朗。需要注意的是,影片从黑白转到彩色时用的是叠化,是一种软过渡,这种软叠实现了时间的跨越,也反映出争取自由的艰辛历程。

图4-39　电影《辛德勒的名单》结尾黑白向彩色的过渡

（二）相邻镜头画面调子的统一

"在剪接材料时，剪辑者必须防止两个明暗基本色调迥然不同的镜头连接起来。"[①]罗姆一再强调："镜头剪辑的一个依据是影调。如果摄下了一幅以阴沉的调子为主的全景，紧跟着出现一位穿着鲜艳的姑娘的特写镜头，那么，即使她在以前的全景中曾经出现过，在剪辑时也会产生冲击感，镜头无法妥善地组接，因为第二个镜头的调子及它那鲜艳的色彩同第一个镜头是很难调和的。……镜头组接时都应考虑到影调。"[②]这就是说，镜头组接时画面的影调要求统一，如果前后镜头的影调具有明暗反差，观众接收信息时就容易产生难以调和的冲击，分散应有的注意力。

一般情况下，对于影调和色调对比强烈的镜头，为保证它们的情绪连贯、内容流畅和统一，可以选用一些具有中间影调和色调的镜头画面作过渡，起到视觉缓冲的作用。但是，正如两极镜头所具有的对比作用一样，色调或影调的反差也会形成强烈的视觉冲击。电影《教父》（*The Godfather*，1972）的开头，室内与室外的转换就运用了阴暗、压抑与明亮、欢乐的强烈对比（见图4-40）。

图4-40　电影《教父》室内外对比

上一个镜头是老教父正在和一位客人交谈，他们正秘密地进行一笔交易。老教父是严肃的，除了那位客人的苦诉，屋子里没有其他的动静。下一个镜头是老教父从屋内走出，屋外他的女儿正在举行婚礼，阳光明媚，人们随着乐曲舞蹈，充满喜悦。通过这样两组镜头的组合，让观众看到了意大利黑手党生活的不同侧面，也看到了老教父在其中扮演的不同角色。

---

① ［英］卡雷尔·赖兹、盖文·米勒编：《电影剪辑技巧》，郭建中等译，中国电影出版社2008年版，第209页。

② ［苏］米哈伊尔·罗姆：《电影创作津梁》，张正芸译，中国电影出版社1994年版，第228页。

事实上,影视作品的镜头转换就是一种注意力的转换,画面形式的组织安排是机械性的原则,"在任何两个镜头组接时,决定性的考虑是:这一转变是出于戏剧上的需要"①,它应当服从于内容的表现,符合观众的收视需要。

推荐阅读

1. 〔法〕马赛尔·马尔丹:《电影语言》,何振淦译,中国电影出版社 1980 年版。

2. 〔美〕大卫·波德维尔、克里斯汀·汤普森:《电影艺术:形式与风格》(插图修订第 8 版),曾伟祯译,北京联合出版公司 2015 年版。

3. 〔美〕鲍比·奥斯廷:《看不见的剪辑》(插图修订版),张晓元、丁舟洋译,北京联合出版公司 2016 年版。

4. 〔美〕沃尔特·默奇:《眨眼之间:电影剪辑的奥秘》,夏彤译,北京联合出版公司 2016 年版。

5. 张会军:《电影摄影画面创作》,中国电影出版社 1998 年版。

观摩影片

1.《教父》(*The Godfather*,美国,1972)

2.《辛德勒的名单》(*Schindler's List*,美国,1992)

3.《泰坦尼克号》(*Titanic*,美国,1997)

4.《无人区》(中国,2013)

5.《芳华》(中国,2017)

思考题

1. 你认为电视镜头的组接应该满足哪些基本要求?

2. 如何理解镜头内容组接的逻辑性?

3. 如何理解轴线规律?有哪些方法可以合理地突破轴线?

4. 影视编辑中如何处理影调和色调的关系?

---

① 〔英〕卡雷尔·赖兹、盖文·米勒编:《电影剪辑技巧》,郭建中等译,中国电影出版社 2008 年版,第 210 页。

第五章

镜头组接技巧

在电视编辑语法的指导下,剪辑师要按照一定的规则完成镜头的组接,这些规则既是形式上的要求,又必须服从于内容的规定。当电视编辑的宏观思维确立、中观思维择定以后,电视编辑的微观问题,即最基础的问题,便是如何实现镜头之间的组接,镜头连接的具体剪接点和时长选择。而当这些最具操作意义的镜头组接技巧落定,也就基本确立了每个镜头的持续时间和这个镜头后面所接的具体内容,电视的基本表现力就形成于此。

第一节　剪接点的选择

剪接点是影视剪辑的专业术语,傅正义先生认为,"它的含义就是把不同内容的镜头画面,选取两者恰到好处的连接地方,相互连接起来,构成一个完整的动作或是概念"①。也就是说,两个画面相连接的点即为画面剪接点。画面剪接点的选择以画面内容的起、承、转、合以及情绪和节奏的表达作为参考因素。

编辑过程中,剪接点的选择至关重要。剪接点选择恰当与否,直接关系到影视节目中人物动作的连续性、镜头转换的流畅性、画面内容的逻辑性、节奏风格的和谐性以及是否符合观众的心理需求和视觉欣赏习惯。

剪接点可分为动作剪接点、情绪剪接点、节奏剪接点和声音剪接点。

---

① 傅正义:《电影电视剪辑学》,北京广播学院出版社 1997 年版,第 149 页。

一、动作剪接点

镜头中被摄体(人物、景物或动物)的动作是构成画面叙事的视觉核心。在库里肖夫眼中,动作是蒙太奇思维的基本构成,"把动作的各个镜头在一定顺序下连接(装配)成一个完整的艺术作品,这就叫作蒙太奇"①。动作的剪接点以"形体动作"为基础,选择动作的开始、进行或动作的结束作为剪接点。

不同的节目类型由于其表达重点和风格的不同,对动作剪接点的选择和要求也有所不同。影视剧往往在前期拍摄中采取多机摄录或单机重复摄录人物多遍动作的方法,在后期剪辑中特意把画面素材中人物多次重复、连续的动作进行细致的分解和重新组合,以追求蒙太奇组接的艺术效果。在曾获奥斯卡最佳影片的《角斗士》(*Gladiator*,2000)的开头,马克西穆斯将军的出场有一个细微的动作剪接(见图5-1)。第一个镜头,当他低着头准备离开时,脸上的微笑表情告诉观众他似乎发现了什么,镜头剪接点就选在此;第二个镜头,直接切入停在树枝上的小鸟,小鸟迅速飞走,剪接点选在小鸟飞出画面的一刹那;第三个镜头,

图5-1 电影《角斗士》片段:动作剪接点

① [苏]库里肖夫:《电影导演基础》,志刚译,中国电影出版社1983年版,第27页。

先接入将军仰望天空的画面,然后再缓缓地转下来,镜头结束。在这三个镜头中,以将军头部的动作和小鸟飞翔的动作作为剪接入点和出点,镜头内外动作转换流畅。而事实上,在这个开篇中,优美、悲伤的音乐暗示了情节的发展,而他对小鸟的微笑也传达出将军不羁与勇猛的外表下隐藏着一颗温柔的心。

电视专题节目、新闻节目基本采用单机一次性的拍摄方法,不主张对人物动作的重复拍摄。在后期剪辑中,一般要求选择的动作剪接点要能使一个画面在长度上完整表现人物某一个动作的全过程,或运动过程中一个相对完整的阶段。例如,表现农民在山上打石头时,其中一个画面是一个农民挥锤打钎,另一个农民扶钎。对剪接点的选择有几种方法:第一,从农民举锤开始作为画面编入点,举到身后的空中停顿时作编出点,表现举锤的前一段;第二,以举锤开始作为编入点,锤落到钎头上作为编出点,表现一次打锤动作的全过程;第三,以锤在空中停顿为编入点,锤落钢钎作为编出点,表现打锤动作的后一阶段。上述三种画面头尾剪接点的选择都有合理性。但如果是以举锤开始切入,锤刚举到齐胸高就切出,或是锤在身后的空中停顿开始切入,落到一半就切出,则都没有相对完整地表现动作的一段过程,也就不能完整地表达画面的含义。再如,表现人物由坐到站,剪辑时,要在动作的转折处确定剪接点,要从站起的开端切入,到站直以后切出。表现人物跳跃,一般要以跳的开端切入,或跳到空中最高时切出,或落地以后再切出。这样衔接起来,动作流畅,画面无跳跃感,这种剪接点的选择是精准的。

在叙事性段落中,剪接点的选择首先要保证内容表达的完整性,符合观众的收视心理。再者,要及时、适时地切换,确保给观众提供完整信息的同时又不造成拖沓感。当然,动作剪接点的选择还要考虑画面内部的布局因素,因为被摄主体在画面中的造型位置及其运动状态是影响镜头长度的重要因素。

二、情绪剪接点

影视节目中总有一些段落用于表达情感、气氛和情绪,以打动和感染观众。在组接这类镜头时,应以人物的"心理动作"为基础,根据人物在不同情境中的喜、怒、哀、乐等外在表情和情绪的表达过程选择剪接点。情绪剪接点的选择应注重对人物情绪的夸张、渲染和深层次刻画,通常按照"情绪长度"的方式来处理,即以调动镜头的感染力为目的来确定镜头的长度。

图 5-2 电影《我,花样女王》的情绪剪接点

情绪剪接点的选择不同于动作的剪接点,它在画面长度上的取舍余地很大,不受画面内人物外部动作的局限,以描写人物内心活动、渲染情绪、制造气氛为主。有时在影视作品中,为了充分表达人物内心的情绪,可以通过镜头的延伸来达到这一效果。在影片《我,花样女王》(I,Tonya,2017)中有一个长达 50 秒的特写镜头(见图 5-2)。通常的特写只需要 2—3 秒钟观众就可以清晰地理解镜头所表达的基本内容了,而导演却超乎寻常地、极富耐心地运用固定镜头拍摄女主人公的特写。这是典型的展现人物内心的镜头,拍摄者通过特写有意控制影片的节奏。此段面部特写展现了女主人公托尼亚·哈丁在参加女子花样单人滑冰决赛前百感交集的情绪。拍摄者用 50 秒,把人物内心情绪的跌宕起伏全部记录了下来。这个段落除给观众造成强烈的视觉冲击外,更重要的是使情节的转化有了情绪依托。

事实上,日常生活的经验也告诉我们,情绪是会影响镜头剪接点的。比如,夜晚的戏份,只要有 5 秒以内的明月的镜头就足够了,而当置于"每逢佳节倍思亲"的特殊情境时,明月已经深入剧中人物的思绪和情感,因此剪接点的确定就必须按照人物可能产生的情绪来确定了。

动作剪接点的选择要依靠动作的规律来把控,而情绪剪接点的确定全凭编辑人员对影视片剧情、内容和含义的理解。因此,情绪剪接点的选择无确定性的规律可循,也很难用规范化的概念加以阐述。只能说剪辑人员对影视片的内容、人物在规定情境中心态的理解程度不同,剪辑的效果也就不同。剪辑人员只有对剧中人物情感有较深的体会,对剧情和含义有所了解,才能在剪辑时具有更强的把控力。

三、节奏剪接点

节奏剪接点使用的镜头一般没有人物语言,剪辑者要以事件内容发展进程的节奏线为基础,根据内容表达的情绪、气氛以及画面造型特征来灵活地处理镜头的长度与剪接。节奏剪接点的作用是依靠不同长度的镜头影响观众心理感受的独特节奏——或舒缓自如,或平和稳定,或紧张激烈。

在影视作品中,节奏剪接点在人物较多的大场面与战斗场面中起着特别重要的作用。前面探讨的交叉式蒙太奇是一种通过剪辑体现节奏加速的方法,它利用镜头长度依次递减的镜头相连,产生效果的积存,并营造出一种紧张、兴奋的节奏感,使镜头段落走向高潮。电影《赤壁》(下)中,赤壁之战前夕,曹操军队中感染时疾的士兵尸体通过河流漂到周瑜的军队中,致使其部分士兵死亡,军中士气大受打击。在表现周军火葬尸体的段落中,镜头不断切换曹军把酒言欢和周军焚尸的对比画面,其中插入多次周瑜的面部特写。该段落中的镜头切换速度越来越快,很好地营造了两军交战前的紧张气氛。

在电视专题片中,节奏通常是内容表达的内在因素和外在情绪的有机统一体。政论片《迎接挑战》中关于"时间"概念的描述性段落,共用了 54 个镜头(见表 5-1):在前 50 秒中共用了 50 个镜头,表示时间的快速流逝和竞争的激烈;后 50 余秒仅用了 4 个镜头,客观描述了人们时间观念的淡薄,其中一个长镜头长达 30 秒。这个段落中两个部分的节奏形成了鲜明的对比。

表 5-1 《迎接挑战》片段: 节奏剪接点解析

序号	景别	画面内容	时间	解 说
1	特写	快速走动的脚步	1 秒 19 帧	
2	特写	快速走动的脚步	12 帧	
3	特写	快速走动的脚步	13 帧	
4	特写	快速走动的脚步	1 秒 00 帧	
5	特写	快速走动的脚步	12 帧	
6	特写	快速走动的脚步	13 帧	
7	特写	快速走动的脚步	1 秒 00 帧	年轻的朋友,你可知道,世界上最平凡而又最珍贵,最容易被人忽视而又最令人追悔的是什么? 这就是时间,是构成你生命的分分秒秒。(钟摆声)
8	特写	快速走动的脚步	12 帧	
9	特写	快速走动的脚步	13 帧	
10	特写	快速走动的脚步	1 秒 00 帧	
11	特写	快速走动的脚步	13 帧	
12	特写	快速走动的脚步	10 帧	
13	中景	匆匆行走的人	1 秒 00 帧	

序号	景别	画面内容	时间	解　说
14	中景	行人上车看表	1 秒 18 帧	
15	中景	繁忙的路口行人看表	1 秒 01 帧	
16	中景	路口看表拦车	1 秒 18 帧	
17	中景	乐队演奏师看表	1 秒 17 帧	
18	中景	地铁车厢中乘客看表	2 秒 04 帧	
19	中景	服装厂流水线	16 帧	
20	中景	装配线	18 帧	
21	中景	工人操作	12 帧	
22	中景	工人使用器械	14 帧	
23	中景	技术人员校正仪器	9 帧	
24	近景	女工检测	9 帧	
25	近景	女工安装零件	8 帧	
26	近景	女工安装零件	9 帧	
27	近景	女工安装零件	8 帧	
28	近景	女工安装零件	9 帧	当今世界,高速度、快节奏已成为现代化的标志。新的文明重新描绘了时间的图像。
29	近景	一排工人在钳接	23 帧	
30	全景—近景	高楼(急推)窗户	18 帧	
31	特写	刷卡	16 帧	
32	近景	拥挤的行人	10 帧	
33	中景	拥挤的行人(长焦)	10 帧	
34	中景	匆匆的行人	11 帧	
35	特写	刷卡	15 帧	
36	全景	匆匆的行人(仰)	10 帧	
37	全景	拥挤的行人	10 帧	
38	中景	上车	9 帧	
39	中景	在大钟前刷卡	4 秒 23 帧	

序号	景别	画面内容	时间	解　说
40	特写	旋转的罗盘	1 秒 16 帧	新旧更替，星移斗转，时间观念在迅速变化，时间计量单位由年到月，由月到日，由日到时，由时到分，由分到秒，在现代科技中又缩短为毫秒、毫微秒、微微秒。
41	特写	快速的钟摆	3 秒 06 帧	
42	特写	钟摆上卡通人转动	1 秒 22 帧	
43	特写	卡通人书写	2 秒 01 帧	
44	特写	卡通人书写	1 秒 12 帧	
45	特写	古色古香的钟	2 秒 09 帧	
46	特写	古色古香的钟	2 秒 10 帧	
47	中景	女工在调试仪器	22 帧	
48	特写	女工调试仪器	1 秒 05 帧	
49	特写	示波器快速闪动	3 秒 07 帧	
50	特写	(摇)电表	4 秒 03 帧	
51	全景—特写	街道(摇)标牌(急推)	16 秒 23 帧	但是并非所有人都意识到时间计量单位的变化。多么令人遗憾，"一看二慢三通过"这句交通安全口号，竟成了某些人时代观和时间观的绝妙写照。难怪某部门引进一套设备从申请到批准竟用了 1 234 天，某地一个拆迁征地的文件竟盖 368 个公章，某建筑工程 13 年拖而不决，被称为"胡子工程"。难道商品有价，时间无价？既无春华，也无秋实。慢吞吞的节奏断送了多少年华！视虚度为沉稳，无异于漫步在生命的沉船上。
52	全景	(移)阻塞的交通车辆	29 秒 19 帧	
53	全景	懒散的人群	4 秒 10 帧	
54	全景	懒散的人群，一人躺在石马上	5 秒 01 帧	

　　节奏剪接点有别于"形体动作"和"心理动作"的分割，它的特点是画面构成的形式节奏与内容节奏相吻合，内在节奏成为驾驭镜头转换速率的决定性因素。

四、声音剪接点

声音剪接点就是在影视剪辑中以声音元素为依据来确定镜头之间的转换契机。在电视作品的创作过程中,声音有其特殊的重要性。语言、音乐和音响是影视声音的三元素。据此,声音剪接点可被分为语言剪接点、音乐剪接点和音响剪接点。

语言剪接点主要是通过对镜头中语言的内容、情绪、风格及表现形式(开始和结束的位置、说话人的语速等)等来考察和确定的,可以是声画对应,即画面和声音同时出现,也可以是声画错位,即先出画面,再出相关的语言,或先出语言,再出画面。比较特殊的是声画对立这种情况,即画面和声音在内容、情绪或节奏风格上是相反的,例如,画面是明快的、节奏感强的,而语言很悲怆、很深沉,通过对比产生的张力作用于观众,能够使观众产生别样的感受。

音乐剪接点以音乐的旋律节奏为依据,以情绪色彩为参考,兼顾画面的造型元素,从而准确地选择编辑点。对于纯音乐节目或以音乐为主的节目,要考虑画面如何更好地凸显音乐的主题,同时将音乐的旋律视觉化。目前,中央电视台的《春节联欢晚会》、浙江卫视的《中国好声音》以及湖南卫视的《我是歌手》等这些现场直播或录播类节目的音乐剪辑点的选择,要求工作人员具备较好的剪辑能力和音乐素养。画面内容要紧扣音乐,高潮部分要使用远景、全景、大仰或大俯,从而更好地表现现场的热烈气氛,同时用中近景镜头展现歌手对歌曲的投入和个人的魅力。

景别和视角的变化要结合音乐的节奏点来进行剪辑,这样可以获得视觉上的节奏感。对于为烘托画面气氛、渲染人物情绪而存在的配音,音乐的组接要注意旋律的起伏高低、强弱,剪辑点要求准确,误差不能超过 1/4 帧,以防产生听觉上的不流畅。这种音乐剪接点在电视剧、宣传片甚至在新闻片中都可以看到。例如,在宣传片《金陵节拍》中,首先用小女孩二胡独奏江苏民歌《茉莉花》作为画面开场,然后用结合古筝、笛子等多种民族乐器的音乐《茉莉花》结构全篇。将音乐和金陵古城的夫子庙、明孝陵、阅江楼等历史遗迹,花灯、云锦、雨花石等地方特色物件的画面结合时,要注意音乐的节奏、音符的长短、音乐的基调等都要与之相配合。这段乐曲在衔接时使用女声哼唱单字"啊"进行转换,和谐流畅,一方面保持了节拍、乐句、乐段旋律的完整性,另一方面更突出了画面中金陵古都深厚的历史文化底蕴。

电视音响有写实和写意两种，分别称为客观性音响和主观性音响。客观性音响是指画面中实有的声音，是和画面一起被摄录下来的。客观性音响的剪辑可以把上个镜头画面切出后的音响拖至下个镜头的画面上，让前一画面所展现的情绪和气氛不致中断，进而连贯地表现出来。例如，前一个镜头表现群众热烈鼓掌，后一个镜头是发言人走向讲台，在此画面上，鼓掌的声音仍在继续。相应而言，也可以把下一个镜头的声音延至上一个镜头的画面中，让画面未出现时声音先至，以此激发观众的好奇心。新闻和纪录片一般都采用平剪法，即音响、画面和声音同时切入切出。主观性音响是指镜头中没有的声音，是创作者为渲染气氛、表现人物心理而加入的一种声音，它的剪接点要从剧情出发，结合场景以及人物情绪进行选择。

对于剪辑点的选择要结合具体情况，但最重要的是尊重观众的视听习惯，根据叙事或表意的需要，抓住画面的造型特质或声音的艺术表现力，组接出流畅、连贯的视听信息流。总之，完成任何一个镜头的转换都必须说明一个问题，也就是说，把观众的注意力从一个形象吸引到另一个形象上时，必须有合理的视听转换契机，这就是剪接点选择的最主要依据。

第二节　动作的剪接

电视的动作是由画面和声音的运动形成的，运动是视听语言系统的重要组成部分，它本身就是交流的媒介[1]。画面中的运动主要由主体的动作和镜头的动作构成，动作衔接的连贯除遵循一般的原则外，关键在于确定合适的剪接点。

一、主体动作的剪接

剪辑过程中要把握好被摄对象的动作及其组合效果，这样才能确保叙事或表意的通畅与连贯。被摄主体包括人以及自然界的其他对象，如动物和植物等。

---

① 参见［美］路易斯·贾内梯：《认识电影》（全彩插图第 12 版），焦雄屏译，北京联合出版公司 2016 年，第97 页。

(一) 过程的分解与组合

表现主体在场景中的连续活动时,可以把该主体的完整动作加以分解,将过程分解成若干个既相互连贯又有瞬间变化的动作片段。根据主体的心理活动和戏剧效果,对动作片段用不同视距、不同机位和不同角度进行拍摄,然后将它们进行适当的组合,就可以表示主体的连续动作。

过程的分解是进行编辑的基础,即选择不同的角度和景别拍摄每个镜头,因此,在拍摄时一定要有意识地用一组镜头去表现一个动作的过程或事件的面貌,无论是拍摄虚构的故事,还是捕捉实在的生活内容,都要用一组连续镜头去完成。过程的组合是指将分散拍摄的片段编排成连贯的动作或事件。过程的分解是前提,组合是结果。

过程的分解最常用的方法有两种。其一,解析法,即把一个完整事件的动作过程解析成几个片段,选择几个有代表意义的高潮、段落,通过几个片段表现出事件的完整过程。国产电视剧《深夜食堂》的每集片头都有一段老板做菜的视频,这一连续过程被分解为若干个动作,以第一集为例,切香菇、剥花菜、削萝卜、切肉,四个镜头表现了老板娴熟的手法(见图5-3)。

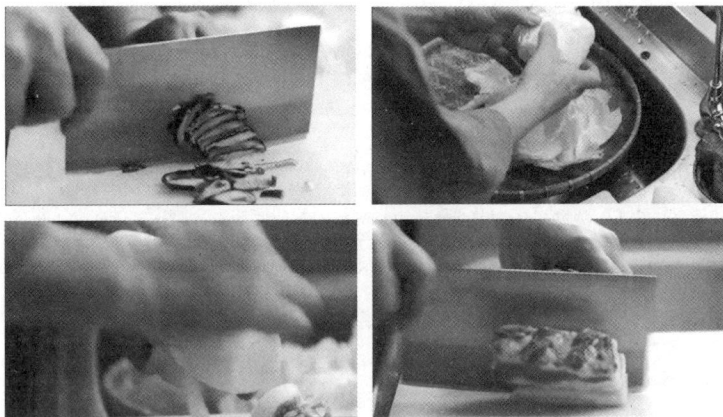

图5-3 电视剧《深夜食堂》片段:一个完整动作的分解

其二,插入法,即先用一个主镜头完整地拍摄事件发展的全过程,然后再从中选择一些高潮动作和片段进行重复拍摄,比较完整地表现一个动作过程(见图5-4)。

主镜头 ←——插入、替换—— 重复镜头

（大景别反映动作全貌）　（小景别反映动作重点）

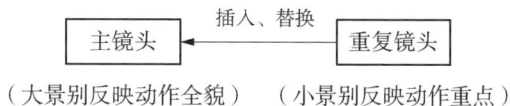

图5-4　动作的插入法

　　在这里，主镜头介绍事件发展的全貌和环境特征，一般用全景等大景别；重复镜头选择动作表现的重点或段落，变换景别进行拍摄，一般用近景、特写等近景别。剪辑时用近景别（重复镜头）替换大景别（主镜头）中的关键动作。当然，这种用于替换的重复镜头也可以是场景内外的插入镜头或切出镜头，即用以表现对事件的呼应或反应的镜头。

　　过程的组合是把单独、零散地分解拍摄的动作按照一定的顺序重新组合成连续活动的视觉形象整体。通过组合，连续流畅的视觉形象整体已不是现实生活中的动作原形，而是变成更精练、更具代表性，但又不破坏视觉连贯性的屏幕动作。通过过程的组合，完成用画面建构动作的任务，保证主体动作连贯。

　　过程的组合有两种基本形态：其一，过程的再现，即将事件完整、真实地再现于屏幕；其二，过程的创造，即运用创造性思维法则，进行引申和拓展，而不再局限于过程的原始复现，从而使描写对象更加全面，信息量更加饱满。

　　当然，过程组合的创造性并不仅限于同一时空内发生的故事，也可以在电视思维的贯穿下，突破时空局限，构成新的有意义的段落。例如，在记录悉尼奥运会中国代表团辉煌战绩的专题片《中国骄傲》中，讲述五位举重冠军时，以举重的动作构成了一条线索，以她们参加比赛的时间顺序为另一条线索，形成了一组创造性的动作剪接：

　　（远景）杨霞抓杠铃
　　（全景）陈晓敏提铃
　　（中景）林伟宁发力分腿
　　（近景）丁美媛直立
　　（特写）占旭刚振臂欢呼、庆贺

　　一个连续的动作被分解成几个段落，虽然不是由一个人完成的，却一气呵成，连贯流畅。整个段落中景别也随情绪发生变化，直至推到高潮，具有极强的展示力和感染力。

除了上面的情况,还可以看到这样的镜头组接:

（特写）举重运动员抓杠铃的手
（全景）运动员举起杠铃

特写和全景成为场景和动作的两极,利用上下镜头的动势连贯,通过表现对象范围的变化突出一种爆发力。

视觉形象的连贯并不是一种机械的镜头连接,它受内容和创作者意图的制约。有时即使是同一个动作,由于采用了不同景别和不同角度的画面,在剪辑序列中也显得比较灵活。比如《舌尖上的中国》第二季第一集《脚步》(见图 5-5)中捕捉跳跳鱼的场景,就是从不同的角度进行近景拍摄,使观众能够近距离、多角度、细致地了解捕鱼过程。

图 5-5 《舌尖上的中国》第二季第一集《脚步》:通过剪辑呈现捕捉跳跳鱼的动作

(二) 主体动作的剪接方法

主体动作包括人物的形体动作和景物的动作,人物的动作在时空不断变化的影视作品中是否连贯,直接关系到影视作品讲述的故事能否被人理解,也关系到其结构的完整性。主体动作剪辑的基本要求是：动作连贯，即动作不重复，不拖泥带水；动作完整，即动作不脱节。连贯、完整地表达景物的运动和人物的动作是画面编辑工作的重要环节。

主体动作的剪辑以形体活动为基础，通常选择主体外部动作发生显著变化之时作为动作剪接点。衔接画面内主体动作的常用方法有以下几种。

1. 消失剪接

消失是指主体在画面上的消失，不论是景物的运动还是人物的运动，一旦在画面上消失，就构成剪接的好时机。例如，一个人在跑动过程中被树干、电线杆、行驶的汽车挡住；一个人打开房门出去，身体被关到一半的门挡住；一个人一步蹬上汽车、火车，身影一消失镜头便可以切换。一辆汽车向远处驶去，被大漠沙尘挡住；一列火车在蜿蜒的山路上行驶，一下转到山后或钻进了隧道；画面上的运动物体逐渐走入建筑物的阴影或隐入林荫，这些都是切换镜头的好时机。随着画面上运动主体的消失，观众的观看兴趣也随之消失，此时切换镜头，恰好顺应了观众的收视心理。如果不切换，继续让观众观看运动主体已经消失的画面，反而会令他们感到索然无味。

2. 封挡切换

封挡是指画面上的运动主体在运动过程中挡死了镜头，使观众无法从镜头中辨别被摄对象的性质、形状和质地等物理性能。封挡可以是前一个镜头中的主体在运动过程中挡黑了画面，也可以是在后一个镜头的开始出现一个景物或人物的局部特写，随着景物或人物的运动，观众才逐渐看清其性质、形状和质地。例如：

（全景—大特写）织布车间，一位纺织女工在织机前走来走去，她从远处朝摄像机走来，越来越近，画面中女工的镜头从全景变成中景，又变成特写，直到最后她把镜头挡黑

（全景）印染车间

抓住上个镜头被封挡的瞬间，把它作为切换点，镜头就可以顺利地从织布车间转换到印染车间。再如：

（全景）一个人朝火车跑去，在火车启动时跨上去

（特写—全景）从这个人的衣服拉出到背影，他向火车车厢内挤去

运用封挡的画面切换镜头,既要有放开画面的过程,也要有封挡的瞬间。在封挡的瞬间,观众的视觉兴趣处于最低点,此时切换镜头,从某种意义上讲,可以使观众在不知不觉中接受镜头变换或场景转换的事实。

3. 出画入画

出画入画是指画面上的运动人物或景物动出画框或动入画框。出画入画在画面构成上很简单,但其作用却非常大。出画入画是组接不同空间镜头的重要方法,在任何一部影视片中,只要有一个出画或入画镜头,在时间和空间的跨越上都是任意的,其效果非常灵活,可以使时空更具延展性,出画入画是时空转换的有效方法。例如:

(全景)跟拍一个人拎着行李,匆匆行走在北京火车站前的广场上
(全景)此人安静地坐在长椅上看报

由于第一个镜头中人物没有出画,前后组接就会产生视觉跳动感。如果让人物走出画面,组接就顺畅得多,这里出画镜头起了关键的作用,因为出画或入画镜头的时空转换效果是灵活的。在空间方面,人物拎着行李走路的地点是相对固定的,背景中呈现的是"北京站",而坐在长椅上看报的镜头可以被认定是在北京或上海,也可以在香港,甚至纽约、巴黎等任何一个地方。在时间方面,两个镜头的时间可以相隔 1 小时、1 个月、1 年或者 10 年,乃至更长。可见,出画入画镜头的时空表现意义是无限的。

早期的出画入画镜头运用基本上是"左进右出"或"右进左出",如今,出画入画镜头的画面形式已经得到了较大的发展,不再是简单的左右方向出入画,上下方向、对角线方向出入画也在影视作品中有较多的运用。出入画方向的灵活调整也大大丰富了影视画面的形式美感和表现层次。

4. 姿态变化

对于主体位置固定的画面,当姿态刚发生明显变化时,是镜头切换的适当时机,因为在此时剪接动作,观众觉察不出动作的转换,只会意识到主体的连续动作。例如:

(全景)一个人从门口走到桌子前坐下
(中景)此人坐下

这是两个不同景别、不同角度拍摄,表现同一个动作的镜头,剪接点选在"坐下"的瞬间,因为在整个动作的姿态变化中有 1—2 帧的瞬间停顿。剪接时,上个镜头必须用足停顿部分,下个镜头从动的开始用起,这样的衔接动作流畅,画面无跳跃感。反之,如果由坐到起,剪接点同样选在"起立"的瞬间,并将停顿部分留在上个镜头,下个镜头从动的开始用起,正常情况下,这样的组接会显得连贯、流畅。但如果是在会议进行到一半时,这个人气愤地站起来,此时形体动作仍然是基础,而有了人物情绪的渗透,剪接点的选择也必须结合剧情内容来确定,可以在下个镜头人物站起的动作开始部分减去 1—2 帧,使动作更加急促,符合人物的情绪。注意,减去的部分不能在上个镜头,因为这样一来,剪接点就不在动作的转换处了。

5. 动作方向或速度的变化

主体位置移动的画面,当动作方向或速度发生变化后,切换到下个镜头,视觉效果会显得流畅。例如:

（远景)汽车在弯曲的山路上行驶

（全景)继续行驶的汽车

剪接点应选择汽车在弯曲的山路上拐弯的瞬间,此时从一个角度的动作主体切换到另一个角度的同一运动主体,动作连贯,视觉上较为流畅。再如:

（近景)缓慢的舞步

（特写)快速的舞步

剪接点选在跳舞的脚步速度由慢转快的瞬间,这时的动作最连贯。

6. 主体动静转换

主体动作发生动静变化时,剪接点应选在动作的动静转换处。一般来说,如果主体由运动转为静止,剪接点应选择在主体显示出静止倾向的瞬间;如果主体由静止转为运动,剪接点应选择在主体显示出运动倾向的瞬间。例如:

（全景)一辆小轿车停在马路边,司机发动汽车

（远景)这辆小轿车行驶在高速公路上

上个镜头中汽车是静止的,下个镜头汽车是运动的,剪接点就选在汽车显示出运动倾向的瞬间,即刚启动时。再如:

(全景)一个人在图书馆走到书架前刚站住
(近景)查看书架上的书

剪接点选在人走到书架前停下来的瞬间,然后切换到查看书的镜头,形成连贯的视觉转换。

7. 动作的静止或结束点

画面上运动物体的连续运动或人物的行为动作总有一定的静止点或动作的结束点,利用这个间歇的瞬间作为剪接点,能使画面上主体动作显得完整和谐。因为动作的静止点或结束点本来就是运动自身的间歇点,在这时切换镜头,影视片的画面节奏与现实生活中的运动节奏相互吻合、协调一致。例如,电视片《回家》临近结束时,表现自然保护区的工作人员要把痊愈的大熊猫高高送回山林时,连续运用了下面四个镜头:

固定镜头:工作人员把大熊猫高高引进铁笼,并用力把铁栅门推紧
跟摇镜头:众人抬着装有高高的铁笼装运上卡车
固定镜头:铁笼中的高高乖乖地待着,卡车的侧帮被推上
固定镜头:卡车行驶

前两个镜头衔接的剪接点是工作人员用力把铁栅门推紧这个动作的结束,后两个镜头衔接的剪接点是工作人员把卡车侧帮推上这个动作的结束,这四个镜头的组接流畅、平顺。

8. 镜头内容的呼应关系

同一场景的镜头存在内容的呼应关系,可以直接切换,这是一种不同主体间的动作连接方法。例如,表现招聘面试过程时,在招聘者与应聘者之间切换,不会出现跳跃感,仿佛观众时而观看招聘者,时而观看应聘者,客观地建立起他们的联系。同一场景中的直接切换可以建立起人与人、人与物、物与物之间的有机联系,也能满足观众的视觉心理要求。

不同场景中的镜头内容如果存在明显的呼应关系,也可以直接切换。例如,在表现抗震救灾工作时,镜头可以直接插入救援官兵积极救助的忙碌身影、全国各地向灾区捐献物资的场景,以及灾区人民灾后安置的情况,三个镜头将抗震救灾的具体方面展现给观众,增加了信息量,并使观众能够更直观地感受抗震救灾的实际情况。

二、镜头运动的剪接

影视作品中的所有镜头都可被划分为两大类:一类是固定镜头,另一类是运动镜头。固定镜头是指摄像机机身、机位、镜头焦距均不发生变化所拍摄的连续画面,画面内的主体可能是静止的,也可能是运动的;运动镜头是摄像机机身、机位或镜头焦距至少有一者发生变化所拍摄的连续画面。

(一) 固定镜头之间的组接

由于固定镜头本身不运动,组接时主要根据画面中主体是否运动来选择组接原则,并采取画面中主体动作和造型因素相结合的方法衔接。固定镜头之间的组接主要有以下几种情况。

1. 上下镜头主体都不动

这种固定镜头间的组接遵循“静接静”的原则,根据画面造型因素和剧情内容需要选择剪接点,主要借助上下镜头中主体造型的相关性,可以把具有相似性的镜头连接在一起。例如,不同性别、年龄的与会者在台下认真记录,不同身份的与会者发言风格迥异等。也可以把对某一事件共同关注的镜头连接在一起,如纪录片《人间世》运用大量的镜头描写手术室内的病人和手术室外等待的家人。另外,还可以把具有一定内在逻辑性的,如有因果联系、视线匹配的镜头连接在一起。

2. 上下镜头主体都运动

这种固定镜头间的组接遵循“动接动”原则,根据上下镜头中主体动作衔接的连续性,截取精彩的动作瞬间或选择完整的动作过程。例如:

固定镜头：撑竿跳精彩的跨越

固定镜头：链球脱手的瞬间

固定镜头：优美的三级跳

固定镜头：游泳选手入水瞬间

四个固定镜头组接在一起，表现若干项竞技体育运动，根据不同的动作运用不同的镜头长度，造成积累效果，创造出优美的节奏感。

3. 上个镜头主体运动、下个镜头主体不动

在这种情况下，一般把剪接点选在上个镜头主体动作完成之后，用其静态因素与下个镜头组接，两个镜头间遵循"静接静"原则。例如：

固定镜头：(中景)将军举起望远镜看

固定镜头：(远景)茫茫群山

上个镜头要在将军举起望远镜的动作完成后再切换，接固定的茫茫群山，静态造型连接，可以保证观众的视觉连贯，不产生跳动感。

4. 上个镜头主体不动、下个镜头主体运动

这里有两种情况，第一种情况，如果上个镜头的主体是由静到动的，那么剪接点可选在上个镜头中主体运动起来以后，与下个镜头的动作直接相接，遵循"动接动"的原则。例如：

固定镜头：英雄气愤地思考，然后挥拳出击

固定镜头：强盗应声倒地

上个镜头"气愤地思考"是个相对静止的过程，全部留用，直到拳手挥拳出击以后切换，与下个镜头强盗倒地的动作连接，动势强烈、连贯。

第二种情况，如果下个镜头的主体是由静到动的，那么剪接点选在下个镜头开始运动以前，与上个镜头相接，遵循"静接静"原则。例如：

固定镜头：被击中的靶子

固定镜头：战士收起手中的枪

上个镜头完全静止，下个镜头应保留收起枪前的停顿部分，运用内容的因果

联系连接，这种方法类似于主客观镜头间视线的转换。

（二）运动镜头之间的组接

由于运动镜头的画面本身始终是运动的，组接时主要依据镜头运动的方向和速度，应结合主体动作和画面造型因素选择剪接点。运动镜头之间主要按下面两种基本情况组接。

1. 被摄主体不同、运动形式不同的镜头

被摄主体不同是指若干个运动镜头的内容不同，运动形式不同则指推、拉、摇、移、升、降、跟等不同的镜头运动方式。除运动方向相反的镜头，此类镜头组接应除去运动镜头的起幅和落幅部分，遵循"动接动"原则。例如：

摇镜头：一片青山、绿水

推镜头：平静的水面及矗立于水中的亭台楼阁

摇镜头：亭台水榭和曲径回廊

拉镜头：从雅致的园林建筑拉出到一片山水风光

组接这些运动镜头时要求在运动中切换，一般只保留第一个摇镜头的起幅和最后一个镜头的落幅，而四个镜头衔接处的起幅和落幅要去掉。但组接时要注意上下镜头的运动速度要比较接近，并保持运动节奏和谐、一致，使整个片段自然、流畅。

2. 被摄主体不同、运动形式相同的镜头

被摄主体不同、运动形式相同的镜头组接分以下三种情况。

第一，被摄主体不同、运动形式相同、运动方向一致的镜头连接，应去除镜头相接处的起幅和落幅部分，遵循"动接动"原则。例如，在表现山水风光时，连续摇镜头展示出的风景好似一幅铺开的水墨长卷；表现精美的艺术品时，连续的推进镜头留给人层层深入、仔细揣摩的印象；表现优美的园林风光时，一次次的拉出镜头形成一步步展示的效果，使观众从局部看到全局，从细部看到整体。

第二，被摄主体不同、运动形式相同、运动方向相反的镜头连接，一般保留上下镜头相接处的起幅和落幅过程，遵循"静接静"原则。

第三，一组急推或急拉镜头的连续组接应适当保留镜头相接处的起幅或落幅过程，但何时保留起幅和落幅应根据具体的内容表述需要去选择。

比如,在表现腐败分子利用职权丧心病狂地收受他人贿赂时,用一组急推镜头来表现大量的人民币、外币、金银首饰、高级日用品、各种家用电器以及精美礼品等,这些急推镜头既形成了触目惊心的效果,又表达了老百姓义愤填膺的情绪。在具体组接时,每个镜头的起幅和落幅都留有一定的长度,以使观众能够看清表现的内容,并形成视觉冲击。起幅交代的是数量、种类等宏观因素,落幅揭示的是具体内容、具体式样和品牌等微观因素。

再如,表现一位旅行家走遍大江南北,跨越山川河流,深入沙漠险滩,穿过深山峡谷,艰难跋涉,收集资料和标本时,运用了以下一组镜头:

> 急拉镜头:从旅行家急拉到茫茫群山
>
> 急拉镜头:从旅行家急拉到浩瀚沙漠
>
> 急拉镜头:从旅行家急拉到险峻峡谷
>
> 急拉镜头:从旅行家急拉到无垠草原

这四个急拉镜头组接时,如果仍把起幅和落幅都保留,就显得累赘和拖沓。因此,显然应该去掉镜头相接处的起幅而保留落幅,因为起幅中的内容是重复的,都是旅行家的活动,只要借助第一个镜头的起幅交代主要人物就足够了。

从上面两个例子可以看出,在一组急推或一组急拉镜头连续组接时,何时保留起落幅,何时保留落幅、去掉起幅,应主要考虑内容表述的需要。至于起落幅的长度,仍然要依据影视片的节奏去确定。

(三)固定镜头与运动镜头的组接

固定镜头与运动镜头之间的组接也要根据画面表现的被摄主体的动静因素来确定剪接点。

1. 主体静止的固定镜头与主体静止的运动镜头相接

这里主体都是静止的,镜头组接时应保留运动镜头的起幅或落幅过程,与固定镜头直接切换,一般遵循"静接静"原则。例如,电视片《藏北人家》中的一个段落:

> 右摇镜头:雪山、碧水、草原,牦牛在草地上吃草
>
> 固定镜头:一池碧水拍打着蜿蜒的堤岸

　　固定镜头：一层层波浪撞击着堤岸

　　固定镜头：溪水环绕着一片片草场

　　左摇镜头：草地与碧水相间的牧场

　　这段镜头表现的是藏北牧场的自然风貌,画面中的景物是相对静止的。第一个右摇镜头与固定镜头相接时,保持了落幅的停顿,由动到静过渡流畅。第四个固定镜头与第五个左摇镜头相接时,左摇镜头的起幅略作停顿,整体节奏与画面表现的风光浑然一体。

　　2. 主体运动的固定镜头与主体运动的运动镜头相接

　　这里主体都是运动的,组接时根据主体动作的匹配并结合运动镜头的速度有机地衔接,一般遵循"动接动"原则。例如:

　　固定镜头：(近景)击鼓伴奏

　　拉镜头：(特写—全景)从舞步拉出,舞蹈演员的精彩表演

　　两个镜头都具有强烈的动感,动作之间具有一定的相关性,动势连贯,组接后视觉效果流畅。再如:

　　跟摇镜头：(全景)航行的快艇

　　固定镜头：(特写)激烈的浪涛拍打着岩石

　　上个跟摇镜头的运动过程与下个固定镜头中的动态物像直接结合,动势成为贯穿的契机。

　　3. 主体静止的固定镜头与主体运动的运动镜头相接

　　在这种混合式的镜头组接中,剪接点一般选在运动镜头的主体动作完成以后或运动开始以前进行切换,并保留运动镜头的落幅或起幅,与固定镜头衔接。例如:

　　固定镜头：某成就展展板

　　跟移镜头：参观者边走边看

　　摇动镜头：参观者继续看

固定镜头：展板

第一个镜头是没有明显动感的，第二个镜头的剪接点应选在参观者走动之前，并保留起幅的停顿过程。第三个镜头的剪接点应在参观者走动停下来后，并运用其起幅的停顿过程与第四个固定镜头衔接。

4. 主体运动的固定镜头与主体静止的运动镜头相接

这种镜头间的组接应考虑镜头动作和主体动作的匹配，有以下两种具体的组接方法。

一种是采用"静接静"的方法，即固定镜头的主体动作结束后与运动镜头的起幅停顿处相接，或运动镜头的落幅停顿处与固定镜头主体动作开始前相接。例如：

固定镜头：飞速旋转的车床慢慢停下来

运动镜头：从一名工人拉出，工人站在车床旁

上个镜头中的车床停止转动后，与下个运动镜头的起幅相接，上下镜头都无明显动感，静态因素连接使节奏得到转换。再如：

运动镜头：从自行车停车标志拉出自行车车棚

固定镜头：某人推着自行车

上个运动镜头保留落幅的停顿过程，下个镜头在推出自行车之前留有一定的静止过程，运用静态因素连接，视觉流畅。

另一种是采用"动接动"的方法，即固定镜头的主体动作与运动镜头直接相接，既不留用主体动作的开始或结束部分，也不保留运动镜头的起幅或落幅过程，在动中切，在动中换，画面动感连贯。例如：

固定镜头：体操自由旋转

下摇镜头：跳水做后空翻

固定镜头：推出铅球

跟摇镜头：自由泳快速划水

固定镜头：排球精彩的扣球

不同样式的运动镜头与固定镜头之间都有较为一致的动势,通过动态造型连接,前后动势连贯,节奏明快,给人以轻松的动感享受。

上面介绍了几种常用的主体动作和镜头动作的衔接方法,但在实际应用时,动作与动作之间、镜头与镜头之间还有各自的特点,所以,组接时应结合上下镜头主体的动作造型和镜头动作,既要保持外部结构的通顺流畅,又要使形式符合作品的内在逻辑,与剧情内容相吻合。

第三节 镜头的分剪与插接

通常,影视场景的构建需要一组镜头来完成,而在动态过程中也不可能都是平铺直叙的,需要加入一些修饰性的形容词,比如反应镜头,以使场景的塑造能够更生动、丰富,或更好地展示人物,或突出情绪、情感等。在反应性镜头中,插入镜头和切出镜头则是对场景事件的更深入补充。

一、插入镜头与切出镜头

一般而言,场面或动作的组合有三类镜头构成。其一是关系镜头,用于交代时间、地点、人物或环境气氛等,也称定位镜头,在全部剪接镜头中占 5％—10％;其二是动作镜头,指场面或动作的主导镜头,也称叙事镜头,用于表现动作的过程以及对话、方式与结果等,在全部剪接镜头中占 60％—80％;其三是渲染镜头,指在完整动作或场面中加入的一些与事件相关的修饰性镜头,在全部剪接中占 5％—10％。渲染性镜头类似于文学中的描写,可以打破场景的自然叙述节奏,加强戏剧效果,从而赋予影片一种独特的节奏。

通常,渲染镜头可细分为插入镜头和切出镜头。

(一) 插入镜头

插入镜头指用来代替部分主镜头而相接的镜头,它能较为细致地表现主镜头所处场景中的一部分,或展现细节,或放大局部,或强调某个焦点,或喻示某个动作趋向。根据插入镜头与事件的关联,通常用于以下一些场合。

1. 吸引注意,推进剧情

用插入镜头强调场景中的主要动作或事物,使人集中注意某一物件或某个细部动作,并推动剧情发展。世界上最早使用插入镜头的是格里菲斯在《一个国家的诞生》中的"林肯总统被刺"段落,刺客在总统包厢外手握手枪,在进入包厢前扣了一下扳机,这个动作是以特写拍摄的,刺客做完这个动作后才进入包厢(见图5-6)。刺客站在包厢门外窥探、扣扳机,然后开门进入,一连串的动作原本可以在单一的镜头中完成,但这个连贯动作被一个插入的特写镜头暂时分割开了,为的是强调刺客手中的枪、扣扳机的动作以及它所带来的威胁感,从而引导观众去感受戏剧重点。

图5-6 《一个国家的诞生》片段:用插入镜头突出注意对象

电视剧《北平无战事》第一集中,国民党空军勾结北平民食调配委员会走私案中的涉案人员"老鹰"驾机逃跑,在方孟敖的指挥下成功脱险降落,却在落地后遭到暗杀。影片在"老鹰"的近景中加入了一个机枪的特写镜头用以铺垫剧情,吸引了观众的注意,推进了情节的发展(见图5-7)。

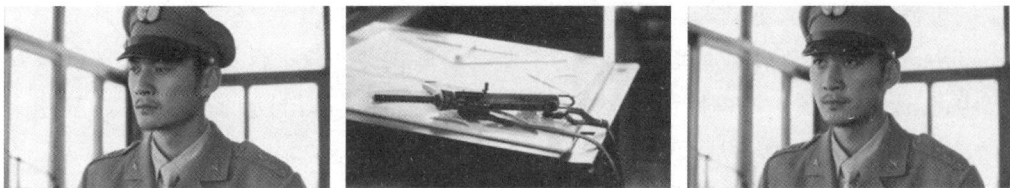

图5-7 《北平无战事》片段:插入镜头引起注意,推进剧情

2. 压缩时间,省略过程

在镜头与镜头之间的关系中,时空是省略的或跳跃的、延时的。一个冗长的动作可能会由于一个插入镜头的运用而大大缩短屏幕表现时间,省略重复的动

作和漫长的等待。使用插入镜头的目的之一是掩盖作者对时间的省略。姑且不论插入镜头的运用使场面延续了多少年还是多少分钟，但它所能产生的压缩功能无疑为我们提供了一种剪接的方法。例如，在美食节目中，许多菜并不是短时间内能完成的，有时编辑会在其间插入栏目广告，但有时也可以用插入镜头将烧菜的过程简化，先用全景交代厨师向锅内倒入需要炒制的菜，插入一个锅的特写，再回到全景，厨师打开锅盖，盛出一道美味的菜肴。

3. 突出事物，制造悬念

一个细小的事物处于纷繁的整体之中时很难引起观众的注意，如果加以突出，使被描述的对象区别于一般事物，引导观众的注意力集中于一个动作、某一物体或一个有意义的面部表情上，便构成插入镜头的又一重要用途——成为制造悬念的因素。在影片《狄仁杰之神都龙王》中，睿姬在龙王庙被匪徒抢劫，狄仁杰赶去营救，在双方打斗过程中，编辑两次插入了水中的镜头。这两次插入镜头制造了悬念，也最终引出了影片的又一个关键人物，即被东岛人用蛊术控制的元稹，推动了整个影片的情节发展（见图5-8）。

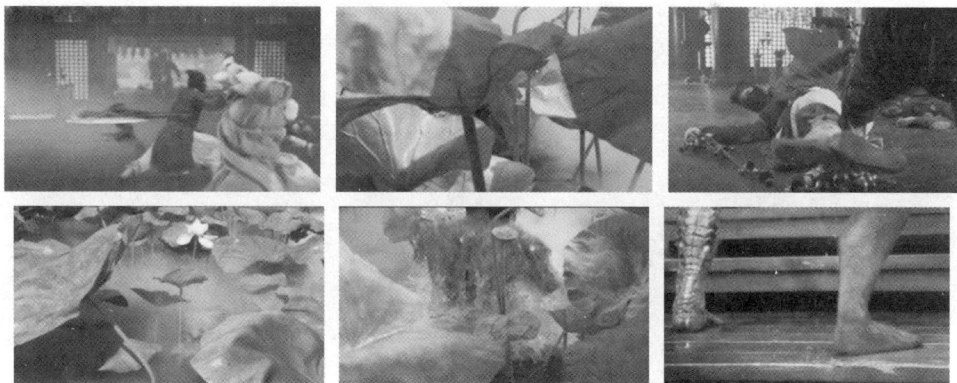

图5-8　电影《狄仁杰之神都龙王》片段：插入镜头制造悬念，推动情节发展

4. 转移注意，连贯组接

在一些人物位置不匹配、视线不匹配或动作跳跃、动作重复的场合，插入镜头可以分散观众的注意力，掩饰视觉上的某些失误。

(二) 切出镜头

切出镜头又称旁跳镜头，是指从主场景切至与主要场景中的动作无直接关联性的镜头,它可以作为转场、伏笔、暗示或隐喻等工具。它描述的是与主场景同时在别处发生的次要动作,它们之间存在着某种间接联系,是整个动作或过程叙述的必要补充。在实际剪辑过程中,切出镜头可以运用在以下一些场合。

1. 展示对事件的反应

观众在观看电视时常常会产生与片中人物切出镜头的反应相同的感受,因此,这也被剪辑人员用作营造屏幕内外的交流情状,引导观众作出预期反应,并自觉接受影视片创作者主观意图的有效方法。

影视中常有这样的场面,汽车在大街上不幸撞人后并不直接交代撞人的现场,而是运用一些切出镜头,如周围群众的惊恐表情,既真实地介绍这些人的直接反应,也能激发观众对事件的共同关注。在电视剧《大河儿女》的第一集中,当贺焰生向众人宣布自家的钧瓷窑烧出了龙凤盘之后,镜头依次切换给剧中的几个主要人物,展示他们对这件事的反应,其中有惊奇也有无奈(见图5-9)。

图5-9　电视剧《大河儿女》片段:用切出镜头表示对事件的反应

2. 丰富对事件的叙述

事件剪接中运用一个相关场景外的人物、物体和动作的镜头,利用其自身的特征和信息含量,可以丰富对事件本身的叙述。在电视剧《红高粱》中,戴九莲的嫂子为了保住自己在家中的位置,在戴九莲生产大出血后没有进行救助。大病初愈的戴九莲得知这一情况后,极度失望和悲伤。这时编辑用切出镜头展现了她嫁入单家以来姑娌二人和谐相处的画面,表现了戴九莲内心的悲痛。

3. 显示对事件的注释

以切出镜头的方式接入一些与事件有关或无关的动作,可以丰富视觉传达,提升审美情趣,并对行为动作作出相应的注解。当母亲关切地注视婴儿时,插入母猴照顾幼猴的镜头;运动员竞走时插入企鹅蹒跚学步的画面。这些镜头虽然没有明确的引申义,却能增强情节的趣味性。而在影片《英雄》中无名与长空棋亭一战,剪辑人员多次在激烈的对斗画面中转入背景性画面(见图5-10),这些滴水的镜头似乎传达了一种意境,衬托出动作的激烈性。

图5-10 《英雄》片段:用切出镜头显示对事件的注释

还有一种注释的方法就是在采访同期声中常常插入的,以展示同期声介绍的相关内容。当某阅卷教师谈到今年高考语文阅卷情况时,画面出现阅卷现场或高考考场,很好地补充了同期声的视觉缺失,进行告白式的注解。

4. 替代对事件的描述

影视的时空有再现和表现两大类,在具体制作中,并不是所有的戏剧性场景都需要真实再现,很多惊险、危险动作都可以利用切出镜头加以替代。电影《一代宗师》中马三的师傅宫羽田废其功夫时,剪辑人员用冰柱破碎的画面代替了马三倒地的画面。切出场景中的反应镜头既是转移注意力的方法,也省略了不必要或无法再现的动作,使事件的发展继续推进。

5. 省略对事件的表现

与插入镜头一样,在事件表现镜头与镜头之间运用切出镜头也可以省略事件。一方面,很少有影片是照搬生活中的事件;另一方面,切出镜头可以带领观众暂时离开事件空间,之后再回到事件空间时,观众无法判断空间省略的多少,也无法鉴别时间流逝的多寡。例如,运动会开幕式上,少儿舞蹈表演完毕,切出镜头中是天空中飞翔的和平鸽,而镜头接回来时,孩子们已经在教室里高声朗读。这个和平鸽的镜头代替了儿童从运动场到教室的时间,切出镜头保证了时空的连贯性,不会影响观众的理解。

二、分剪插接的应用

在电影电视作品的拍摄过程中难免会出现一些失误,而且导演在分镜头时也不可能保证万无一失。另外,受到现场各种情况影响,素材拍摄少也会导致剪辑时的选择余地不大,有时会给后期制作带来一些不利因素。遇到这种情况时,剪辑可以运用分剪手段弥补拍摄的不足和失误,通过这样的组接更能增强艺术表现力和感染力。有时创造性地运用这些技术,可以制造出特殊的艺术效果。诚如林格伦所言,"有时候他发现某些镜头或者重新安排一下某些镜头的前后顺序会使全片生色不少","他能够赋予它某种统一性、某种节奏、某种戏剧力量"[①]。

分剪是指将一个内容连续或意义完整的镜头分成两个或两个以上的镜头使用,其屏幕效果不再是一个镜头,而是多个镜头合力的作用。库里肖夫也曾经指出:"需要拍摄的镜头数量,并不总是和蒙太奇镜头的数量相同,因为一个拍摄的镜头在剪接时可能再分成两个以上的蒙太奇镜头。"[②]插接则是指将分剪的镜头按照一定的意义逻辑连缀在一起,形成新的镜头序列。

(一) 分剪插接的作用

分剪插接最初是用来修正技术失误的,随着人们对镜头的认识和新的结构化构成的理解,分剪插接逐渐成为一种技术化手段和艺术化方法。

分剪与插接是结合在一起的,分剪是技术手段,插接是艺术目的;分剪是对镜头内涵的多元化认识,插接是对段落系统的创造性组织;分剪以插接为指导,插接以分剪为基础。

1. 拓展时空

原本连贯的时空因分剪而重新组织,并融入事件空间之外的丰富信息,极大地拓展了影视现实时空的方向和范围。不论是时间线的纵轴,还是空间线的横轴,都在发生积极的变化,并由于插接而构成新的意义时空概念。《我把芳华献给你》是关于电影《芳华》拍摄过程的纪录片,编辑在开头首先运用了一段冯小刚

① [英]欧纳斯特·林格伦:《论电影艺术》,何力、李庄藩译,中国电影出版社 1979 年版,第 11 页。
② [苏]库里肖夫:《电影导演基础》,志刚译,中国电影出版社 1983 年版,第 277 页。

导演的同期声,"这,怎么说,这就是他们的一个成长的经历吧……其实话都在镜头里了,你要愣说,其实很简单,就是我们的青春,没有什么可以再说的了"。接下来,直接接入《芳华》最主要的场景——文工团搭建的过程(见图5-11),既形象化地用镜头展现了导演及原小说作者严歌苓记忆中的文工团的形象,又大大地拓展了时间,将观众带回到那个"人生最绚丽、最辉煌的一段时间"中去。这一段落在正式进入记录《芳华》拍摄全过程前,作了一个提纲挈领式的提示。最后一个镜头中,徐徐拉开的舞台幕布正预示着影片将为观众呈现与导演和原著作者等有相似经历的一群年轻人的美好芳华。

图5-11 纪录片《我把芳华献给你》片段:分剪插接拓展时间

2. 营造气氛

分剪和插接使原先的意义段落获得了新的情绪气氛,时空的交错和镜头转换的节奏都一一重新呈现出来,既有呼应,又有对位,利用分剪开的镜头与插入或切出的镜头共同营造出某种沸腾激昂的情绪和氛围。影片《国王的演讲》(*The King's Speech*,2010)讲述的是英国国王乔治五世逝世后,患严重口吃的艾伯特王子继承了王位。他第一次面对大众进行广播演讲时,由于紧张,加剧了口吃的程度。在他开口说话前,镜头在国王和各方反应之间不断进行切换,这里国王的表现是分剪的对象,而插入的其他镜头,如闪烁的指示灯、观众的反应、转播局的场景,都为这次演讲烘托了一种紧张的气氛,吸引着观众(见图5-12)。

3. 刻画心理

通过镜头的分剪和插接还可以深层传达影视作品内涵,揭示人物的内心活动。影片《赤壁》(下)中,当周瑜实现诺言除掉曹操的水师将军,诸葛亮也通过草船借箭凑齐了战事所需的两万支箭后,剪辑人员将二人相视微笑的固定镜头进行了切换,刻画了二人胸有成竹、志同道合的心理。两个固定镜头被分解,形成了一个呼应的组合。

图 5-12 《国王的演讲》片段：分剪插接营造气氛

(二) 分剪插接的模式

分剪插接的基础是分剪,根据分剪在剪辑中分割和插接的结构,分剪插接可以概括为以下三种模式。

1. 一剪多用式

在剪辑中,常可以重复使用一个镜头,时而形成主线的贯穿,时而成为情绪的凝聚,时而引起观众的重视,时而又演化为一种激越的气氛。电视连续剧《大河儿女》第三十四集中,贺焰生得知自己的小儿子贺晨与柴殿金的女儿柴婉芬已经结婚,并跟随柴殿金做了许多不该做的事情后,希望他能跟自己回到风铃寨,但是贺晨不情愿。在父子俩的谈话片段中,短镜头重复对列,既表现了父亲的爱恨交加,又表现了儿子的痛苦和不甘的矛盾心理(见图5-13)。在这里,贺焰生和贺晨的画面都是重复剪辑使用的。

图5-13 《大河儿女》片段:分剪插接营造气氛

2. 运动镜头式

相比于固定镜头,运动镜头一般在屏幕上呈现的时间较长,展示的信息容量也比较丰富,特别是移动镜头或摇镜头等连贯式的画面,可以将它们的视域范围释放在更广阔的对象之上,造成巡视或游历的效果。

专题片《超越》中有一个时间较长的移动镜头,对其进行分割,插入真实或想象的画面,既拓展了观众的思维空间,又实现了借景抒情(见表5-2)。

表5-2 《超越》片段:运动镜头式分剪插接

画 面		解 说
	校园大道移动镜头的开始片段	今天,当我们徜徉于校园浓郁的现代化气息之中,沉浸在一片翰墨芳香和青春热情中的时候,谁能想象当年创业的艰辛?
	步行在校园里的学生迎面走来,叠印在移动镜头上	

画　　面		解　说
	移动镜头的过程	
	校园里学生大合唱,叠印在移动镜头上	
	移动镜头的过程	放置这些先进服务器的地方,也许当年只是一个水塘,一丛芦苇,同学们晨练的漂亮跑道,也许正是当年牛群出没的地方。
	建设者在工地视察,叠印在移动镜头上	
	移动镜头的过程	
	机房学生在上机,叠印在移动镜头上	

画　面	解　说
	移动镜头的过程
	学生在操场上跑步,叠印在移动镜头上
	移动镜头的结尾片段

关于校园大道的移动镜头犹如带领观众参观校园的引领者,人们仿佛看到了校园中朝气蓬勃的莘莘学子,看到了丰富多彩的学生活动,看到了艰辛的创业者,看到了发生在校园中平凡而真实的事件,一种强烈的参与感油然而生。

3. 闪回式

在影视剧的高潮或结尾处常常会设置一定的段落用以回顾情节的主体,展示主人公的命运遭遇,分剪插接式的闪回成为将观众的思绪带入先前遭遇或生活经历之中的优化手段。而在闪回时,除运用一些特技效果外,主观镜头是最常见的组接方法。因为主观镜头的视线是开放的,在剪辑中可以模拟剧中人将他的所见所闻、所思所想——展示给观众,满足思绪的延伸。

这种方式在实际剪辑中是将交代主观镜头的客观视点画面重复使用,造成一种思绪的连贯。在电视剧《毛泽东》的最后一集中,毛主席在天安门城楼上宣布中华人民共和国成立,举国欢呼。此时,剪辑人员运用闪回的方式,回顾了革命的艰难历程,这里毛泽东望向天安门广场的动作是分剪的对象,插接了革命战士的浴血奋战、仁人志士的奋勇向前,以及全国人民的激情澎湃,在毛泽东说出的人民英雄纪念碑碑文独白词中,对全剧的精神作了概括,引发了观众内心的强烈共鸣,歌颂了革命伟人的一生(见图5-14)。

图5-14 《毛泽东》片段:闪回式分剪插接

推荐阅读

1. [英]罗伊·汤普森、[美]克里斯托弗·J. 鲍恩:《镜头的语法》(插图修订第2版),李蕊译,北京联合出版公司2017年版。

2. [美]斯蒂芬·普林斯:《电影的秘密:形式与意义》(插图第6版),王彤译,文化发展出版社2018年版。

3. [美]肯·丹西格:《导演思维》(修订版),吉晓倩译,文化发展出版社2019年版。

4. 周登富、敖日力格:《电影色彩》,中国电影出版社2015年版。

观摩影片

1.《红河谷》(中国,1996)

2.《角斗士》(*Gladiator*,美国,2000)

3.《国王的演讲》(*The King's Speech*,英国/澳大利亚,2010)

4.《敦刻尔克》(*Dunkirk*,英国/法国/美国/荷兰,2018)

思考题

1. 试比较动作剪接点、情绪剪接点和节奏剪接点选择的异同。

2. 影响镜头叙述长度的因素有哪些?

3. 运动镜头的组接有哪些方式? 有何注意事项?

4. 什么是分剪插接? 它能产生什么样的编辑效果? 常用的分剪插接模式有哪些?

第六章

电视声音剪辑

自从有声电影诞生以来,声音已经成为视听媒介的基本要素,作为整合电影和广播的媒介形式,电视的声音语言系统从一开始即已相当完备。"它们在一部影片中的结合大大增强了它们各自的感染力,从而能够在互相丰富充实的过程中以前所未有的新角度揭示出描写的对象。"①声音与画面相辅相成,相互支撑,相互补充。正如德国早期电影理论家爱因汉姆所说:"声音产生了一个实际空间的幻觉,而画面实际上没有这个深度。"②

在一部好的电视作品中,声音和画面是不可分割的,它们是视听艺术的两条腿、两个面、两个组成部分,缺一不可,它们各有所长,各有侧重,各自发挥表现其特性。它们有时同步、对应,声音是有声源在画面中出现的,有时又交叉或补充,但更多的时候则是声音和画面各有其空间,须协调配合而完成叙述。现代电视与视频节目几乎离不开声音,有时要展现"此时无声胜有声",更多的时候强调的则是声画不分家。与画面组接的基本要求一样,不同的声音配合画面的更迭替换和自身的交叉离合,既要连贯、顺畅,更要与画面构成一个协调的有机整体,相互吸引,相互结合,取长补短,产生交相辉映、错落有致的艺术效果。

第一节　声画蒙太奇

电视从一开始就以视听两种手段发挥其媒介功能,画面与声音的有机配合

---

① [苏]B. 日丹:《影片的美学》,于培才译,中国电影出版社 1992 年版,第 78 页。
② [德]鲁道夫·爱因汉姆:《电影作为艺术》,杨跃译,中国电影出版社 1981 年版,第 127 页。

造就了电视的特殊品格,它们既相辅相成、相互支撑,又相互分离、相互并行,给观众以完美的视听感受。在充分肯定画面语言是电视艺术本体语言的基础上,还须重视声音语言在电视艺术创作中的重要作用。

在电视编辑过程中,声音的综合处理已经成为一项重要且必不可少的内容。声音与画面配合如何,声音如何丰富画面的空间感和想象力,如何体现画面的寓意和思想,如何进一步补充和升华画面内容,如何突出渲染和烘托画面气氛,如何抒发画面表达的情感等,这些都是电视编辑后期创作过程中需要考虑和处理的现实问题。

一、声音元素

声音作用于人的听觉,是影视艺术整体中相对独立又与画面紧密结合的综合性元素。声音与画面在一部影片中的结合不仅使它们各自的感染力有所增强,还能使整部影片丰富、充实,并且能够以新颖的角度展现被描写的对象。声音在反映社会生活时所形成的综合听觉形象构成了屏幕上的声音形象,声音形象既有具体的可感性,又有抽象的概括性。

影视作品中的声音元素包括语言、音乐、音响三大类。

(一) 语言

语言是屏幕上的人物在表达思想和情感时所必需的声音之一,同时也是影视作品反映社会生活的重要手段之一。语言除了表达逻辑思维,传递各种信息的功能外,也具有情绪、性格、气质等形象方面的丰富表现力。影视作品中的语言具有以下四种主要的表现形态。

1. 对白

屏幕上两个或两个以上人物之间的对话称为对白,它是影视语言的主要表现形式。对白是推动剧情发展,塑造人物性格,论证事理和交代说明的重要手段。在刻画人物时,人物对白不仅可以用于表现人物性格,激发外部形体动作,也能展示人物性格成长的历史,以及人物复杂的心态。因此,影视工作者要反复选择、推敲、锤炼人物的语言,为人物找到最适合的、最生动的、最精彩的,也是独一无二的人物对白。

2. 独白

独白是指人物独自表述或表现自己内心活动的人声,也是人物在屏幕画面中对内心活动的自我表述形态。独白通常有两种形式:一种是以自我为交流对象的独白,即所谓的自言自语,这种语言通常是人物内心情感处于矛盾冲突下的产物;另一种是有其他交流对象的大段述说,如演讲、答辩等。

内心独白传达的并不是外部世界的所见、所听,而是人物对外部事件的一种心理体验的补充。独白被认为是解说词的另一种形式。电视连续剧《北京女子图鉴》的最后一集中,陈可依站在街头回忆自己的过往,发出了"现在的我,一无所有。没有存款、没有工作、没有房产。当初削尖脑袋挣来的一切,都化为乌有了。我的生活好像回到了原点,但似乎我却什么都拥有了。北京啊,真是一个拥有无限可能的城市"的感叹。这样的独白也道出了同样离乡背井、在北京打拼的"北漂"们的心声。

因此,影视作品创作者在运用独白时,应深入体悟人物产生独白时的心理状态,把握好作品中出现独白的心理契机和情绪脉络。

3. 旁白

旁白是一种以画外音形式出现的人声,通常表现为第一人称的自述或第三人称的议论与评说,它可以代表剧中人物或剧作者进行叙述和评点。一些省略表达的内容可用旁白加以说明,弥补篇幅上的不足,展示和交代事件发展的多侧面,增加信息传播容量。如在电视连续剧《欢乐颂》中,女主角们一一出场时,制作者用旁白的形式交代了各主角的身世、性格和行事作风等内容。

4. 解说

解说是从客观叙述者的角度直接用语言来交代、说明、介绍或评论的一种画外音表达方式,它是"非事件空间的创作者对事件空间所发生的事件的评价或解释"[1]。解说可以节省不必要的画面语言,并且可以丰富、引申画面的表现力,还可增强电视片的文学性与纪实性。解说直接的交流对象是观众,在专题片、纪录片中运用广泛。

独白和旁白在早期的纪录片创作中曾占有重要地位,它是受电影意识影响的产物。随着影视意识的确立,在纪实类节目中典型的电影式独白和旁白已不多见,前者已划入同期声范畴,后者则借鉴和融入解说词的创作手法之中。

---

[1] 周传基:《电影·电视·广播中的声音》,中国电影出版社1991年版,第155页。

（二）音乐

音乐是一种擅长于抒情、具有丰富表现力的艺术形式，它是一种时间艺术。在电视片中，音乐可分为两大类：一类是音乐节目，即整体的音乐作品，在这里，音乐以画面内声源出现，如MTV等追求音乐自身的旋律美和节奏美的节目形态；另一类是节目音乐，在节目中音乐以画外音出现，借助音乐形象来表述节目内容、深化主题思想、烘托环境气氛、抒发人物情感、推动情节发展，使节目内容更加生动感人，引人入胜。

根据音乐在电视片中的作用，可分为主题性音乐、背景音乐、环境音乐、生活音乐、抒情性音乐、描绘性音乐、说明性音乐等，音乐是电视艺术的有机组成部分。

（三）音响

音响也称效果声，是指除语言声和音乐以外影视片中的所有声音。在实际运用中常见的有以下六种。

第一种，自然音响，即自然界中非人的行为动作而发出的声音，如山崩海啸、风雨雷电、虎啸狼嚎等。

第二种，动作音响，即由人物或动物的动作所产生的音响，如人的脚步声、开关门声、打斗声、叫骂声、动物奔跑声等。

第三种，背景音响，也称群众杂声，如集市上的叫卖声、集会或运动场上的喊叫声、战场上的冲杀声等。影片《邪不压正》中，在营造老北京的环境时，声音制作者利用早期声音资料和后期配音，还原了老北京的传统吆喝声，再加上自行车、鸽哨等丰富的声音信息，还原了北京往日的喧嚣。

第四种，机械音响，即因机械设备运转而发出的声响，如汽车、轮船、飞机的行驶声，工厂、矿山机器的轰鸣声，电话铃声、钟表的滴答声等。

第五种，枪炮音响，指各种武器弹药发出的声音，如枪炮声、炸弹爆炸声、子弹飞行呼啸声等。

第六种，特殊音响，又称效果音响，指人为制造的非自然音响或对自然声进行变形处理后的音响，是自然音响的补充。一般而言，使用特殊音响可以弥补自然音响的缺失或取得与自然音响同样逼真的效果。

音响声音的运用十分广泛，往往能为作品或节目增加视听效果。例如，在电视连续剧《历史转折中的邓小平》第十六集一开始,画面从干净的天空慢慢摇移到一间房子里,一群人围坐在一起听广播,准备开会。这一段的音响就是从大街上嘈杂的人声、自行车铃铛声和室外广播的呼喊声慢慢过渡到室内收音机传来的铿锵有力的女播音员的声音:"实践是检验真理的唯一标准。"分集开头利用环境的声音烘托了气氛,也交代了这次会议的时代背景。

再如,电影《星际穿越》中有大量的镜头是拍摄太空的。其中一组画面是一个宇航员的飞船在对接时爆炸,画面中充分考虑到了太空中真空不能传播声音的特点,在爆炸发生后,荧幕上是爆炸的画面,却没有一点声音。在寂静了几秒之后,男女主角佩戴的无线电中传来了爆炸的声音。这种对环境声音的真实再现,给人以身临其境的感觉,也让观众在安静之后感受到了更为震撼的效果。

画外音是声音的画外运用,是声音作为独立艺术元素的突出表现。声音同它的发声体分离,不受画面的牵制,有可能发挥声音的优势,充分显示其叙事、抒情、议论、评价、揭示的功能。画外音的主要美学特征在于它能突破镜头的限制,把电影、电视艺术的表现空间扩展到镜头和画面之外,增加画面张力和信息容量。在声音元素中,只要声音与发声体脱离,每个成分都可能成为画外音。

二、声画蒙太奇

画面和声音在影视中的地位几乎是对等的,正如爱森斯坦、普多夫金、亚历山大洛夫在《有声电影的未来》宣言中所声明的:"与声音的巨大意义比较起来,彩色电影和立体电影是微不足道的。""只有将声音同蒙太奇的视觉片段加以对位使用,才能为蒙太奇的发展和改进提供新的可能。""作为新的蒙太奇成分(作为同视觉形象组合在一起的一个独立成分)来加以处理的声音,必将会带来一些具有巨大力量的新手段,帮助我们表达和解决那一些极其复杂的任务,以前我们一直苦于找不到克服这些任务的方法,因为电影的方法不完善,它只能利用视觉形象。""用对位方式来结构有声影片,不仅不会削弱电影的国际性,并且还会使它的作用变得空前强大,使它达到高度的文化水平。"①

---

① [苏]爱森斯坦等:《有声电影的未来》,俞虹译,载中国艺术研究院外国文艺研究所,《世界艺术与美学》编辑部编:《世界艺术与美学》(第一辑),文化艺术出版社1983年版,第83—85页。

就声画表现手段而言,蒙太奇可以分为画面蒙太奇、声画蒙太奇和声音蒙太奇。画面是视觉的艺术,声音是听觉的艺术,两者通过一定的时间延续来展示各自的魅力。声音与画面以不同的形式结合在一起,它们的组合关系称为声画蒙太奇,音乐、音响、语言与画面构成独特的思维表现形式。声画蒙太奇一般分为声画合一和声画对位两种形式。

(一) 声画合一

声画合一也称声画同步或声画统一,声音与画面中的发声体同时呈现又同时消失。也就是说,画面中的视像和它发出的声音(包括解说或画外音)是一致的、吻合的。对音乐而言,它表现为音乐与画面紧密结合,音乐情绪与画面情绪基本一致,音乐节奏与画面节奏完全吻合。

电影诞生初期以"伟大的哑巴"著称于世,1927 年好莱坞生产了第一部有声电影《爵士歌王》,声音元素第一次进入电影,成为银幕形象创造的新手段。在初期的有声电影中,声音只是画面的对等解释物,追求声音与画面百分之百的机械统一,声音与发声体完全一致的写真。"声音在电影中的出现是一个历史的必然,因为它是出现在电影手段将由此而得到进一步发展的时刻。由于情节正在变得规模愈来愈大,内容愈来愈复杂,只有语言才能把无声片从愈来愈多的累赘的字幕和为说明情节纠葛而必不可少的解释性画面中解救出来。"[1]声音的巨大能量正在逐渐挥洒,与画面的优化组合也越来越被观众认可。

在纪实性电视节目创作中,同期声具有重要的作用,那些在拍摄人物讲话的现场同时录制的讲话声和背景声是一种声画合一的形态,声音代表了完整的现实真实,是电视纪实美学特征的重要体现。

(二) 声画对位

由于技术条件的限制,有声片初期基本采用同期录音,镜头画面相对单调、呆板,几乎退回到复制舞台剧的情形,有时视觉元素也迁就声音元素的录制和处理,电影艺术的视听表现力受到限制。

随着影视艺术的发展,逐渐产生了声音与画面对位的创作方法,构成了丰富

---

[1] 〔德〕齐格弗里德·克拉考尔:《电影的本性——物质现实的复原》,邵牧君译,中国电影出版社 1982 年版,第 130 页。

的声画蒙太奇。"音响同画面'交响乐式对位','只有将音响作为一段蒙太奇的对位去使用,音响才能使我们有可能去发展并改进蒙太奇'。在音响方面进行的初步试验必须遵循'音画对位'的方向去进行。"①爱森斯坦等反对有声片初期机械的"声画合一",他们强调,"在处理声音方面的最初一些实验工作,必须在声音同视觉形象截然不相吻合的方向上进行。只有这种'冲击'才会提供必要的感觉,这种感觉嗣后将引导我们创造出视觉形象和声音形象的新的合奏的对位法"②。"声画对位",即强调声音的相对独立性,声画各自表现不同的内容,在此基础上有机结合,来达到声画的和谐统一。声画对位的意义在于声音和画面摆脱了相互的制约,获得了相对的独立和自由,同时,在新的基础上求得和谐统一。

"对位"原系音乐术语,指音乐作品中若干个相对独立的旋律声部结合为和谐整体。声画对位也称声画分离,也就是声画不同步、不合一,它是指从特定的创作目的出发,在同一时间让声音与画面表现不同侧面,两者形成对位的关系,以期更深刻地表达影视片的内容和主题思想。

声画对位又分为声画并行和声画对立。

1. 声画并行

声画并行是指声音不是具体地追随或解释画面内容,也不与画面处于对立状态,而是以自身独特的表现方式从整体上揭示影视片的思想内容和人物的情绪状态,在听觉上为观众提供更多的联想和潜台词,从而扩大影视片在单位时间的内容含量。

除声画合一以外,声画并行也是最常用的方式。不过,实际剪辑中选择声画并行时,既要考虑客观条件与情境,也要考虑如何取得更好的传播效果。《爱乐之城》使用了声画并行的方式表现女主角米娅参加派对时的落寞与不安。画面中是派对的欢快场景,该段落未使用原声,而是使用了一首欢快的乐曲,声音和画面共同表现了派对的欢乐气氛,同时反衬出了女主角的落寞。

2. 声画对立

声画对立是指声音与画面之间在情绪、气氛、节奏以至内容等各方面相互对立,使声音具有寓意性(或暗示性),从而深化影视片的主题思想。在这里,声音

---

① [法]马赛尔·马尔丹:《电影语言》,何振淦译,中国电影出版社1980年版,第96页。
② [苏]爱森斯坦等:《有声电影的未来》,俞虹译,载中国艺术研究院外国文艺研究所、《世界艺术与美学》编辑部编:《世界艺术与美学》(第一辑),文化艺术出版社1983年版,第84页。

并不是一般图解式地去表现画面气氛,而是通过画面表现的内容甚至是从画面内容的相反方面去诱导观众深刻地观察,说明内容,从而达到声画的对立统一,即所谓的"相反相成"。声画对立是以对立统一的辩证美学为理念根据的,因为"把各种能造成对比的声音加以并列,剪接在一起,其效果要比可见形象的对比更为强烈。只要把呜咽声和大笑声、呻吟声和舞曲声等交叉地剪接在一起,就能够造成千百种富有表现力的效果"[①]。

在声画对立结构中,"画面是事件的一种客观视像,音乐则表现了对这种客观视像的主观欣赏"[②]。通过影像与声音的主客观融合,凸显深刻的内在意蕴。在1971年上映的经典美国电影《发条橙》(*A Clockwork Orange*,1971)中,导演十分出色地运用了声画对立。片中一组画面中,主角艾利克斯殴打了一位作家,并在其面前玷污了他的夫人。在这样的暴力场面中,艾利克斯口中一直唱着一首非常柔和的歌曲——歌舞片《雨中曲》(*Singin' in the Rain*,1952)的同名主题曲《雨中曲》(*Singing in the Rain*),同时他跳着踢踏舞,有节奏地踢打受害者。优雅的音乐与暴力画面形成了十分鲜明、强烈的对比。

再如,《话说长江》在表现长江源头天气非常寒冷、滴水成冰时,解说没有写冷,却转而写热:"在长江的另一端,南京、上海的人们都热得恨不得脱去衣服,跳进长江里去游泳。"鲜明的对比使人对长江源的寒冷印象深刻,也通过上下游气温的巨大反差让人对长江的浩渺有了更深刻的体会。

在现代影视创作中,声画对位与声画合一是声画关系的两种处理方法。视觉与听觉的配合增强了艺术感染力和真实感,画面剪辑的自由获得解放,有声电影也势不可挡地步入历史舞台。当代技术手段的丰富更使影视作品中的声音元素获得了极大的创作自由和无限可能性。这种声音与画面、听觉与视觉的统一或对位处理能给观众带来更丰富的信息和心理体验。

三、声音蒙太奇

声音蒙太奇是指对声音的创作、选择和组接,主要通过语言、音乐、音响三条线的起伏错落来表现,三条线连贯、交替、补充,共同形成节奏。正如画面蒙太奇

---

① ［匈］贝拉·巴拉兹:《电影美学》,何力译,中国电影出版社2003年版,第229页。
② 转引自张凤铸:《电视声画艺术》,北京广播学院出版社1997年版,第466页。

一样,声音的对列组接可以产生含义,声音的不同组接顺序也可以表达不同的内涵,以下面三组以声音为主的镜头为例:

① 会议室内鸦雀无声
② 一人在演讲
③ 会议室内嘈杂

如果按照①②③的顺序组合,则可以说明这是一场并不受欢迎的演讲;相反,如果按③②①的顺序排列,则说明演讲内容很精彩,比较吸引人。可见,不同的镜头组接可以产生不同意义,同时声音的组接顺序也能产生不同的情境和气氛,这是在实际剪辑中不容忽视的。

(一) 声音的互相补充

当一种声音的表现力或感染力逐渐减弱时,可考虑转换或增加另一种声音,并同前一种声音结合起来以补充前一种声音力量的不足,共同说明一定的问题。

在影片《江湖儿女》中,巧巧为救斌哥鸣枪警告,在短暂的静默后,鼓声响起。此处象征权力的枪声和象征时代变化的鼓声相结合,表现了巧巧的坚韧,也代表了她无知的青春时代的终结。该段落一方面使用声音转场,另一方面也用两种声音的叠加来加强情绪并提示了剧情。

(二) 声音的互相转换

在某些场合,当声音不能增强画面的表现力,甚至限制了画面的艺术表现时,往往可以用另外一种格调的声音来替换,从而产生新的魅力。例如,一个工地劳动的效果声逐渐转换为轻快的劳动号子的音乐旋律,这可以贯穿整个劳动场面,使节奏显得流畅、欢快。

影片《流浪地球》开头,先是海浪声,紧接着是父子两人的对话,然后是世界各国电视台播报"流浪地球"计划的新闻。从音响效果到对白,再到播报语言,各种声音交替转换,与画面场景的切换相匹配,不断推进剧情的发展,营造出扣人心弦的紧张节奏。播报的最后,不同语种的人层叠说出"再见,太阳系……",更衬托出人类即将告别家园的伤感,为后续的情节走向奠定了基调。

（三）声音的互相对列

声音的互相对列常用于表现环境气氛与人物的内心情绪不一致的场合，这种方式常在电视剧出现，在专题节目中很少采用。故事片《烈火中永生》的开头有一段重庆闹市区的镜头组合：乞丐伏在地上拾烟头，许多穿皮鞋、高跟鞋、单靴的人的脚走过他身边，贵族们走向舞厅，同时伴有报童"……卖报！卖报！《新民晚报》……看杜鲁门总统发表演说的消息……"的叫卖声。除了这种现场声外，画面还运用了表现处于闹市区的爵士乐声，构成双重声音空间。画面本身已有对比意义，再加上爵士乐和现场声的对列，既突出了贵族纸醉金迷、醉生梦死的腐朽生活，又展现了乞丐、报童等穷苦百姓水深火热的生活，将二者生活状态进行对比，喻示了黑暗、腐朽的罪恶统治即将在中国人民解放战争的节节胜利中被彻底粉碎，使控诉力量更加强烈，奠定了影片的基调。

声音与画面的组合使影视作品的表现力锦上添花，而声音与声音的组合同样也使听觉表意系统发挥了令人欣喜的力量。

在影片《红河谷》的高潮段落，头人的女儿丹珠被英军俘虏时，她毅然挺立，视死如归，面对苍茫的天地，用嘶哑的声音唱起苍凉而美妙的歌谣，抒发了对族人的爱，展示了不屈的民族精神，可谓荡气回肠，让观众领略了声画蒙太奇和声音蒙太奇的魅力（见表6-1）。

表6-1　《红河谷》片段：声画蒙太奇解析

无声	渐渐出现丹珠嘶哑的歌声 【声音的出现打破了平静，以导前方式出现，属声画并行】	丹珠歌声 【声画合一】

丹珠歌声 【声画合一】	丹珠歌声渐变为群声合唱 【声音实现转换】	群声合唱 【声画合一】
群声合唱	群声合唱	群声合唱
群声合唱 【声画合一】	群声合唱,音乐渐起 【声音开始对列】	群声合唱、音乐 【声音对列,音乐的导入增强了声音对画面的刻画,使人物犹如雕塑一般得以展现出来】
群声合唱、音乐 【声音对列】	音乐掩盖了合唱声 【声音从写实音转到写意音,实现转换】	音乐 【声画并行,用音乐强化画面的情绪】

音乐 【尽管依旧在歌唱,但同期声被音乐掩盖了,达到了"此时无声胜有声"的效果。这里的"声"指"歌声",下同】	音乐 【音乐的出现与画面造型设计是一致的,其中对人物的拍摄皆采用仰摄角度,即有歌颂之意】	音乐 【声画并行】
音乐	音乐	音乐
音乐	音乐,渐弱	无声 【此时无声胜有声】
无声	音效、呼啸声	呼啸声 【牦牛的出现本身是一个意象符号,具有隐喻力,而声音则逐渐营造出一种混响空间】

呼啸声 【在接下来的段落中,声音以音响声为主,营造出紧张、激烈的气氛,下同】	牦牛吼叫声、音效 【牦牛的行为隐喻了民族不屈的抗争精神,声音同样也具有象征意义】	牦牛吼叫声、音效 【音响既有声画合一的真实写照,也有加入部分声画并行的效果声】
枪声 【画面的平行剪辑,音响运用与此处气氛吻合】	枪声	枪械声
枪声	枪声、混响	枪声、混响
枪声、混响	枪声、混响	枪声、混响
枪声、惨叫声	枪声、混响	牦牛吼声、混响声、丹珠笑声

牦牛吼声	牦牛吼声、枪声	枪声
枪声	枪声、牦牛吼声	枪声、牦牛吼声
枪声、牦牛吼声	枪声	枪声、混响声
混响声	混响声	混响声
混响声	混响声,渐弱	几乎无声

续表

喘息声,"No!"	轻微的风声	"No!",喘息声
喘息声 【这时少尉的声音滞后】	琼斯:"小姐!" 【对白声导前,先声夺人,引出后面的简单对话】	"不要这样! 等一等! 我有很多话还要对你说!" 【声画合一】
丹珠:"来世吧!" 【声画合一】	爆炸声 【声画合一,声音与画内动作一致】	爆炸声 【显示声音的爆发力】
爆炸声	爆炸声	爆炸声

续表

爆炸声	爆炸声、惨叫声	爆炸声
爆炸声 【描写了丹珠不屈不挠的结果,以虚写为主,强烈的爆炸声似乎在敲响警钟】	爆炸声渐弱,至无声	无声 【虽然一切归于平静,但依然蕴含着新的爆发,人物脸上无奈和坚毅并存,为后面的剧情发展埋下伏笔】

这个段落中,声音的相互转化事实上也是对声画蒙太奇的最佳注解:头人女儿和族人的歌唱正是声画合一的表现,是一种客观气势,是民族精神的自我展现;画外音乐对原声的替代则是声画对位的表现,转变成外在力量,是一种对民族精神的颂扬。

再如影片《流浪地球》的高潮段落,中国救援队在推动撞针的过程中,各国救援队赶来,合力让发动机火焰达到了引爆点。在这个段落中,多重声音叠加形成了紧张的气氛。在推动撞针的过程中,操着不同语言的各国救援队人员聚集到一起,声音信息更为丰富,展现了众志成城的决心与力量。

第二节　语言声剪辑

"语言一直是人类进化过程中最强有力的变革催化剂。"[①]在现代影视传播系统中,语言的重要性也越发明显,甚至有些节目已经主要是语言艺术的延伸,如谈话节目等。在声画组合的影视节目中,语言编辑需要从两个方面入手:其一,发挥语言本身的特长,在推动剧情、解释说明或抒发情感等方面展示语言的魅力;其二,体现语言与画面之间的组合关系,使声画协调。

---

① 〔美〕罗杰·菲德勒:《媒介形态变化:认识新媒介》,明安香译,华夏出版社 2000 年版,第 20 页。

一、对白的剪辑

对白的剪辑主要以人物的语言动作为基础,应以对话的内容为依据,结合语言出现的情境、人物的性格、言语的速度及情绪节奏等选择剪辑点。人物对白的剪辑有两种表现形式。

(一)平行剪辑

平行剪辑是指对白与画面同时出现,同时切换,可细分为三种具体的剪接方法。

1. 时空舒缓法

上个镜头的声音结束后,声音与画面往往都留有一定的时空,而下个镜头切入时,画面与声音也会留有一定的时空(见图6-1)。

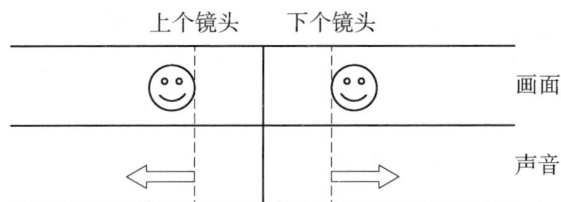

图6-1　时空舒缓法示意图

这时,处理上下两个镜头要根据人物对话的情绪选择剪辑点。这种方法适用于会议上人物的发言,人物在正常情况下的对话、聊天等,前后镜头间有一定的缓冲。使用这种方法的前提是上下两个镜头中人物的语言和动作往往有思考的过程。

2. 情绪呼应法

上个镜头的声音一结束,声音与画面立即同时切出,而下个镜头的声音与画面都留有一定的时空(见图6-2)。

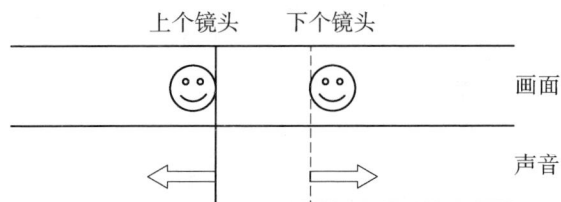

图6-2　情绪呼应法示意图

　　这两个点的选择应是上个镜头声音一完即切,下个镜头则根据人物的表情动作、心理动作,结合剧情的需要,恰当地选择剪接点,表达对上个镜头的情绪或内容的呼应和反应。这种剪辑方法在人物对话中最为常见,上个镜头人物话音一结束,就表现下个镜头中人物的反应。这种剪辑方法比时空舒缓方法更为灵活,也更适合处理不同的剧情。

　　3. 内容紧凑法

　　上个镜头的声音一结束,声音与画面立即切出;下个镜头一开始,声音与画面立即切入(见图6-3)。这两个点的选择分别是上个镜头的声音一完即切,下个镜头一开始声音与画面即同步切入。这种方法在正常的人物对话中不常用,只有在剧情需要,如两人吵架,争得面红耳赤时,用这种剪辑方法最为合适,因为它能制造吵架的气氛和较强的节奏感。

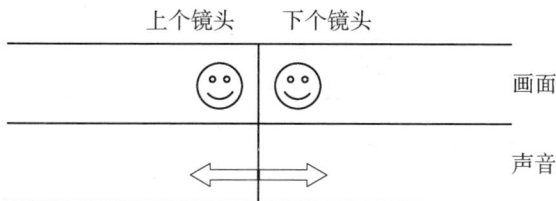

图6-3　内容紧凑法示意图

　　这三种剪辑方法的特点是比较平稳、严肃、庄重,都能具体地表现人物在规定情境中所要完成的中心任务。

(二) 交错剪辑

　　交错剪辑是指对白与画面不同时切换,而是交错地切入、切出。它有两种具体的剪接方法。

　　1. 声音滞后

　　即上个镜头画面切出后就将声音拖到下个镜头的画面上;当上个镜头的声音结束后,下个镜头的声音维持与该镜头在口型、动作、情绪上的一致(见图6-4)。这种剪接的效果是余音绕梁,不绝于耳。比如有人在说话,而画面中另一人在倾听,但是此人没有直接作出回应。

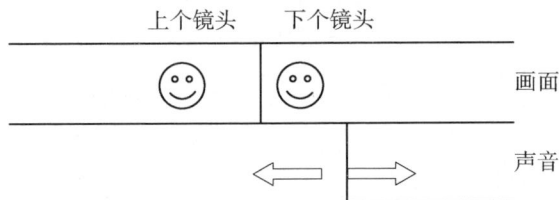

图 6-4　声音滞后示意图

2. 声音导前

即上个镜头的声音切出后,画面内的人物表情动作仍在继续,而将下个镜头的声音超前导入上个镜头(见图 6-5)。这样剪接的效果是先闻其声,后见其人,不会使观众感到突然。

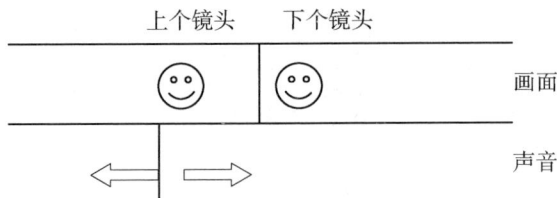

图 6-5　声音导前示意图

交错式的剪辑方法在人物对话中也较为常见,它的特点是生动、活泼、明快、流畅,不呆板。在选择剪辑点时应与剧情紧密配合,这种剪辑方式既能产生人物情绪上的呼应和交流,又能使对话流畅、活泼,有一定的戏剧效果。

总之,对白的剪辑需要把握几个原则。首先,要服从画面,与画面形成有机融合;其次,富有动作性,注重对白运用的场合及情绪反应等;再次,充分展现人物性格,塑造出与剧情或事件吻合的人物造型;最后,贴近生活,与影视作品表现的时代氛围及地域特征等相协调。

二、解说词的剪辑

解说是从客观叙述者的角度直接用语言来交代、说明、介绍或评论的一种画外音表达方式,它是"非事件空间的创作者对事件空间所发生的事件的评价或解释"①。解说可以节省画面、丰富画面信息,还可以增强影视节目的文学性与纪实性。解说直接的交流对象是观众,在专题节目、纪录片中运用广泛。

（一）解说词与画面的关系

凡是有解说的影视作品,解说和画面就共同构成作品的符号系统。解说词和画面应该相辅相成,但绝非简单重复。解说词与画面的关系可以概括为解说源于画面,不重复画面;解说概括画面,不脱离画面。

解说与画面之间是一种辩证关系。一方面,解说离不开画面,因为画面是电视的本体语言,没有了画面,也就没有了解说,某种意义上而言,解说对画面有不可摆脱的依附性;另一方面,解说并不被动地从属于画面,在反映社会生活和表达思想感情时,解说具有较强的主动性,是节目结构的共同构成要素。因此,解说与画面的关系不是简单意义上的统一,而应是有机的组合、理性的整合。

（二）解说词的作用

解说词是影视作品独特的语言表现形态,被广泛应用于新闻片、教育片、旅行片、科普片、文献片和宣传片等中。事实上,解说在影视作品中承担并发挥着多方面的功能和作用。

1. 交代环境

画面语言是直接、形象地展现作品环境的重要语言手段,它可以将观众直接带入特定的、真实的环境氛围。但是,一些抽象的、理念的内容,比如画面上一座山或一条河的名字是什么? 画面上的工具有什么作用? 这些画面难以明确地表现出来,只有靠解说词来加以说明和交代,使观众对其有更深入的认识和把握。比如在纪录片《舌尖上的中国》第一季第一集《自然的馈赠》中,解说就起到了对画面进行描述和说明的作用。在这里,该片依靠解说为观众描绘了松茸生长的环境以及采松茸的人的生活环境,让观众仿佛深入香格里拉的深山,跟随采松茸的人一起在清晨走进了那迷雾重重的森林(见表 6-2)。

---

① 周传基:《电影·电视·广播中的声音》,中国电影出版社 1991 年版,第 155 页。

表6-2 《舌尖上的中国》片段：解说交代环境

画　　面	解　说　词
	云南香格里拉被雪山环绕的原始森林。雨季里空气阴凉。在松树和栎树自然混交林中。
	想尽可能跟上单珍卓玛的脚步不是一件容易的事情。 　　卓玛和妈妈正在寻找一种精灵般的食物。

画　　面	解　说　词
	卓玛在松针下寻找的是松茸。

续表

画　面	解　说　词
卓玛在松针下找到的是松茸	

2. 传递信息

电视本身就是信息传播的重要媒介和载体,除画面语言之外,有声语言,特别是解说词,同样承担着传递信息的重要任务,那些概念性的、抽象的、富含理念的信息,更需要通过解说词来传播。在纪录片《上新了·故宫》第二季第一集中,张鲁一的解说交代了该集主题——"紫禁城里的虚拟世界"。他通过解说词道出了300年前的故宫中,已经存在一个"虚拟世界"。该段落通过画面展现的宫廷绘画和古典建筑相辅相成,让观看者有身处其中、如梦似幻的感觉,同时通过解说进一步提出了该集的任务——找到"人在画中行"的意义(见表6-3)。

表6-3　《上新了·故宫》片段：解说交代环境

画　面	解　说　词
	新品开发员们你们好,你们现在所处的紫禁城,是现存最大的木质结构古建筑群之一。 紫禁城由明朝永乐皇帝朱棣下令修建,于1420年宣告落成。 到2020年就是紫禁城600岁的生日。

续表

画　　面	解　说　词
	现在的我们还能在故宫看到多少599年前永乐皇帝初建紫禁城时的模样呢? 　　请带着这张明朝紫禁城地图,前往故宫一探究竟吧。

3. 深化主题

影视作品除了展现事物、传授知识外,有时还蕴含深刻的思想内涵。镜头语言可以形象化地展现现实生活,解说则作为补充,成为对社会生活理念进行阐述的符号之一。因此,解说词常被用于揭示影视作品思想、深化作品主题。在纪录片《舌尖上的中国》第一季第一集《自然的馈赠》的结尾,导演选择了一系列自然景观,展现了我国秀美的山川,同时通过平实的叙述语言解释了我国物产丰盈的地理原因,深化了这一纪录片的主题。本来可能会被观众忽视的画面细节,通过解说语言提示,将观众的感知和理解引入预定的轨道,并把它与主题意义整合在一起,使画面的内含信息凸显出来。

4. 创造意境

画面语言是影视节目创造独特而又统一的艺术境界的重要语言手段,可以将观众带入作品营造的诗化艺术境界之中。但是,要使观众对这种艺术境界产生更加深切的艺术感受和理念认识,便不得不借助解说词的描绘和说明。在观看纪录片《再说长江》时常常可以感受到创作者对意境的描绘(见表6-4)。

表6-4 《再说长江》片段: 解说创造意境

画　　面	解说词
	仙女的镜子,有人说是打碎成108片,有人说是114片,也有人说是118片。总之,它们有大有小、有长有短,有着各种各样的形状,流动着模样不同的水。群山幽静而深邃,也把这些仙女镜子的碎片,隐藏得幽静而深邃。

令人心醉的画面加上创作者运用比喻手法对景抒情,构成了一种美妙、意味深长的艺术意境,增强了画面的亲切感。

5. 刻画形象

当荧屏上出现一个人物形象时,它给观众的是一种具体、形象的艺术感受,但是,他到底是谁? 要做什么? 有什么特征? 这还需要解说词给予介绍、说明、交代和评述,以使观众对人物有一个全面的认识、理解和把握。纪录片《舌尖上的中国》第二季《家常》中刻画了一个千里迢迢到上海学习小提琴的女孩——子钰,给观众留下了深刻的印象,包括在她背后默默奉献的父亲,也让人们感到了父爱的伟大。

6. 抒发情感

观众在接受画面表达的情感时,虽然形象,但毕竟是间接的,而运用解说词来直抒胸臆,观众的艺术感受则是直接的。因此,在影视艺术作品中,运用解说词直接抒发创作者对人、对事、对物的情感,可以直接冲击观众的心灵,拨动观众的心弦,使其与作品倾吐的情感产生强烈的共鸣和认同。纪录片《从中国到中国》第四集《中国有知音》讲述了著名小提琴家艾萨克·斯特恩与中国及中国音乐的不解情缘。纪录片的结尾,斯特恩第二届小提琴大赛的中国作品演绎奖被捷克的音乐家获得,而比赛的冠军由华裔小提琴家获得,中国音乐的传承和发扬依赖世界各国音乐家的共同努力,而中国音乐的明天也早已融入了世界脉动的节奏。解说词道出了该片的深意——"音乐什么都没说,音乐,又将什么都说了出来"(见图6-6)。

图6-6　纪录片《从中国到中国》:解说词抒发情感

7. 激发联想

解说词可以克服画面语言对思维不利的一面,通过对画面的审视,以画面为基础,可以广泛而自由地想象和联想,从而超越画面时空,引申出新的信息和思想意蕴。纪录片《假如国宝会说话》第二季第二十五集《铜奔马》在描述马的形态时,画面是铜奔马的局部和全景,解说词则提出了假设:"这是一匹特立独行的马,跃步踏上云端,它与飞鸟为伍。"解说词一方面激发了观众的想象力,另一方面增加了纪录片的趣味性。解说词与马踏飞燕的外形形成呼应,产生了奇妙的视听感受(见表6-5)。

表6-5 纪录片《假如国宝会说话》：解说词激发联想

画　面	解　说　词
	这是一匹特立独行的马,超越地表的队列。 跃步踏上云端,它与飞鸟为伍。

8. 组接场面

组接场面即运用解说词实现结构性过渡组接,它代替了场面过渡技巧中的淡入淡出、化入化出等技巧,在不打断观众理解线索的基础上,巧妙搭接,使节奏加快,衔接自然,又承上启下,一脉贯通,有时还可以节省画面过渡的时间。通常,运用解说词组接场面有两种情况。一种是在语言中寻找合理的过渡因素,用解说词引出另一条线索。在电视连续剧《贞观长歌》第一集的片段中,画面分为两组,其一是唐太宗李世民在皇宫的登基仪式,其二是北方草原民族的骑兵正在南下。两组画面虽是平行展开的过程,但观众并不清楚它们表面上的联系,正是解说补充交代了二者的关联,便于观众理解。

另一种是解说词既概括了上一段的画面内容或从画面中寻找合理因素,然后又转接到下一段的内容。在纪录片《一百年很长吗》第一集,通过"充斥佛山的是武林文化,弥漫绍兴的则是黄酒"这句解说词,将第一段佛山夏汉广和第二段绍兴老沈的故事自然地衔接了起来。

三、现场采访同期声的剪辑

同期声分为现场对白同期声和现场环境效果同期声。现场对白同期声则指在拍摄现场画面中出现的人物的同步讲话的声音。现场环境效果同期声是指伴随事件发生而同时发出的各种音响,是画面环境和背景的补充,给观众以身临其境的感受。这类声音既表达了拍摄者或被拍摄者讲话的主观思想观念,并伴随拍摄者或被摄者自身产生、发展,没有外力附加。由于这种声音发自拍摄现场人物本身,未经制作者后期制作加工,所以属于客观声音语言。

(一) 同期声的作用

采访同期声与解说词都是重要的声觉形象元素,它们与视觉形象元素一起,共同承担着传播功能。"从声画结构看,同期声讲话是一种有声画面,应属直观形象系统(即图像系列),但是,从表意形式看,它却属于语言系统(即解说系列)。在这样的画面中,人物动作和声音的同步出现,作为一种复合形态,它兼有了图像与解说的双重功能。"[①]在电视节目传播中,同期声可以发挥声画的双重功能。

1. 增强信息传播的可信性

采用现场的同期声可以增强信息传播的真实性。在现场拍摄过程中,录下人物讲的一句话,往往胜过编辑时运用的十句话,因为这是第一人称的"现身说法",它比解说旁白说明更有力,更使人信服。这些对现实生活的"真实再现"常能给观众造成一股不可遏止的冲击力,在表现人物自身的思想、情感,或交代其经历的发展变化过程和感受时,更能达到真实效果。

同期声把现场的音响及人物讲话声直接传递给观众,减少了制作者的"把关"和转述,既降低主观性,又减少了信息的不确定性。把一些难以描绘的信息原生态地传递给观众,可以增强信息传播的准确性和可信性。

2. 增强节目内容的交流感

人物同期声是屏幕上人际传播活动中最基本的形态,也是最易引发较好效果的传播方式。"在面对面的交流情况下,有可能刺激所有的感官并使交流的对方同这种全身心交流相呼应。"[②]亲切自然的同期声会大大激发观众已有的感知经验,缩短交流双方的心理距离,增强感情色彩,易产生情感认同。在推介四川旅游的广告中,一段四川景色的图像放完后,一个小女孩天真地对父母说:"我也要去四川玩。"这样温馨的画面和语言比任何介绍语都吸引人。

一般而言,在电视采访中,采访者代表了观众的视角,采访者巧妙的提问和

---

① 钟大年:《纪录片创作论纲》,北京广播学院出版社 1998 年版,第 369 页。
② [美]威尔伯·施拉姆、威廉·波特:《传播学概论》,陈亮、李启、周立方译,新华出版社 1984 年版,第123 页。

被采访者恰到好处的回答往往会引起观众的共鸣,使观众的求知欲、参与欲得到极大满足,从而间接实现了观众与被采访者的交流,增强了影视节目的参与性与交流感。

另外,在面对面交流的情况下,既可以听到对方的声音,又可以看到对方的表情、眼神、手势,甚至还可以嗅到对方的气味,感受到交流的环境、距离、气氛等,获得多种感知,使人同时得到更多、更全面、更准确的信息,因此传播效率高、效果好。

3. 增强影视作品的感染力

同期声的大量采用强化了拍摄现场的现场感和感染力。同期声可以真实地记录现场的"真实气氛",使事件得到概括和浓缩,并调动观众的视听感觉和身临其境的感觉。声音对揭示报道主题,烘托现场气氛,渲染环境,增强电视新闻的真实感、可信性和感染力具有重要作用。

在央视纪录片《文明密码》之《节日狂欢》中,记录了东北查干湖冬季捕鱼的过程。片中,渔民凌晨就驱车前往查干湖,开始凿冰洞、下渔网。在记录渔民凌晨的活动时,画面中一片漆黑,只有一只手电筒照亮的光。观众可以听到画面中传来的塑料袋的声音、装工具的声音、马车的嘈杂和人们相互沟通的声音,让观众切身进入渔民这一天的生活中,同时体现了渔民的辛苦与对今年捕鱼数量的忐忑。

(二)采访同期声的形态

根据采访和被摄对象关系的不同,采访同期声可分为三种。

1. 主动型

即以采访者或主持人身份出现的人物讲话声,如电视新闻现场报道开头,记者手拿话筒面向摄像机(观众)述说开场白(即导语),用以讲述事实或发表议论。

2. 被动型

即被采访者或被摄者的语言,用来讲观点、释疑问,使被采访者面对观众,有直接的交流感。这种讲话要依据影视作品内容发展的需要,有选择地截取使用。在编辑时,往往会去除采访者的主动提问,直接将讲话的同期声插入解说词之间。

3. 交流型

即采访者和被采访者、组织者和被组织者之间一问一答式的对话,或一群人的讨论声,相当于专题片或纪录片中的对白,它有较真实、较活跃的现场气氛。这种方式在电视访谈或谈话节目中大量运用。

（三）采访同期声的编辑要求

同期声的魅力已经越来越为现代媒体人关注，他们在节目中积极挖掘其潜力，为电视传播增色。同期声的编辑既是一个技术问题，也是一个艺术问题，涉及人们对同期声的审美认识和选择观念。

1. 内容精练

众所周知，同期声是电视纪实的重要手段，追求声音的原生态展示，对提高节目传播的效果发挥了不可替代的作用。但纪实并不等于不加舍弃，不进行加工和提炼，同期声的运用也是一个去粗存精的过程。

人物同期声首先应该言之有物，无论是专家学者、政府官员还是普通百姓，所有采访都要能表达一定的内容，关键是要恰到好处，言之成理。

央视讲述南水北调的纪录片《水脉》第三集《纵横江河》中，技术人员对丹江口水库进行表层爆破后发现了一个问题——大坝表层下的裂缝比专家预测的大了几十倍！于是技术人员对大坝进行了全面检测。片中请到了南水北调中线水源公司总工程师张小厅，为大家介绍了此次检测的技术问题、检测原因和目的、检测难度等观众想了解的内容。片中的语言很简短，但是让观众清楚地了解了这一次检测。

有时，记者对被采访者或现场同期声录制的选择性并不多，此时对于编辑而言，他必须从繁多的同期声中选择有价值的，删除那些信息含量不高的镜头。一方面，从技术上适应节目或栏目对同期声的运用；另一方面，从艺术上体现同期声运用的主旨，能够说明问题、激发情感，尽可能起到画龙点睛之功用。

2. 衔接顺畅

同期声编辑中的第二个要求是画面的流畅表达。对同期声画面处理的场合有以下几种：其一，对冗余信息的删减，如果同机位、同景别，则可以采用前面介绍的"软硬兼施"的办法，但为维持同期声的纪实性，一般在衔接处用插入镜头加以组接；其二，对一些较长的且有价值的采访镜头进行信息的补充和强化说明，比如将采访者提及或介绍的相关画面以"声画对位"的切出方式组合。王纪言在《电视报道艺术》中总结了插画面的三个理由：讲话提到过的内容，讲话虽提到但有助于说明讲话的内容，以及现场听讲的人或有关的物。他认为，插画面的动作"能有效地扩展讲话部分的信息量，以讲话内容为依据造成声音蒙太奇效果"。

"恰当的画面提供了说明又不占篇幅,与声音分头并进又殊途同归。"①不过,对于插画面的运用应该谨慎,如果随意插入一些短镜头往往会破坏现场气氛,甚至会影响画面的可信度。

让我们从 2005 年中国新闻奖唯一获电视消息一等奖的《地震灾区第一夜》(江西电视台采编)中,感受同期声的功用及其剪辑。

【导语】昨天上午 8 点 40 分,九江发生里氏 5.7 级地震,截至今天上午 9 点,已监测到发生余震 182 次,其中震级最大的为 5.0 级。瑞昌市、九江县有 40 万灾民被转移到室外空旷地带,在最低气温只有 8 摄氏度的情况下,这么多的人生活状况如何? 地震灾后的第一个夜晚,我们的记者在灾区进行了跟踪采访。

"导语"简单而又清楚地阐述地震发生后的情况,然后自然地把视线转到灾民如何度过冬夜。

【现场声——高音喇叭巡逻车】发生余震的可能仍然存在,室内活动很不安全……

用广播声突出现场的氛围,增强真实性,直接把观众带入紧张的情绪,也为排查队员挨家挨户排查作了铺垫。

【解说】确保不发生新的伤亡是首要任务,地震发生后,瑞昌市 4 辆巡逻车不间断广播宣传,50 个民兵小分队逐户进行排查,要求所有群众到户外紧急避险。晚上 8 点 30 分,记者跟随的排查小分队发现,在桂林街办的一栋楼房内,一名妇女仍然滞留家中。

【同期声——灾民】我不走、不走、不走,我就在这里待着,我就在这里睡觉,不要紧,不要紧。

【同期声——排查队员】这个也是对你的安全负责……

【解说】经过七八分钟的劝说,得知家中物品能有安全保障,这名妇女终于同意从家中搬出。

晚上 9 点,九江县人民医院被震裂了的手术室里紧张忙碌,医生、护士正在为一名产妇做剖腹产手术。由于受到地震惊吓,这名产妇出现早产现象,不及时手术母婴都有危险。两个小时后,产妇平安生下一个男孩,为记

---

① 王纪言:《电视报道艺术》,北京广播学院出版社 1992 年版,第 221 页。

住这一特殊时刻,小孩起名叫抗震。

这一段解说缓解了同期声的紧张情绪,同时补充了细节信息,以视觉冲击力感染观众。

【现场声——国家地震局专家】根据这个会商的结果,根据目前已有的资料,认为发生更大地震的可能性不大。

除解说和同期声外,现场声成为该新闻的暗线,起承上启下的作用。

【解说】凌晨 1 点,民政部紧急调动的数千顶救灾帐篷运抵九江灾区,武警、消防官兵们迅速行动,一场搭建帐篷的大会战也同时展开。街道干部、公安干警、灾区群众积极行动,扛材料、支骨架、盖顶棚,大家齐心协力,一顶顶帐篷在寒风中迅速矗立。

【同期声——灾民　柯昌胜】使我们灾民冻不着、淋不着,我们非常感激他们。在受灾之后,有这么多人关心我们、帮助我们,使我们处处感觉到社会主义大家庭的温暖。

灾民现身说法,增强与观众的交流感,稳定情绪。

【解说】凌晨 3 点,我们遇到了汾城街办民政所所长王武力,这是当晚第三次与他相遇,此刻,他仍在一个帐篷一个帐篷地发放矿泉水、方便面。地震发生后,他顾不上自家房子的严重受损,连续十几个小时,在几十个灾民点来回奔波。

在瑞昌电视台搭建在路边的临时工作区,编辑、记者们正在通宵赶制节目。尽管广电大楼成了危房,但有关抗震救灾的报道一分钟也没有耽搁,这里成为灾区最快捷的信息平台。

【同期声——瑞昌电视台台长　汪新锋】在这样一个非常时期,我们就应当及时把一些防灾救灾的知识传递给人民群众,把党的声音、党的温暖及时传递给群众。

这段同期声简明扼要,起点题作用,体现出新闻的导向性。

【字幕】27 日早上 6 点

【现场声——瑞昌电视台播音室】今天是 11 月 27 日,现在播出瑞昌早新闻。昨天主震后又发生了 100 多次余震,但没有造成新伤亡。目前抗震救灾工作正高效、有序展开,灾区群众的情绪逐步恢复正常。

这一段现场声自然地反映了灾区的真实状况,缓和了震时的紧张情绪,为抗震救灾营造良好氛围的同时,也反映了灾区人民面对灾害无所畏惧的精神风貌,深化了主题表达。

总之,同期声剪接的要求是使之与整个作品浑然一体,成为其中不可分割的有机组成部分,同时,充分发挥同期声的魅力,更好地显示影视传媒的特色和优势。

第三节　电视音乐剪辑

音乐是一种长于抒情、具有丰富表现力的艺术形式和信息符码。除音乐电视节目以外,在其他类型的影视作品中,音乐的作用也不容忽视,尤其是它有画面无法替代的表现力。

一、音乐的作用

电视作品是否需要音乐,取决于作品的主题、性质和需要,既不可单纯地追求事物现场感而排斥音乐,又不能为了追求听觉的丰富而过于频繁地使用音乐。音乐选择和编辑的最主要依据是内容的表达和内在节奏的创造。

(一) 深化主题

音乐是主题提炼和表现的重要手段之一。音乐概括主题,表达作者对影视作品内容、人物、事件的主观态度和倾向。音乐具有的情绪与影视作品结合,表达作者对电视作品内容、人物、事件的主观态度和倾向,如歌颂、激励、同情、哀悼等,起一种概括性和评论性的作用。

《大秦岭》是一部历时一年拍摄、记录秦岭这条中华大地上的重要山脉,以中华文明、中国历史进程的角度来审视它的大型电视纪录片。片子通过访谈记录了关于秦岭水利、动植物、气候、历史文化等各个方面。该影片主题曲的歌词优美,具有诗词的韵味,其中引用了诗人描写秦岭的诗句。恢宏大气的音乐体现了秦岭地区深厚的文化,展现了这部纪录片的深刻内涵。

(二) 抒发情感

在影视作品中,音乐是一种能够抒发剧中人物情绪、激发观众情感的元素,它在情感上的概括力是其他任何形象性符号都难以企及的。音乐的运用可以表达情感,给人带来喜、怒、哀、乐的感受。

音乐是释放剧中人物情感的重要元素,是人物内心情感的深刻写照。电影《致青春》中,郑薇抢过曾副院长的话筒在台上演唱《红日》,表达了当时郑薇激动的心情与表达自己感情的勇气,欢快的歌曲也契合当时文艺汇演的活跃气氛。

(三) 推进剧情

情节的动力是冲突,一般电视作品中情节的发展,矛盾冲突的发生、激化和解决主要是由演员的表演和台词来完成的。但是,音乐有时也可作为一个戏剧冲突因素参与其中,直接影响剧情的发展,深化作品内容。正如巴拉兹所说,"独具风格的真正的有声片不会仅仅满足于让观众听到人物的对白(这在过去只能看见),它也不会仅止于利用声音来表现事件。声音将不仅是画面的必然产物,它将成为主题,成为动作的源泉和成因。换句话说,它将成为影片中的一个剧作元素。例如,声音将不仅是一场决斗中的伴衬物,而且可能也是决斗的原因。刀剑相碰的响声也许并不太重要,因为它毫无剧作意义;更重要的倒是从花园里传来的歌声,因为两个情敌听着听着就吵起架来了。这种声音将成为剧情的基本元素"[1]。有声电影最大的优点便是尽可能地扩大了电影画框视野,并承担了部分视觉的叙事功能,有时声画对位还能产生特殊的节奏和表现力。

电影《芳华》中刘峰离开部队,小萍将他送出军营,此时响起了用小号吹奏的《送别》曲调,表现出小萍对刘峰的依依不舍。

(四) 渲染气氛

画面可以创造诗意,空镜头可以渲染气氛,而音乐则可以依靠其强烈的感染力烘托特定的背景气氛,渲染节目的特定情绪,或紧张、热烈,或欢快、轻松,或沉闷、压抑。这些感情变化的交合点会增加戏剧性,成为感染观众、打动观众的契机。影片《我和我的祖国》第一个故事《前夜》的结尾,合唱版的《义勇军进行曲》响起,艺术化地展现了中华人民共和国成立,举国欢腾,人民万众一心,共同期盼新时代的美好时刻。

---

① [匈]贝拉·巴拉兹:《电影美学》,何力译,中国电影出版社2003年版,第209页。

(五) 描绘景物

声、光、电是电视屏幕信息的基本成分,镜头中对事物、情境的描写不仅体现在画面造型上,其声音造型也是事物立体性构成元素。音乐不仅具有浓郁的抒情性,同时也具有一定的描绘功能。惊涛拍岸声、潺潺流水声是不同的水的形象,海浪和溪水的画面上配合恰当的音乐,可以塑造出绘声绘色的立体形象。在电视中充分利用音乐这一功能,不仅可以使电视静中有动、声色俱全,更有吸引力,而且可使景中有情、情景交融,更加感人。

例如,《话说长江》和《再说长江》的片头,在冰雪消融的滴水声中,同样都响起了《长江之歌》的乐声,配合格拉丹东冰川、青藏高原、沱沱河等的画面,音乐与画面相结合,互相取长补短,从视听两个方面对景物进行描绘,产生了强烈的艺术感染力。

(六) 刻画形象

在所有的艺术中,音乐是最善于表达人的内心世界和表现节奏的。音乐语言可以用于表现处于矛盾冲突中的人物情感和心理状态,它在体现冲突时一般并不着眼于直接描绘冲突事实本身,而是表达矛盾冲突发展过程中的人物心理状态。

电影《风声》中,日军为了找出共产党员"老鬼",对五位主人公逐一进行了心理和肉体上的残害。其中吴志国在遭受针扎的酷刑后被送到抢救室,在极度虚弱时,唱起了京剧《空城计》,向"老鬼"传递信号,体现了一名军人和共产党员的坚韧品格。电视连续剧《贞观长歌》是一部视听紧密结合的优秀作品,生动、准确、深刻地刻画了唐太宗李世民的艺术形象。从画面上观众可以看到一个威严、勇敢、深明大义的帝王形象,片中的配乐在刻画人物复杂的性格方面发挥了重要作用。在他首次出场的戏份中,一开始响亮的唢呐声使人精神为之一振,接着响起气势恢宏的交响乐,同时出现仰拍角度的李世民,声画结合共同塑造出其威武的形象。在李世民和长孙因赐给范兴的官职发生争执的戏份中,当李世民诉说他心中的许多委屈之时,响起了柔和缓慢、略带哀伤的音乐,刻画出这位威严皇帝富有感情的一面,使人不禁为之动容。

(七) 激发联想

为了加强感情效果,艺术作品广泛运用联想。音乐由于它自身的特性,成为激发人们联想的重要艺术手段。当我们聆听节奏舒缓的音乐时令人感到安详；旋律跳跃的音乐则使人们感到欢快、激动。这便是由联想形成的感受。把生活中语言的体验和音乐中表现的因素联系在一起，便产生了音乐形象。

电影《建国大业》中，中国共产党的军队和平进入北京，毛泽东、周恩来等领导人在一起喝酒庆祝，他们在酒醉之后一同唱起了国际歌。画面从他们一同唱歌到和百姓一起跳舞，歌声都没有终止，让人们不禁联想到共产党几十年的奋斗历程，就如同歌词所唱的那样，怀揣着"英特纳雄耐尔"（"internationale"在《国际歌》中被音译为此）的希望，登上了新的台阶。

（八）扩展时空

当音乐和画面错位时，音乐常常可以把观众的注意力引向画外，从而获得时空扩展的艺术效果。在电影《芳华》的结尾处，韩红娓娓唱出《绒花》的曲调，画面中则是刘峰和小萍坐过的椅子，此时刘峰和小萍的身影已经不在，空留孤零零的站台和双人椅。这首歌曲见证了一代人一去不复返的青春，令人感叹人生终将年华老去，不禁让观者唏嘘。

利用音乐扩展物理时间，一方面是利用视觉和听觉的不一致，从视觉和听觉两方面立体地获得信息，冲破画框的约束，使画框内外连成一个整体，实现时空扩展；另一方面是为画面配以具有典型的时代性、地方性，或对画面人物有典型意义的音乐，引起人们的联想，把人们的思维由画内带到画外，把画面和声音所表现的时空连在一起，产生更大的时空。

二、电视音乐的出现方式

音乐的作用和特性是显而易见的，它在影视艺术中时而大显身手，时而蜻蜓点水，时而登上前台，时而藏在后台。不管它以何种方式出现，它始终扮演着非常重要的角色。

（一）音乐的表现手法

就音乐的表现手段而言，可分为写实音乐和写意音乐两类。

1. 写实音乐

写实音乐又称有声源音乐或客观性音乐，即听到音乐的同时可以看到画面上音乐的声源,或声源虽看不见,但在逻辑上存在于画面延伸空间中的音乐,属于音画同步。声源可以是人物在唱歌,或乐器在演奏,也可以是开着的录音机、收音机、CD机或正在振动发声的扬声器等。写实音乐往往是作为影视作品中具有戏剧意义的成分出现,例如,在纪录片《发现肯尼亚》第二集中,在一个部落城邦,一对新人即将举行婚礼。在新娘家,亲戚朋友们载歌载舞,庆祝她即将到来的新婚。片中收录了现场欢快、喜庆的音乐,让人们身临其境地感受欢乐的气氛。写实音乐可以是画面上的发声体与音乐同时出现又同时结束,也可以先闻其声再出现声源,还可以在声源退出画面后声音仍延续一段时间。

2. 写意音乐

写意音乐是指画面中没有或不可能有声源、人为添加的音乐,又称无声源音乐或主观性音乐,在影视作品中能够独立而充分地发挥表现作用的音乐,属于音画对位。它选取各种动听的旋律来表达创作者对画面的内心感受,是根据剧情气氛、环境和人物刻画需要,以画外音的形式出现的。上文介绍的有关音乐的功能绝大多数都是以写意的方式为影视作品服务的。

(二) 音乐的配制方式

按照音乐的配制方式,音乐在影视作品中的出现形态有以下三种。

1. 整体式

整体式是指整个影视作品从头到尾都配有音乐。这种方式出现在两种情况中:一是纯粹的以音乐为主的电影、电视节目,如音乐电视;另一种是时间较短的作品,如专题节目或广告片等。有时可以在一个作品中以一种音乐内容为主,比如上海申办世博会的宣传片,全片以江南民乐《茉莉花》旋律贯穿始终,分别使用评弹、交响乐和摇滚乐等形式出现,让人看后心潮澎湃;有时在一部作品中也会出现不同的音乐内容,但这种形式会由于时间限制而较少被采用。

2. 分段式

分段式是指在影视作品的某一段落或几个段落里配上音乐,而不是贯穿全片。这种方式是影视作品中最常见的形式,尤其是影视剧类作品,音乐往往会在不同的场景中以不同的内容或形式呈现。一般而言,一部电视剧会有一个主题曲,也会有不同的插曲,还会有许多的变奏处理。例如,电视连续剧《大宅门》里大量运用京胡和琵琶的重复变奏,充满京味的高回低吟,把观众带进一个特定的历史环境,形成一条贯穿全剧的情感链,对全剧的戏剧结构和剧情发展起到了起承转合、推动发展的作用。但在具体的段落中,却选择不同的音乐以求不同的效果,比如白景琦、季宗布和黄立出场时用武场音乐作为背景,暗示人物的身份。

3. 零星式

零星式是指在某几个镜头或一个镜头的某一画面上配有音乐,对画面起强调、烘托作用。有时在镜头或段落之间配有音乐,对画面能起衔接作用;有时在片头、片尾的画面上配有音乐,表示全片的开始或结束,能引起观众的注意。影视作品音乐的添加并不是一成不变的,而是主要依据节目的样式和主题内容来确立。根据表达的需要,可以不配音乐,可以分段式地配置,也可以零星式地配置,加以点缀。

在具体操作中,音乐的编辑需要把握好以下三点:其一,注意音乐与画面的关系,恰当地处理写实音乐与写意音乐在作品结构中的比例,使之与作品风格吻合;其二,处理好音乐的停顿与空白,注重音乐作用的发挥,而不能滥用音乐;其三,音乐的转换要自然、流畅,既适合主题表达,符合场景与气氛渲染,又能给观众带来审美愉悦。

第四节　电视音响剪辑

音响是客观存在的,它是在自然界万物运动、摩擦、碰撞及人类的各种动作过程中产生的,是未经加工的声音。音响的主要功能是写实,在特定的情况下,它也可以写意。

一、音响的作用

音响在影视作品中能够烘托气氛,扩大视野,增强生活实感,赋予画面以一定的浓度和广度。在影视艺术创作中,它不是简单地对画面形象的重复和解释,而是视听语言的整体结构元素之一。

(一) 增强画面真实感

音响最大的作用是创造声音环境,提高画面的真实感。马赛尔·马尔丹认为,音响对电影的首要作用是"现实主义,准确地说,便是真实感。音响增加了画面的逼真程度,画面的可信性(不仅是物质方面的,而且也是美学方面的)几乎是大幅度地增长"①。听到自然界中的风声、雨声、雷电声、鸟鸣、马嘶、吵闹声、浪涛声、流水声、机器的轰鸣声、古钟的撞击声等,人们常会闻其声而信其真,确定其声源形象的真实性。"很难看到一个人在看到大炮发射时,在心理上听不到轰隆声。"②"一条城市街道的全景——一个垃圾桶的盖子掉落到地上——啪!——加上金属碰击水泥的声音。这样加强了地点的真实感。这是对音响的直接使用,它通常旨在使观众相信自然环境的真实性。"③波布克的这一例子再次强调,音响的真实性是节目最基础层次的要求。

《新闻调查》的一期节目《河流与村庄》讲述了河南省黄孟营村全村人因长期饮用污染水而被疾病、癌症和死亡笼罩和威胁的、令人触目惊心的真实事件。在片子的开头,记者长江与她的同事刚一到村子,就遇上了送葬的队伍,在哀乐的悲鸣声中,记者开始了当地的采访,而这一阵哀乐声提示了这个村子正处于癌症病魔的阴影之下。而到片子结尾时,哀乐声再次响起。当然,这里的音响声已经远远不只是停留在真实反映原貌的层面了,它已经成为揭示主题的一种重要手段,尤其是当哀乐与风光秀丽、绿树成荫的自然景色形成鲜明对比时,其警示意义就不言自明了。

音响可以使原本真实的画面具有更为丰富的表现力,无论是巨响轰鸣,还是纤声颤微,人们可以从音响变化中进一步感悟事实的存在和发展。例如,《波西米亚狂想曲》(*Bohemian Rhapsody*,2018)讲述了皇后乐队及其传奇主唱弗莱迪·摩克瑞的奋斗历程。影片高度还原了早年皇后乐队的演出,尤其是为世人熟知的"拯救生命"演唱会。影片尊重历史,还原了舞台现场,并在音响效果上做足了文章。声音制作者在访谈中表示,为了还原演唱会现场演唱的真实性,他们收集了数以千计的真实演唱,加以制作合成,最终高度还原了历史事件。这部影片也凭借其精湛的声音制作技艺获得了第 91 届奥斯卡最佳音效剪辑奖和最佳混音奖。

(二) 描绘环境气氛

电视传播的优势是声画兼备,将人们带到一个视听完整的感觉境界,给人以

---

① [法]马赛尔·马尔丹:《电影语言》,何振淦译,中国电影出版社 1980 年版,第 101 页。
② 同上书,第 98 页。
③ [美]李·R.波布克:《电影的元素》,伍菡卿译,中国电影出版社 1986 年版,第 99 页。

充分的信息享受。画面本身的包容量总是有限的,音响则可突破画面容量的限制,扩大信息的总体容量,延伸画面,从而带来一个新的空间。比如,群众场面因为有了鼎沸的欢呼声、呐喊声而显得浩大,夏夜里因为有了蛐蛐的鸣叫声而显得寂静等。

电视连续剧《楚汉传奇》中大量运用了现场音响烘托气氛,片中有许多刘项大军之间、楚军与秦军之间的交战场面,电视剧中还通过各种战争场面中叫喊、嘶鸣、兵刃相接的声音体现战争场面的残酷。

（三）刻画人物形象

音响效果所具备的情感刻画力是不容忽视的。除了语言和音乐之外,"还有大自然中各种物象的语言,从海洋的喃喃自语到大城市一片嘈杂,从机器的轰鸣到秋雨敲窗的淅沥之声,这一切都向我们倾诉着生活的丰富内容,不断影响并支配着我们的思想感情"[①]。在宣传抗洪救灾英勇人物的专题节目中,画面中是抗洪救灾现场,用解说作必要的事迹介绍或评价,如果配上恰当的音乐,可以主观地展示人物的思想境界。但是,如果我们在编辑中运用音响声,以风雨声、波涛声客观地表现恶劣的环境,用打桩护堤的劳动号子声、喊叫声描绘热火朝天的救灾场面,这些音响效果无疑能更好地衬托"人定胜天"的英雄气概,同时也能折射出人物的内心状态及其思想品格。

电影《英雄》中,群臣齐呼让皇帝杀死无名,此时画面不断在秦王、大臣、无名之间切换。其中,镜头在秦王的脸上停留时间最长,背景则是群臣的呼声,生动地反映出秦王对无名欣赏、怜惜、愤怒的矛盾心境,而无名的脸上则是大义凛然的淡定。

（四）发挥结构功能

音响也可以用作转场,即利用与前后两个场景中声音特点相关联的音响来实现场景的转换。音响转场常出现于一些戏剧性较强的场景之中,这种转场效果给人一种干脆、利落之感。由于声音的这种连接功能,有人形象地称之为"音桥"。在著名德国电影《罗拉快跑》(*Lola rennt*,1998)中,女主人公罗拉要阻止并拯救自己准备抢劫的男友。电影表现了罗拉三次奔跑造成的不同结果。在每

---

① ［匈］贝拉·巴拉兹:《电影美学》,何力译,中国电影出版社2003年版,第208页。

次奔跑开始,都以一部红色电话的挂断声以及二人在床上的对话作为转场,切换三个场景。

另外,音响对剧情的发展具有某种暗示作用,如用喜鹊叫声预示着将有喜庆的事情发生,雷声预示着随后剧情将发生变化。在有些场合,恰当运用音响能使声画的隐喻意义更为精彩。例如,在反映生态保护的专题片中,通过一个背景有布谷鸟和小鸟啼鸣声的摇摄落叶的特写镜头表现和谐的自然环境,而在乱砍滥伐之后,落叶在布谷鸟的催春声中凋落,生态平衡被破坏后的恶果得到对比性的揭示。

二、电视音响的运用

音响的运用可以分为写实运用和写意运用两种,即声画合一和声画对位。

(一) 音响的写实运用

音响的写实运用即声画合一,主要指现场效果音响,包括画面中一切发声体发出的音响。新闻节目和纪录片中基本采用实况录音效果,但在其他片种中,还要从音响资料效果库中挑选。在选取和运用音响素材时应力求做到与画面配合真实,具体要求如下。

第一,音响素材的发声体与画面的发声体一致或相近。例如,画面上是鸡群,不能配以鸭叫;画面上是小汽车奔驰而来,不能配以火车的汽笛声。

第二,音响素材的发声数量与画面的发声数量一致。例如,给画面上的与会者配以一定的掌声,掌声的热烈程度应和与会者的人数、情绪气氛相一致。

第三,音响素材的发声环境与画面显示的环境一致。与会者的掌声在室外还是在室内,它所处环境不同导致音响效果的混响也不同,选配时需注意。

第四,音响素材的发声距离与画面发声体的距离一致。

第五,音响素材的运用要符合节目特定的内容、情绪和气氛。例如,安静、肃穆的环境不能配以嘈杂、喧闹的声音,同样,熙熙攘攘的环境也不能配以单一的声音。

第六,音响素材的运用要与节目体现的地区、季节和时间一致。例如,蝉鸣一般用于夏季。

（二）音响的写意运用

音响的写意运用，即声画对位，是指音响的画外处理，常用的方法有以下四种。

1. 延伸法

将前一镜头的效果向后一镜头延长，可以保证效果声的尾音完整，使前一镜头画面表现的情绪或气氛不致因镜头的转换而中断，并能连贯、充分地发挥出来。例如，前一镜头表现听众热烈的掌声，后一镜头是演讲者走上讲台。在后一镜头的画面上，虽然没有鼓掌的人，鼓掌声却往往延续下去。这样可以使鼓掌带动的情绪充分发挥出来，同时也较符合现实的情况。

有时，前后两个镜头画面中的形象都会产生客观音响，当后一镜头中主体产生的效果声与中心主题没有突出关系时，这一声音可以弱化或者弃用，而把前一镜头的效果声延续到后一镜头。例如，前一镜头表现夹道欢迎的群众，后一镜头表现运送救灾物资下乡的汽车缓缓驶过。汽车也同时发出声音，但前一镜头中的欢呼声更利于画面情绪的抒发，可以制造热烈的气氛，因此在这一类镜头段落编辑中，汽车声并不重要，而欢乐的人群声却有必要适当地延长和保留。

2. 交替法

如果相连两个镜头中的形象都发出声音，而每个镜头配合的声音又都长于画面，这时可以利用多声道交替混合，一方面将前一个镜头的效果声延续到后一个镜头，另一方面在后一个镜头中同时开始该镜头本身的效果声，形成一种混响效果。运用交替法，不仅保证了每次效果声的尾音完整，并且尾音的画外运用与另一个画面效果声重叠在一起，丰富了声音的内容，加强了效果的力量。例如，表现水利工程紧张的劳动场面，在一系列相连的推土机、凿石头、喊叫声、汽车声的镜头中，每个镜头都很短，而各种效果声都有一定的长度，如果将每种效果声与画面紧密配合，一一对应，切断它们的尾音，再接以另一种声音，则一连串断断续续的声音将显得十分零碎、单调，无法造成整体上有力的效果和现场感。只有使前后镜头的效果声首尾重叠，其声音的分量才能与画面表现的现场气氛吻合。

3. 预示法

即未见其事，先闻其声。为人熟知的古典小说《红楼梦》中王熙凤的出场伴随着一声"哎呀，我来迟了！"画面上是林黛玉同贾府众人交谈，画外音引出了王熙凤及众丫鬟,这便应用了该方法。

这种方法可以使后一镜头的效果声在前一镜头画面中开始,给观众带来对后一镜头画面内容的预感,引起观众对将要出现的画面形象的注意。在影片《罗马》(Roma,2018)中,父亲回到家里,车未到,先入为主的是车里播放的音乐。该段落使用了艾克托尔·路易·柏辽兹的《幻想交响曲》,父亲试图用大音量的音乐掩盖自己内心的焦躁,也为之后家庭的离散埋下了伏笔。

4. 渲染法

即有时在一系列画面上,其主体本身不发出声音,或者即使发出声音也是无足轻重的,不能加强主题的表现。这时,音响的运用不必局限于画面呈现的形象,而是可以根据内容、情节的发展配以某些与画面有机结合的效果声,既可以加强画面本身的表现力,也能使画面产生创造性的含义。例如,表现一个人烦躁不安时可以配以室外大街上车水马龙的喧闹声,表现清晨户外的画面可以配上小鸟的鸣叫声等,以加强画面效果。

恰当的音响有时可以进一步渲染人物的复杂心态。例如,电视剧《知否知否应是绿肥红瘦》第一集,在开篇小蝶取炭火的一场戏中,为了展现各房之间的复杂关系,使用了戏剧中伴奏的板、铙、钹等乐器,同时也为之后故事的发展做了铺垫。

推 荐 阅 读

1. 童雷主编:《想象的再现:电影声音理论与音乐创作》,中国电影出版社2015年版。

2. [美]汤姆林森·霍尔曼:《电影电视声音》(第3版),王珏、彭碧萍译,人民邮电出版社2015年版。

3. [美]里克·维尔斯:《音效圣经:好莱坞音效创作及录制技巧》(插图修订版),王旭锋、徐晶晶、孙畅译,北京联合出版公司2016年版。

4. [美]大卫·路易斯·耶德尔:《电影声音制作实用技巧》(第4版),黄英侠译,人民邮电出版社2017年版。

观 摩 影 片

1.《音乐之声》(The Sound of Music,美国,1965)

2.《肖申克的救赎》(The Shawshank Redemption,美国,1994)

3. 《海上钢琴师》(*La Leggenda del pianista sull'oceano*,意大利,1998)

4. 《波西米亚狂想曲》(*Bohemian Rhapsody*,英国/美国,2018)

思考题

1. 结合影视作品实例,分析声画组合在电视作品中呈现的声画统一、声画并行和声画对立这三种状态。

2. 分析影视剪辑中声音、画面与剪辑节奏之间的相互影响。

第七章

电视节奏处理

节奏赋予电视和视频作品以活力,使作品的感染力、吸引力得以彰显。生活中处处存在着节奏,特别是在艺术领域,节奏是一个常用术语。如果说从形式上判断电视编辑的标准是结构完整、叙述流畅、画面连贯等,那么,真正能使作品产生情绪感染力的则是节奏。美国剪辑师布莱特顿曾说,"影片剪辑的 90%是节奏"①。因此,对于视听作品来说,如何创造和把握节奏显得至关重要。

第一节　电视节奏的构成

"节奏之于艺术品,有如经络之于人体,人们只能凭着对作品的理解感到它的存在。"②判断一部影视作品是否具有魅力,关键在于它能否创造出吸引观众、具有生命力的节奏。

一、电视节奏的要素

"节奏"本是美学中的一个概念,是各门艺术中常用的术语,影视艺术也离不开节奏。"节奏"一词最早是由古希腊语"pntmoc"变化而来的,在古希腊语中表示程度、程序和匀称流动的意思。最早发现节奏的也是古希腊人,柏拉图认为,感受节奏是人类特有的能力,人能通过优美的节奏感到和谐美;亚里士多德认

---

① 转引自张凤铸主编:《影视艺术前沿》,中国广播电视出版社 1999 年版,第 490 页。
② 钟大年、王桂华:《电视片编辑艺术》,北京广播学院出版社 1987 年版,第 256 页。

为,人生来就有喜爱节奏与和谐的天性,和谐与节奏也是艺术所需要的。

(一) 运动是节奏的存在样式

影视节奏的表现形式是一种连续而又有间歇的运动。"节奏"一词在我国的《礼记·乐记》中便有记载:"节奏,谓或作或止,作则奏之,止则节之。""作""止"事实上就是运动的标示,因为运动是绝对的,静止是相对的。由于影视是时空结合的艺术,节奏既表现在时间的流程中,又表现在空间的运动上,是一种时间与空间相结合而构成的和谐运动形态。

影视的节奏是在声音与画面的流动过程中表现出来的,节奏存在于视觉和听觉的变化之中:一是画面内诸要素有规律的运动变化,主要是人物或物体的运动、色彩、构图的变化等;二是镜头运动、镜头组接和转换形成的内外运动;三是音乐、音响与解说等形成的旋律与节拍。其中,画面内的运动变化是节奏变化的基础;镜头运动、画面组接运动是表现形式;音乐、音响、解说则是辅助和补充。

(二) 周期性是节奏的基本特点

瑞典著名导演伯格曼形象地指出,电影主要是节奏,它在段落的连接中呼吸[1]。正常的呼吸是一种有规律的运动,当影视传播中的声画元素一"作"一"止"交替出现的时候,便形成了一定的规律,如强弱快慢、轻重缓急等,这些周期性变化的运动形式便是节奏,有人把它概括为"可比成分的交替更迭"。著名美学家朱光潜在谈到节奏时也指出:"有段落才可以有起伏,有起伏才可以见节奏。""起伏可以在长短、高低、轻重三方面见出。"[2]可见,各种可比成分有规律、有秩序的运动便构成了节奏。

因此,通过剪辑可使视觉与听觉元素达到强弱得当、疏密有致、浓淡相宜、徐疾相谐、高低得体、轻重相洽、长短适当的效果,作品也因此具有了协调的节奏和能够拨动观众心弦的力量。不同运动方向、不同运动状态、不同景别和不同长度的镜头剪辑在一起,可以使事件产生新的时间和节奏,也使事件具有了新的意义和一种形式上的紧张气氛。

---

① [瑞典]英格玛·伯格曼:《没有魔力的魔力》,《当代外国文艺》1987年第2期。
② 朱光潜:《诗论》,安徽教育出版社1997年版,第139页。

我们从爱森斯坦对冲突因素的运用中可以把握这种律动,《战舰波将金号》中的"敖德萨阶梯"片段(见图2-17)正是这种力量的展示。扣人心弦的节奏调度以及对反动军队的突出、夸张和渲染使情绪得到急剧积累,场面气氛更具感染力。

(三) 传达情感是节奏的主要功能

优美的节奏能使作品刚柔相济、张弛有度,借此可以感染观众的情绪,驱使观众的感情脉搏同它一起跳动。普多夫金指出,"节奏是从情绪上感染观众的手段。导演运用这种节奏,可以使观众激动,也可以使观众平静下来。节奏错了,一个场面所产生的印象就可能因此化为乌有;如果节奏处理得非常成功,就会使那些本来十分零散而没有艺术力量的镜头具有空前高度的感染力"。[1]

在编辑节目的任何一组镜头或段落时,都要从作品表达的内容出发来处理节奏问题。如果在一个宁静祥和的环境里用了快节奏的镜头转换,就会使观众觉得突兀、跳跃,心理上难以接受。而在一些节奏强烈、激荡人心或是主人公内心极度挣扎的场面中,就应该考虑种种冲击因素,使镜头的变化速率与观众的心理要求一致,以达到吸引和感染观众的目的。

二、电视节奏的形态

从不同的角度分类来看,影视的节奏形态是多重的,其中最基本的可分为内部节奏和外部节奏,它们的"处理主要属于剪辑师的工作范畴"[2]。

(一) 内部节奏与外部节奏

内部节奏是由情节发展的内在矛盾冲突或人物的内心情绪起伏而产生的节奏,除了人物的言语动作外,场面调度和镜头内部蒙太奇的手法也能引起内部节奏,内部节奏只有通过审美的直觉才可被感知。节奏的把握需要依据两方面的因素:一是内容的要求,二是情绪的要求。有效地利用内容提供的节奏因素,巧妙安排好总体节奏的发展变化,以满足观众的心理要求,这是叙事性节奏所要达到的主要目的。

---

① 〔苏〕多林斯基编注:《普多夫金论文选集》,罗慧生、何力、黄定语译,中国电影出版社1962年版,第94页。
② 〔美〕李·R.波布克:《电影的元素》,伍菡卿译,中国电影出版社1986年版,第121页。

外部节奏即造型性节奏,指导演通过造型手段表现出来,能为人们直接感受的节奏形态。这些由画面中一切主体的运动及镜头转换的速度产生的影视节奏受多方面因素的影响,如拍摄中画面主体的运动(包括语速和动作的速度),摄像机镜头的运动及速度,镜头使用的长短,镜头组接的速度,以及背景音乐和效果声等。其中,前两者在拍摄过程中就已基本定型;后面的因素在编辑过程中才形成,它们都可以通过视觉、听觉被直接感受,均属于外部节奏。

内部节奏与外部节奏是不可分割的,它们必须在剪辑这道工序上达到有机的统一。外部节奏以内部节奏为依据,内部节奏以外部节奏为表现形式。影片《星际穿越》的节奏安排,在剧情上符合内在节奏设计,在形式上则与镜头的运动形态直接联系在一起。影片的前半段多采用外部运动镜头,将铺天盖地的沙尘暴、浩瀚深邃的宇宙空间等宏大场面展现在观众面前,较多的全景镜头使画面的视觉节奏较慢,喻示即将到来的影片高潮。影片的下半段镜头多转为近景系列景别,景别镜头之间的跨度加大,节奏明显加快,这也贴合影片下半段情节的高潮迭起。画面不断变化和切换会使影像形成一种强烈的视听觉动感,增强节奏张力,从影片整体来看,后段内部节奏的强度高于前段。

在表现形态上,内外部节奏有时可以有局部形式上的不一致,然而在深层次的结构上它们必须是一致的。外部节奏既要考虑镜头段落的相对独立性,又要保持与影视片总体内部节奏的统一性;内部节奏是一种叙述性节奏,其目的是使叙述有层次、有变化、有意思,从而使观众获得最多的美感和意义。它们都必须依据影视作品内容和结构的要求来安排起伏变化,并做到内部节奏与外部节奏的有机统一。

处理节奏必须依据作品的内容和结构仔细体会剧情发展、人物心理和情绪的变化,把握作品的内部节奏,以便在叙事、表现的剪辑过程中找到一种与之匹配的、恰当的节奏形态。

(二) 总体节奏与具体节奏

节奏在影视作品中一般分为全片的总体节奏和单元段落的具体节奏。总体节奏统领各单元的具体节奏,它是一种结构性节奏。处理总体节奏时要设计好一个总的基调,并把各部分的具体节奏统一组织起来,通过影视作品的各个制作环节来体现。当然,一部优秀的影视作品贵在既有自己鲜明的节奏基调,同时又有与内容相一致的节奏曲线,富于变化,且契合情节并不断深入。

从表现形态上讲,影视作品的节奏可分为平稳、跳跃、流畅、凝滞、对比和重复等,任何一部影视作品的节奏都不会是一成不变的,在总体节奏的组织下,具体节奏要不断根据情节的需要相应变化,由此丰富作品的内涵。倘若影视作品的节奏始终如一,缺乏具体节奏上的跳动,那就无法体现剧情的起伏,平淡如水的情节自然很难触动观众的心灵。

总体节奏和具体节奏是相辅相成的,要相互配合,不能割裂开来,这样才能形成张弛有度、轻重相当、缓急相宜的通篇节奏,也才能更容易地使观众接受。影片《无问西东》的节奏分明地分为四个板块,讲述了四个不同时代出自清华大学的年轻人,为事业奋力拼搏,最终实现自我价值的故事。四个板块依据时代特征,其节奏时缓时急,起伏明显,极具戏剧张力。节奏变化服从真挚的情感,最后在情感共鸣中走向统一。

不同题材内容和不同风格样式的影视作品会呈现不同的节奏基调。通常来讲,文体、风光、科技、动物等题材作品的节奏一般比较明快、轻松,有一定的抒情性,画面活跃,常运用短运动镜头和各种特技画面;社会类和历史文献类题材影视作品的节奏一般比较从容、深沉,注重纪实性,叙事说理充分、深入,较多运用长镜头,不轻易使用短镜头,避免节奏过快而显得轻浮;战争、警匪等电视剧类节目节奏激越、紧张,强调戏剧性,追求悬念和紧张的情绪气氛,多用近景别系列的动态画面表现强烈的视听冲击力。

(三) 视觉节奏与听觉节奏

从感官感受,节奏可分为视觉节奏和听觉节奏。视觉节奏是空间的层次,表现在空间的运动形态上,主要通过镜头的画面形象表现出来,如场面调度、人物的动作表情、摄影机的运动、蒙太奇剪辑中镜头的长短等,一切诉诸视觉形象的张弛、徐疾、远近、长短等交替出现而形成的合乎规律的运动,都可以创造富于变化的视觉节奏。

听觉节奏是富有时间层次的,表现在时间流程中,主要通过听觉形象表现出来,如人物的声音,环境中产生的同期声、音响、音乐等,一切诉诸观众听觉,有规律的轻、重、缓、急、强、弱等交替出现的声音层次是听觉节奏产生的基点。在影片《少年派的奇幻漂流》(*Life of Pi*, 2012)中,剧情随着少年派和老虎帕克在海上共处关系的变化而发展,情节跌宕起伏,电影的背景音乐很好地契合了情节叙述中的内在节奏,根据人虎关系与海上境遇的不断变化,舒缓和紧张的背景音乐交替出现。在派起初和老虎关系紧张及遭遇海上风暴这些扣人心弦的快节奏场景中,影片采用的音乐《God Storm》紧张激昂,能够渲染情绪,用暗含紧张气氛的旋律配合震撼人心的画面来刺激观众的视听神经。而人虎相安、派冥想自身信仰和坚守内心希望的时候,影片采用《Tiger Vision》这首歌曲,曲调较为平和舒缓,来应和放缓的影片节奏。影片通过缓急不一、快慢不同的配乐,很好地把握了影片的听觉节奏,使整部影片高潮迭起。

视觉节奏与听觉节奏是不可分离的,在影视片中它们总是相互作用、相辅相成地结合在一起,因此,在编辑时必须综合各种视听元素,共同为形成和营造一种统一节奏服务。音乐电视的节奏处理基本以音乐为主,画面中的人物动作、摄影机运动及镜头的长短处理随音乐节拍发生变化。

第二节　影响节奏的因素

"节奏是从镜头按不同的长度(对观众来说,这就是同时取决于镜头的实际长度和动人程度不同的戏剧内容的时间延续感)和幅度(即心理冲击,景愈近,冲击愈大)关系将镜头连接起来产生的。"[①]可见,节奏主要靠剪辑思维组接产生,它包括每个镜头内部主体的运动速度、镜头的运动速度、镜头的转换速度、镜头的长短,以及音乐、音响等。概括起来,影响节奏创造的因素有两大类。

一、剪接因素

普多夫金曾指出,"节奏取决于各个镜头的相对长度,而每个镜头的长度又有机地取决于该镜头的内容"[②]。一部影视作品是由许多镜头剪辑而成的,作品中的每一处组接都会影响其节奏。一个镜头在屏幕上停留的时间越短,节奏越快;停留时间越长,节奏越慢。也就是说,长镜头的节奏缓慢,有时能使人感到压抑,有时能表现焦躁不安,有时则可以表现人物的无能为力;短镜头节

---

① ［法］马赛尔·马尔丹:《电影语言》,何振淦译,中国电影出版社 1980 年版,第 135 页。
② ［苏］多林斯基编注:《普多夫金论文选集》,罗慧生、何力、黄定语译,中国电影出版社 1962 年版,第 106 页。

奏快速、活泼,易产生速度感、活力感、力量感等效果,也能给观众造成心理上的剧烈冲击。

剪接率是指镜头转换的速率,它由一定长度的放映时间里所包含的镜头数量来表示。剪接率快慢与单位时间内镜头的数量成正比,当镜头时间长时,一定时间内放映的镜头少,剪接率慢;反之,当镜头时间短时,剪接率则快。在一定的镜头段落中,如果镜头越来越短,镜头数量就越来越多,称为"剪接率加速";反之,称为"剪接率减速"。剪接率快,则节奏快;剪接率慢,则节奏慢。剪接率加速,则节奏也逐渐加快;反之,则节奏减慢。

二、造型因素

电视造型因素很多,下面择其要者作简要说明。

(一)镜头运动和主体动作

镜头本身的运动和镜头内主体的运动速度、方向、幅度对视觉节奏会产生明显的影响。运用快速的运动镜头,节奏自然快;运用缓慢的运动镜头,节奏则慢。画面中主体的不同运动和动作幅度也会产生不同的节奏感,如奔驰而过的小汽车与路旁的等车者,二者形成的节奏是不同的。

通过剪辑把运动镜头组合到一起往往能表达剧中人当时的情绪和情感节奏,具有强烈的感染力。

(二)景别

不同景别在表现动作(镜头运动和主体动作)时,观众的感受速度是不同的。同样运动速度的主体,景别越大,运动节奏越弱;反之,运动节奏越强。相同景别的组接容易形成一致的节奏,使韵律流畅;大幅度景别的变化会造成节奏流程的停顿,产生跳跃的节奏感。前者如积累式蒙太奇,常可以实现节奏效果的叠加,例如,近景特写的不断切换可以给观众一种千钧一发的紧张感,渲染影片的紧张氛围,让观众能够参与人物的情感活动。后者如穿插式蒙太奇句子或两极镜头组接,景别的剪辑变化通常按照节目的内在节奏确定。

假如按照正常的时间流程记录一个伐木场工作过程中的9个镜头:

①（中近景）一名伐木工人锯树

②（特写）油锯在锯缝中颤动

③（全景）这棵树倒在地上

④（近景）另一名伐木工人锯树

⑤（特写）油锯在颤动

⑥（特写）伐木工脸部肌肉在震动

⑦（全景）这棵树倒在了地上

⑧（特写）另一把油锯锯树

⑨（全景）第三棵树倒下

　　按照从①至⑨的顺序,人们可以感受到伐木的基本过程,但景别发挥的作用无非是突出了叙事重点。一旦把这些镜头的次序作如下调整,景别对节奏的力量作用就明显突出了:

①（中近景）一名伐木工人锯树

④（近景）另一名伐木工人锯树

②（特写）油锯在锯缝中颤动

⑤（特写）油锯在颤动（另一把）

⑥（特写）伐木工脸部肌肉在震动

⑧（特写）另一把油锯锯树

③（全景）这棵树倒在地上

⑦（全景）这棵树倒在了地上

⑨（全景）第三棵树又倒下

　　完全相同的镜头在不同的次序组织下,表现力完全不同。在第二个段落中,能够明显地感受到节奏的张力,这种力量源于对画面内运动的有效控制。特写镜头和全景镜头分别集中在一起,不仅更能吸引观众的注意力,也更能发挥镜头的合力,产生更突出的冲击力。正如苏珊·朗格指出的,"节奏的实质是通过先前事情的结束为一个新事件做准备,一个有节奏运动着的人用不着丝毫不差地重复一个动作,但他的动作必须具备完整的形态,大家方能感到开始和完成,并在动作的最后阶段看到另一个动作的条件和产生。节奏是以先前的紧张的消逝来达到新的紧张的建立,紧张根本用不着持续相等的时间,但是酝酿新的转折点的情景必须在其前者的情境中有所体现"①。

(三) 镜头焦距

对于运动的物体,不同焦距的镜头会在画面上造成不同的可见运动速度。对于纵向运动的物体,用广角镜头拍摄显得速度快,用长焦镜头则显得慢;对于横向运动的物体,以上两种镜头的拍摄效果相反。因此,不同焦距镜头形成的不同动静变化会导致节奏感的不同。

(四) 声音

声音本身具有长短、强弱的变化,特别是音乐本身是节奏的艺术。因此,不同声音的组合会产生不同的节奏感。北京申奥最后的陈述片《新北京·新奥运》的音乐极富感染力,选用了三种不同风格的音乐:第一段是箫奏出的富有浓郁东方特色的《看东方》,在舒缓、柔和的抒情中,表达了北京企盼奥运的情感;第二段则从三大男高音在紫禁城演唱的同期声导入,耳熟能详的歌剧《今夜无人入眠》将古老与现代结合在一起,极具世界性;第三段则是节奏明快又极具煽情性的威风锣鼓《得胜鼓》,将所有的感染力凝聚在这一刻。短短的五分钟内,三种不同风格但又有共同表达主题的音乐浑然天成,大放异彩。

此外,色彩、光影、角度等都会影响节奏的产生或形成,此处不再细述。可以通过影片《海上钢琴师》的片段来领略剪辑节奏的创造及其效果。主人公 1900 与爵士乐王谢利在船上展开了一场较量,三个回合的较量是全片的高潮之一。乐王谢利弹奏了三段技艺精湛的爵士乐,可谓得心应手,驾轻就熟。1900 却漫不经心,第一回合弹奏简单清新的《平安颂》;第二回合原样重复了乐王的曲子;到第三回合(见表 7-1),1900 的演奏仿佛疾风骤雨,犹如无数双手在琴键上飞舞,连乐王也被感染。一曲终了,全场震惊,鸦雀无声。这个段落仅 1 分 30 秒,但剪辑师调度了 110 多个不同景别、角度的镜头(见表 7-2),整个段落一气呵成,节奏强烈,堪称全片的神来之笔,给人以酣畅淋漓之感。

---

① [美]苏珊·朗格:《情感与形式》,刘大基、傅志强译,中国社会科学出版社 1986 年版,第 126—127 页。

表 7–1 《海上钢琴师》片段：剪辑节奏

镜头①：4秒20帧 【镜头①—③是第三回合的前奏，可以说是于波澜不惊处开始，并没有引起在场的人的注意。节奏平缓，景别以全景系列为主】	镜头②：2秒11帧 【镜头①—③具有明确的叙事意义，而放到钢琴上的烟则是一条叙事线索】	镜头③：1秒7帧
镜头④：4秒5帧 【在叙事中，近景系列景别出现，节奏开始出现转折】	镜头⑤：2秒4帧	镜头⑥：1秒21帧
镜头⑦：1秒6帧 【随着琴声响起，段落节奏开始加快】	镜头⑧：2秒11帧	镜头⑨：2秒13帧 【景别接近，但角度跳跃明显，不需讲究轴线规律，而是突出节奏的强烈】
镜头⑩：1秒5帧 【这是加强情绪的插入镜头，突出动作的强烈】	镜头⑪：1秒22帧 【对于1900的演奏而言，镜头⑪、⑫是切出镜头，是对演奏的间接反应】	镜头⑫：1秒13帧

镜头⑬：1秒1帧	镜头⑭：1秒 【切出镜头】	镜头⑮：24帧
镜头⑯：1秒11帧 【切出镜头，乐王的反应是对1900演奏的映衬】	镜头⑰：1秒11帧 【一组叠化镜头，突出表现1900对演奏的投入】	镜头⑱：1秒13帧 【对1900运用大量镜头，既是客观展示，与乐王等其他人相比也蕴含了寓意】
镜头⑲：1秒3帧	镜头⑳：16帧	镜头㉑：8帧
镜头㉒：12帧	镜头㉓：1秒9帧	镜头㉔：2秒5帧
镜头㉕：1秒21帧	镜头㉖：1秒8帧	镜头㉗：22帧
镜头㉘：3秒21帧	镜头㉙：17帧	镜头㉚

续表

镜头㉛：20 帧	镜头㉜：22 帧 【切出镜头，渲染情绪】	镜头㉝：1 秒 5 帧 【画面是钢琴投影】
镜头㉞：1 秒 13 帧	镜头㉟：【切出镜头，变焦起幅】	镜头㊱：1 秒 17 帧 【变焦落幅，突出烟和乐王，为情节发展预置交代】
镜头㊲：1 秒 16 帧	镜头㊳：8 帧	镜头㊴：11 帧 【剪接率开始加速】
镜头㊵：8 帧	镜头㊶：7 帧	镜头㊷：23 帧
镜头㊸：1 秒 11 帧	镜头㊹：1 秒 1 帧	镜头㊺：1 秒 4 帧
镜头㊻：1 秒 6 帧	镜头㊼：2 秒 11 帧 【接入幻觉效果，描绘琴声的气势，下同】	镜头㊽：1 秒 6 帧 【切出镜头】

镜头㊾：19帧	镜头㊿：17帧 【切出镜头】	镜头51：9帧
镜头52：13帧	镜头53：1秒7帧	镜头54：8帧
镜头55：18帧	镜头56：6帧	镜头57：11帧
镜头58：18帧	镜头59：18帧 【这是镜头⑭的延续,属于加强情绪的切出镜头】	镜头60：24帧
镜头61：14帧	镜头62：11帧	镜头63：11帧
镜头64：13帧 【琴弦的跳动是1900弹奏的直接反应,表现韵律】	镜头65：15帧 【乐王手中的酒杯往下掉,表示一种强烈的震动】	镜头66：10帧

续表

<table>
<tr><td></td><td></td><td></td></tr>
<tr>
<td>镜头⑥⑦：11 帧
【酒杯掉到地上】</td>
<td>镜头⑥⑧：7 帧
【脸部大特写，短镜头，加快节奏。而且短于 10 帧的短镜头使用频率越来越高】</td>
<td>镜头⑥⑨：1 秒 23 帧</td>
</tr>
<tr><td></td><td></td><td></td></tr>
<tr>
<td>镜头⑦⓪：9 帧
【短镜头明显增多，剪接率加快，节奏也更急促】</td>
<td>镜头⑦①：17 帧</td>
<td>镜头⑦②：6 帧</td>
</tr>
<tr><td></td><td></td><td></td></tr>
<tr>
<td>镜头⑦③：8 帧</td>
<td>镜头⑦④：9 帧</td>
<td>镜头⑦⑤：16 帧
【和着优美的琴声，乐王的手也情不自禁地弹奏起来。这是本段落中的最后一个切出镜头】</td>
</tr>
<tr><td></td><td></td><td></td></tr>
<tr>
<td>镜头⑦⑥：8 帧
【从镜头⑦⑥起接下来的 48 个镜头中，被摄主体都是 1900 的特写、近景或弹奏的双手，以及快速跳动的琴弦。这从一个方面表明 1900 对演奏的倾情投入】</td>
<td>镜头⑦⑦：5 帧
【同一人物、相近景别和相似角度的镜头强行组接，突出视觉震撼和听觉冲击】</td>
<td>镜头⑦⑧：10 帧</td>
</tr>
</table>

镜头⑦：14 帧

【镜头⑦—⑧，大部分长度在 14 帧左右】

镜头⑧：15 帧

镜头⑧：16 帧

镜头⑧：15 帧

镜头⑧：13 帧

镜头⑧：12 帧

镜头⑧：6 帧

镜头⑧：14 帧

镜头⑧：14 帧

镜头⑧：7 帧

【镜头⑧—⑩，长度均在 7 帧左右，是上一个小段落的一半，节奏更快】

镜头⑧：7 帧

镜头⑨：7 帧

镜头⑨：7 帧

镜头⑨：7 帧

镜头⑨：7 帧

镜头⑨：5 帧

镜头⑨：6 帧

镜头⑨：6 帧

镜头㊄：8 帧	镜头㊅：7 帧	镜头㊆：6 帧
镜头⑩：7 帧	镜头⑩：7 帧	镜头⑩：8 帧
镜头⑩：5 帧	镜头⑩：7 帧	镜头⑩：6 帧
镜头⑩：7 帧 【镜头㊅—⑩，长度虽然接近，但角度的跳跃更强烈，正在逼近节奏高潮】	镜头⑩：5 帧 【镜头⑩—⑩，大部分长度在5 帧左右，节奏再次加快】	镜头⑩：5 帧
镜头⑩：14 帧	镜头⑩：7 帧	镜头⑪：5 帧
镜头⑫：6 帧	镜头⑬：8 帧	镜头⑭：3 帧 【从镜头⑭起直至演奏结束，镜头长度在 3—4 帧,将节奏推到高潮】

 镜头⑪⑤：4 帧	 镜头⑪⑥：3 帧	 镜头⑪⑦：3 帧
 镜头⑪⑧：4 帧	 镜头⑪⑨：3 帧 【高潮处用 1900 双手的快速动作与演奏结束时的镜头⑫⑩形成反衬】	 镜头⑫⑩：4 秒 22 帧 【演奏结束,依然是仰摄画面】
 镜头⑫①：2 秒 10 帧 【演奏结束,终于出现全景,节奏剪辑也就此告一段落;同时,与演奏前的叙事相呼应,再展开一段叙事】	 镜头⑫②：1 秒 21 帧 【全场鸦雀无声】	 镜头⑫③：1 秒 19 帧 【1900 喘息】
 镜头⑫④ 【与镜头㉟、㊱形成反变焦效果,情节上也是一种呼应】	 镜头⑫⑤：3 秒 17 帧 【变焦镜头的落幅,引出叙事线索】	 镜头⑫⑥：4 秒 9 帧 【用视线关系转到烟上】
 镜头⑫⑦：6 秒 15 帧 【接下来的整个段落以叙事为主,因此多用动作剪接点,节奏也与叙述内容吻合】	 镜头⑫⑧：1 秒 11 帧	 镜头⑫⑨：2 秒 2 帧

续表

镜头(130)：1 秒 16 帧 【连贯的动作剪辑中插入切出镜头，还有镜头(135)、(137)、(149)、(150)，表现人物对场景内动作的反应】	镜头(131)：3 秒 2 帧	镜头(132)： 【根据叙述重点确立景别大小】

镜头(133)：3 秒 11 帧	镜头(134)：3 秒 20 帧 【为造成强烈对比，以较大景别镜头组接】	镜头(135)：4 秒 9 帧 【反应镜头】

镜头(136)：1 秒 22 帧	镜头(137)：1 秒 23 帧 【反应镜头】	镜头(138)：3 秒 20 帧

镜头(139)：1 秒 9 帧	镜头(140)：3 秒 5 帧 【镜头(140)—(145)是一组反打镜头，突出人物关系】	镜头(141)：1 秒 14 帧

镜头(142)：3 秒 16 帧	镜头(143)：1 秒 15 帧	镜头(144)：2 秒 6 帧

续表

镜头⑭：【缓推镜头起幅】	镜头⑭：10 秒 15 帧【缓推镜头落幅】	镜头⑭：1 秒 18 帧
镜头⑭：1 秒 13 帧【气氛性反应镜头】	镜头⑭：1 秒 21 帧【这是镜头⑥、⑬的呼应和延续】	镜头⑮：1 秒 23 帧【这是镜头㉜、⑬的呼应和延续】
镜头⑮：2 秒 2 帧	镜头⑮：3 秒 7 帧	镜头⑮：2 秒 16 帧【全景景别表现对比，突出乐王的孤独】
镜头⑮：1 秒 15 帧	镜头⑮：3 秒 18 帧	镜头⑯：2 秒 21 帧
镜头⑯：10 帧	镜头⑯：6 帧	镜头⑯：11 帧【附加烟灰掉落的连贯过程，隐喻了乐王花环的灰飞烟灭，也反衬 1900 散发出的魅力】

续表

镜头⑩：3 秒 18 帧	镜头⑯：3 秒 21 帧 【以远景结束整个场面，意犹未尽，情绪得到张扬】	

表 7-2　　《海上钢琴师》比赛片段镜头数统计　　（单位：个）

比赛过程	谢利演奏过程			1900 演奏过程			小计
	谢利演奏	听谢利演奏的观众	听谢利演奏的 1900	1900 演奏	听 1900 演奏的观众	听 1900 演奏的谢利	
第一场	29	9	7	11	5	5	66
第二场	20	8	10	10	6	3	57
第三场	20	7	9	128	14	19	197
小计	69	24	26	149	25	27	320

影视作品的节奏形成于最终完成剪辑的时候，它归根到底是一种蒙太奇节奏，简而言之，就是事件、情节发展的强度和速度。这种强度和速度能使观众的感情随之一起跳跃，或紧张，或兴奋，或轻松，或伤感。蒙太奇的节奏源于生活，剪辑师必须根据影视作品的内容和结构需要综合处理各种视听元素，对剧情展示、人物刻画和情绪把握等作出正确的选择。

第三节　电视节奏的创造

美国电影理论家波布克在其《电影的元素》一书中说："每一部影片都有独特的内在和外在节拍。实际上，影片的质量和许多方面取决于这些节拍或节奏。内在和外在节奏的处理主要属于电影剪辑的工作范围。"①

---

① ［美］李·R.波布克：《电影的元素》，伍菡卿译，中国电影出版社 1986 年版，第 121 页。

剪辑节奏是一种外部节奏,镜头转换的快慢、长短、衔接方式的变化等均诉诸观众视听感官的节奏。法国电影理论家莱昂·摩西纳克说,外在节奏不仅存在于画面本身,并且存于连续的画面之中。因此,电影表现力的最重要的部分就是外在节奏,但剪辑节奏同时也影响有关情绪的内部节奏。外部节奏是以内部节奏为依据的,在剪辑中两者是密不可分的,假如场面的内容是激动人心、令人极度兴奋的,那么外部节奏就要求快,镜头短促,镜头之间可直接切换,使一个细节跳到另一个细节,一个场景跳到另一个场景,一个动作突变为另一个动作。

一、内部节奏的设计

内部节奏也称心理节奏剪辑,一部影片的节奏与人的心理规律息息相关。例如,知觉的感受、记忆的再现、丰富的联想、逻辑的思维等都属于对客观事物的认识活动,是为了了解客观事物的性质和规律而产生的心理活动。在认识的过程中,人们心理上又会产生情感和情绪。编辑影视片的过程,实际上就是创作人员通过影视作品的表现手段折射自己的心理活动。这一心理活动创造的节奏是有共性的。

将人物心理活动的变化和影片剪辑的节奏高度统一,这主要依赖以下三个方面。

(一)抓住情节线

出色的影视剪辑必然要牢牢把握影视作品的情节。以伦敦申奥宣传片为例,它以晨跑的英国女孩作为线索,由此串联起伦敦各界,将伦敦乃至英国民众的体育热情展现得淋漓尽致。该片情节流畅自然,很好地控制了整部宣传片的叙事节奏。

片中不断奔跑的女孩无疑是全片的核心部分。她的奔跑激发了路边民众与明星们的运动热情,他们也纷纷投入各式运动,体现出"全民奥运"的主旨,在很好地把握人物线的同时,也成功感染了观众的情绪。

从情节线来看,全片情节紧凑,环环相扣。残疾人投篮进球后振臂高呼、侍者精彩的"托马斯全旋"、街头少女干脆利落的后空翻、建筑工人拿起护栏玩"撑竿跳",等等,这些接连出现的运动场景并非无序的拼凑,而是跟随着奔跑的女孩的脚步,依次展现给观众,显得清晰有序,极富节奏感。

（二）安排兴奋点

影视节奏是人物内心情感的一种再现，为了能使观众心潮澎湃，影片需要激发观影者的兴奋点。伦敦申奥片的韵律并非一成不变，而是兴奋点层出不穷。空姐在马路上竞走、街头的绅士用雨伞练习击剑等和谐、有趣的场面带给观众新奇、兴奋的感受，从而获得极大的认同感。全片最后，建筑工人"撑竿跳"后在沙泥上留下了一个人形坑的画面。结尾是一个建筑工人憨厚的笑脸的特写，成为全片亮点。这些巧妙的兴奋点在打动人心的同时，也契合了全片的叙事节奏。

（三）强化悬念感

为了调动观众的情绪和介入观众的心理活动，影片的内部节奏设计就要具有悬念感。在伦敦申奥片中，这种悬念感就一直伴随始终。从镜头使用的情况来看，全片并未用跟随镜头追随奔跑的女孩，而是将镜头分布在多处场景，以多角度的机位来表现形形色色的人看到女孩后的不同反应。这样的拍摄方式使观众对下一个出场人物始终充满好奇，悬念感加快了全片的内部节奏。

二、外部节奏的创造

外部节奏主要表现为镜头组接的节奏，它是受制于影片内容和结构的。因为内容和结构是影片的整体节奏，而镜头组接只是局部节奏。在依据整个节目内容和结构处理节奏的前提下，还要结合具体内容考虑外部节奏。

在影视片中，镜头的长度显著地影响着画面的表现力和感染力。"构成剪接艺术的首要元素是决定每一个镜头的长度。一个镜头稍长一些或稍短一些，对画面效果的大小能起决定性的作用。"[1]镜头长可以长到整个电视片仅有一个镜头，短可以短到只有几帧画面。一般来说，确定每个镜头的具体长度要综合考虑以下几个因素。

---

① ［匈］贝拉·巴拉兹：《电影美学》，何力译，中国电影出版社 2003 年版，第 132 页。

(一) 控制叙述长度

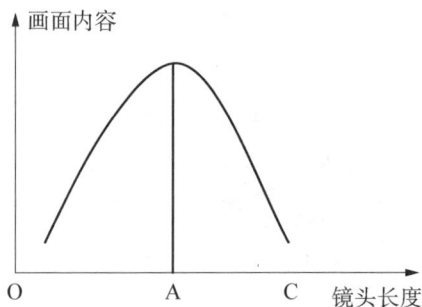

图 7 - 1 内容调子

能将内容叙述清楚的确定镜头的有效长度被称为"叙述长度"。当观众在领会画面内容时,镜头的长度会产生特定的感染力。一般而言,把因领会画面内容而切换镜头所产生的感染力发展曲线称为"内容调子"(见图 7 - 1)。

OA 段表示剪接点选在观众尚未领会画面内容的点上,内容调子尚未扬起;A 点表示剪接点选在发展曲线顶点,最清楚地叙述了故事内容;AC 段表示剪接点选在观众足以理解内容的点上,内容调子已经开始下降。

内容调子主要是由画面的内容和造型元素产生的,包括情节含义、演员表演、构图、光影、色彩、线条、形状以及景别大小和音乐等因素。制约镜头叙述长度的主要因素有以下几个。

1. 内容表达

镜头的长度首先要保证内容表达的完整性,使观众在"看见"的基础上"看清",也才有可能"看懂"。当观众还没来得及看清楚、弄明白画面内容,镜头就切换了,观众就有仓促、急迫、喘不过气来的感觉;当观众看清楚画面内容,领悟其中的含义以后,镜头就应该立即切换,再延续下去就会形成拖沓的感觉。因此,镜头适可而止地切换才能形成恰当的叙述长度。

一方面,要完整地交代故事情节,表达主要内容;另一方面,如果是在纪录片或专题类节目中,要根据解说词的长短恰当地选配镜头画面,尤其是涉及人名、地名、职务等客观内容的交代时,镜头要留有足够的长度,以免张冠李戴。在电视新闻中常看到一些画面被重复使用,这是由于解说需要临时加入或延长的,只能作为应急措施,不提倡使用。另外,在有声片初期,台词也曾是决定性因素,现在由于声画组合艺术手法的发展和丰富,灵活性已很大,不再拘泥于台词的限制。

2. 画面布局

画面布局包括主体、陪体的位置,画面上的布光,主体与陪体的运动状态等。画面布局点不同,对观众产生的视觉注意点不同,镜头的长度也就各不相同。

首先，前面的景物比后面的景物醒目、突出。

如果主体处于画面前部，镜头可短一些；如果主体置于画面后部，镜头应长一些。有时为了显示画面的纵深度，会在前景处设置某些陪体，如果它们与主体有相同的亮度、色调和速度，就会比主体更容易引起观众注意。一旦镜头的持续时间较短，前景中的陪体便会喧宾夺主，观众不易看清后景中的主体；只有当镜头留有一定长度时，后景中的主体才能获得观众的思维认可。因此，在需要用后景来说明问题时，镜头应保持一定的长度，以确保观众有足够的时间去认识后景中的细节和事物。

其次，亮部的景物比暗部的景物更容易引起观众的注意。

如果主体处于画面亮区，镜头可短一些；如果主体处于画面暗区，镜头应长一些。观众的视线首先会被亮的部分吸引，然后才逐渐转移到较暗部分的内容。例如，一个表现办公室内场面的镜头，画面中有甲乙两人，甲是主体，乙是后景中的人物。乙的作用仅仅是表示办公室内不只有甲一人。当窗外有强烈的光线照射进来时，如果乙距离光源更近一些，观众会先看到乙而后看到甲，所以镜头应留有较长的时间才能较好地表现甲。如果这个镜头很短暂，则会导致当观众的视线由乙转到甲时，镜头已经结束了。如果观众不能看清主要人物，那这个镜头也就失去了它存在的意义。

此外，较暗的部分也可以引起观众的探索心理，当观众看清较亮部分的内容后，注意力就会自然而然地转到较暗的部分。因此，上述镜头如果主体是乙时，镜头的长度不宜过长。

再次，运动的景物比静止的景物更容易吸引观众的视线。

如果主体是运动的，镜头可短一些；如果主体是静止的，镜头应长一些。例如，清晨，一位老者在公共汽车站牌处等车，清扫街道的环卫工人正忙碌着。这个画面如果着力想表现的是环卫工人，镜头则可短一些，因为观众的视线容易被环卫工人的忙碌身影吸引；如果表现的是等候公共汽车的老者，镜头应接得长一些，使观众有充分的时间把视线从运动物体转移到静态的物体，看清并理解画面主体的意义。

最后，运动快的景物比运动慢的景物更易吸引观众注意。

如果主体是高速运动的，镜头可短一些；如果主体是缓慢运动的，镜头应长一些。例如，在宽阔的马路上，崭新的农用汽车一辆接一辆地呼啸而过，在自行车道上，一位老同志骑着一辆半旧的自行车费力地蹬着。在这里，如果想表现农村丰收后,富裕起来的农民纷纷购买农用车跑运输、拉物资这层含义,那么汽车的运动速度较快,很容易吸引观众的注意力,镜头可接得短一些;如果骑车人是一位清正廉洁的老干部,影片需要突出他的形象,镜头则应留得长一些。因为观众看屏幕时首先会把视线投到高速运动的汽车身上,接下来才会看到骑自行车的人。

3. 镜头景别

不同景别的镜头在屏幕上应保持不同的长度,这是由画面的特点和观众的收视特点决定的。如果选用一块手表的特写镜头,画面上的景物相对单一,只有一块手表,特写又把表呈现得清晰、醒目,观众一眼就能看清楚,则不需要太长的时间。如果镜头展示的是街景,街道上车水马龙,拥挤喧嚣,街道旁高楼林立,人流如潮,画面中的景物数不胜数。如果每个对象在画面上所占的比例又十分有限,若想让观众看清画面上的各个细节,就需要较长的时间。由此可以看出,如果是大景别,如远景、全景等,镜头包含的内容较为复杂,观众看清楚需要较长时间,镜头应长一些;而小景别,如特写、近景等,镜头反映的内容较为单纯,镜头长度可以短一些。

一般而言,对于固定镜头来说,不同景别的镜头有一个大致的长度要求(见表7-3)。如果是运动镜头,由于存在起落幅的问题,需要作相应的变化。

表7-3 不同景别镜头长度

景别	特写	近景	中景	全景	远景
长度	1—2 秒	2—3 秒	3—5 秒	5—8 秒	8—12 秒

当然,在实际剪辑过程中,相同景别的镜头所用的长度也可能不一样。因为即使是相同的景别,画面内多种元素的复杂程度并不一样,如人物关系的复杂程度、画面构图的复杂程度、光线的明暗程度、动作的快慢程度等,会导致镜头信息含量的不同,并直接影响观众注意和看清画面的时间。因此,这些不同景别的长度只是一个叙事的视觉规律参考,更多的是剪辑师根据内外节奏进行合理的创造。

(二) 调整情绪长度

影视作品中的段落是用于表达情绪、情感和气氛以打动观众和感染观众的。有些段落是渲染气氛、营造氛围的,有些段落是抒发豪情壮志或优美情思的,有些段落是烘托情绪和表达情感的。在组接这类镜头时,要紧紧围绕如何营造气氛,如何调动镜头的感染力来决定镜头长度,这样的长度称为"情绪长度"。"情绪长度"的确定并不以内容的叙述为依据,而以情绪或气氛的传达为主要参照。

1. 对列组接气氛、情绪镜头

短镜头的迅速切换可以给观众的视觉产生一种"震惊感"。如果在一系列镜头中,每一次镜头变换所产生的震惊感尚未消失之前,下一次镜头就已变换,就会使每一次的积余效果叠加到下一次的效果上。这样一次次的效果积累起来,就会造成一定的气氛。

通常,把由镜头的迅速切换而产生的气氛对观众的感染力的发展曲线称为"剪接调子"(见图7-2):OA、AB、BC、CD段等分别表示连续切换并组接在一起的若干镜头,两根竖线之间表示镜头长度,每根竖线的位置表示镜头的剪接点,斜线表示效果的积余。

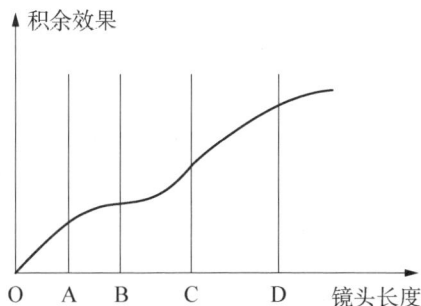

图7-2 剪接调子

剪接调子是由剪接率造成的,在实际的剪辑过程中,如果镜头过长,应该切换时却没有切换,那么这个镜头内容产生的震惊感会延续到下个镜头之前消失。总体上而言,震惊感增进的速率低于其消失的速率,产生不了积累效果,也就营造不出内在节奏的高潮(见图7-3)。

相反,如果镜头过短,不应该切换时就切换了,每次镜头变换所产生的震惊感还没有开始发挥作用,镜头内容就中断了。此时,剪接调子尚未扬起,形成不了镜头内在连续的节奏,既没有情绪的积累,也产生不了完整的叙事意义,达不到高潮(见图7-4)。

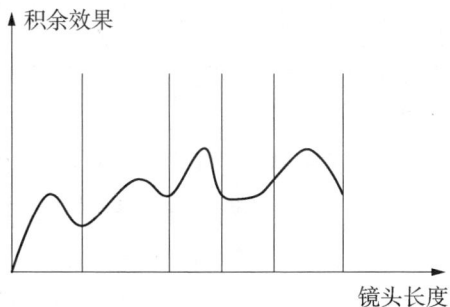

图7-3 镜头过长时的剪接调子

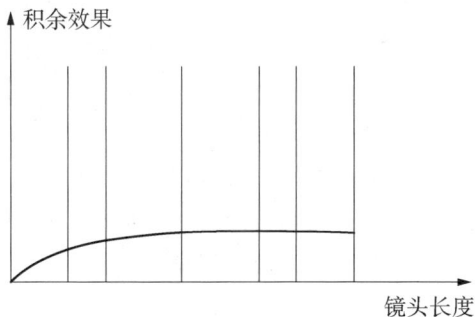

图7-4 镜头过短时的剪接调子

在日常生活中,人们会有这样的体会,耳朵总是听同一频率的单调声音会感到厌烦,例如,单调的车轮声会使人昏昏欲睡。视觉也是如此,总是看同一速度的画面组接,就会对初见时的震惊感有所制约,这种制约会抵消积累的效果(见图7-5)。

根据这个特性,在编辑电视作品时,应适当地变换剪接率,可用一种剪接加速的方法使镜头越来越短,产生效果的积余,并营造出一种紧张、兴奋的节奏感,使镜头段落走向高潮(见图7-6)。

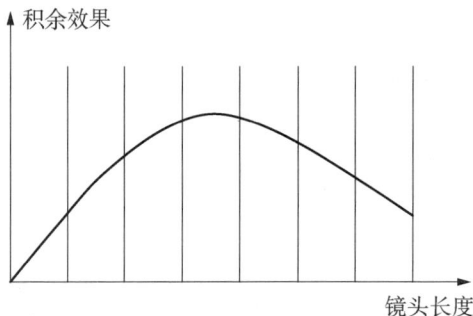

图7-5　镜头等同时的剪接调子　　　　图7-6　镜头变化时的剪接调子

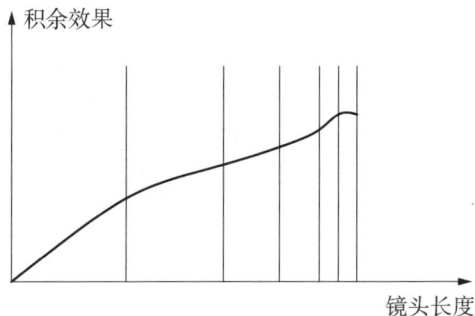

在剪辑中把由于剪接率加快而运用的镜头长度称为"比较长度",即从第二个镜头开始,使每一个镜头有规律地一个比一个短,逐渐加快剪接率,加快段落节奏。在影片《英雄》中,"无名与长空棋亭对决"一段是在无名的叙述中展开的:"武功琴韵虽不相同,但原理相通,都讲求大音希声之境界,臣和长空面对面站着,有半个时辰。虽然谁也没动,但决斗已经在彼此的意念中继续展开。"现实中的人物和意念中的人物用彩色和黑白区分开来,随着琴声节奏的加快,决斗的动作速度和强度也逐渐加剧,就在即将进行生死决斗的瞬间,编辑用一段"比较长度"的剪辑方法,使镜头剪接率明显加快,每个镜头的长度都不超过1秒钟,剑与长枪的撞击声和琴声融合为同一节奏,弹琴与对决画面相互映衬,打斗场面的激烈性气氛充分高扬,最终达到顶点(见图7-7)。

"比较长度"的实际效果主要表现在短镜头的迅速转换中,其应用范围仅限于视距相近,内容分量相当,共同表现同一主题的一系列对列镜头,包括对比、重复、积累等思维对象。需要说明的是,"比较长度"并不是目的,它只是创造气氛、表达思想的一种手段,通过短镜头的交叉反复组接,"不断改编剪接的速度来调

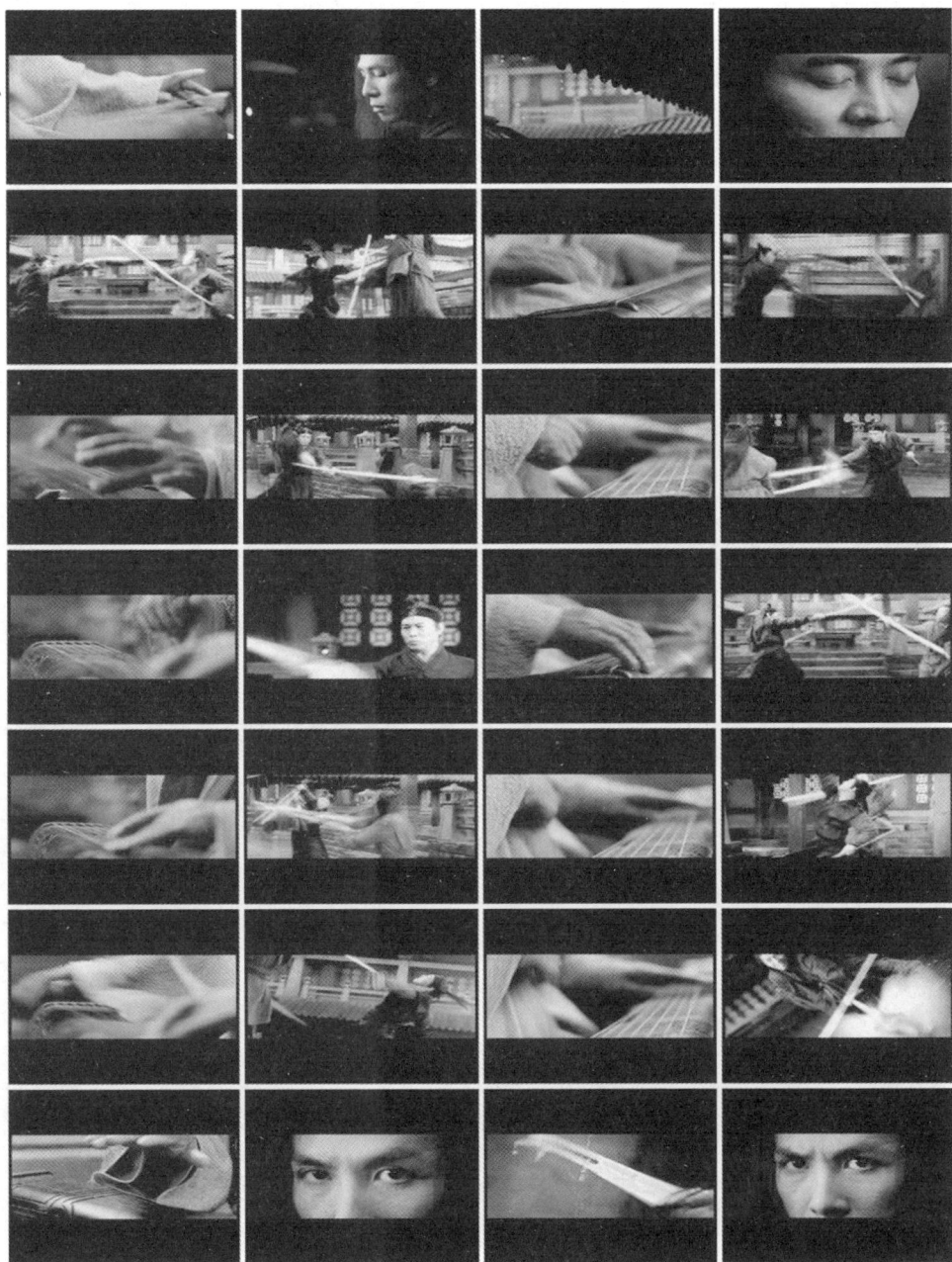

图 7-7　电影《英雄》片段：以"比较长度"确定镜头剪辑

节紧张的程度"①。因此,在上面的段落结束处,可以看到镜头的剪接又从"节奏剪接点"回归到叙事的本位,即以"动作剪接点"为基本依据(见图7-8)。无论是画面的转换还是景别的变化,都以动作的前进为基本节奏。可以说,"比较长度"的剪接使情绪与气氛得以积累,而在此则爆发了出来。

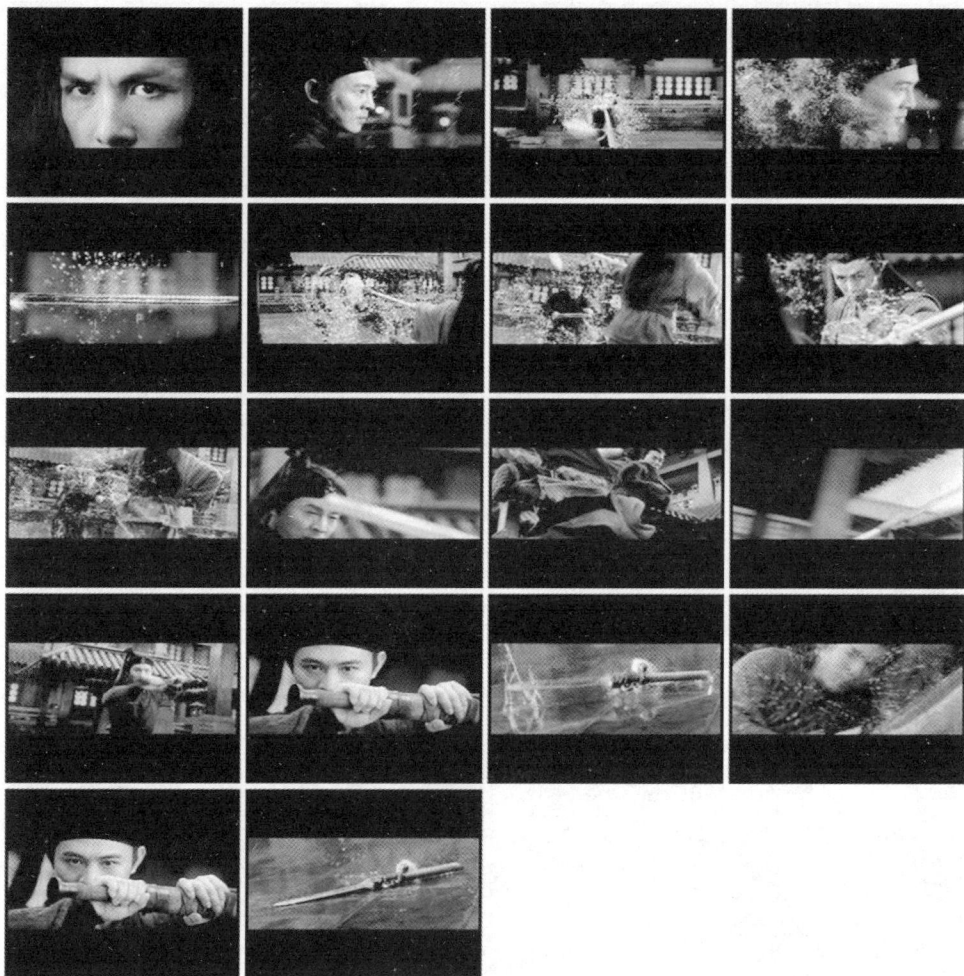

图7-8 《英雄》片段:在"比较长度"之后镜头回归到内容长度

---

① [英]卡雷尔·赖兹、盖文·米勒编:《电影剪辑技巧》,郭建中等译,中国电影出版社2008年版,第224页。

2. 适当延长气氛、情绪镜头

有时为了更好地表达人物的内在情绪,尤其在情绪高潮处,镜头的长度常不能按正常的叙述长度来确定,而需要适当地延长镜头长度,以保持情绪的延续和完整。在以下几种情况中,常采用延长镜头的方法。

首先,为了引起观众的思索和回味,突破叙述长度的限制,适当加长镜头。在电影《驴得水》结尾,孙佳离开三民小学赶赴延安,路上她打开行李箱,一箱弹性球滚落满地。一瞬间,弹性球借助山势滚落在田野间,随着时间的推移,弹性球靓丽的色彩逐渐消失在草丛中,这也预示着三民小学曾经五彩斑斓的教育梦的破碎。影片用两个镜头组接,表现彩球的散落,两个镜头的时长加在一起达 27 秒,这组镜头也成为影片最终的画面,让观者陷入沉思。

可以说适当加长镜头长度可以使情绪得到延续和发展,同时渲染影片中的人物情感,让观众更好地产生情感共鸣。电影《亲爱的》片尾,镜头停留在这样几个画面:福利院里单纯、年幼的孩子们在奔跑嬉戏,吉芳趴在窗口托腮等待,李红琴蹲在医院走廊上止不住地哭泣。镜头缓慢而悠长,故事悄然终止,留给观众的是心灵的触动以及对现实生活的深思。

其次,在动作出现之前适当延长镜头长度,表达对上一镜头内容的反应和呼应。在动作出现之前延长镜头长度,能够表现出主体对动作的情感酝酿,更好地让观众把握影片主体的情感变化过程。

总之,在某一叙事段落表达某种情绪时,剪辑应当与之协调(无论是事件节奏的快慢还是情绪的强弱变化),不能与之背离,破坏情绪的顺畅、连贯。当然,镜头的长度并不是编辑手法中唯一的要点,必须把它纳入影视作品的总体构思,将内部节奏与外部节奏紧密结合,既考虑叙述长度,又顾及情绪长度。

三、剪辑节奏的要求

概括来看,影视节奏的创造应主要考虑以下五个方面的要求。

(一) 整体感：根据内容"量体裁衣"

影视节奏作为影视作品中的重要审美元素,服务于作品的内容叙述和情感表达,后期剪辑创造的影视节奏始终是以影片内容为依据的。因此,要从整体上把握影视作品的主题和其中人物情感的变化,进而创造出与之呼应的影视节奏。

优秀的影视节奏应该与影视作品的内容相辅相成；相反，如果节奏的创造脱离内容而随意为之，势必会导致影视节奏与内容的格格不入，最终影响影视作品的情感表达。

（二）协调感：外部节奏与内部节奏统一

在影视作品节奏的创造中，还要注意内部节奏与外部节奏的协调统一。作为影视节奏的两种表现形态，它们的关系始终密不可分。内部节奏与作品中的情感变化和剧情转变息息相关，它除了需要观众用自身的审美直觉去领悟感知，还要通过与之相协调的外部节奏加以呈现，只有两者和谐统一时，才能使观众拥有更好的审美体验。

（三）层次感：总体节奏与局部节奏配合

任何一部影视作品的节奏都不是一成不变的，而是不断根据情节的变化起承转合、顿挫跌宕。影视作品的节奏基调通常是贯穿始终的，但是具体节奏的设计则往往要考虑局部情节的发展。优秀影视作品的高潮往往是在剧情的层层推进、不断深入中产生的，而剧情的层层深入也必然要求影视作品的节奏富有层次感。这就需要总体节奏和具体节奏的相互配合，由此使影视作品通篇的节奏张弛有度，动静相宜。

（四）分寸感：善于发挥镜头间的张力

影视作品的节奏很大程度上是通过对镜头数量、镜头长度的再造来呈现的。这需要对原始镜头进行合乎逻辑与合乎规律的有机组接，有分寸地进行剪辑，或延长镜头长度，或运用跳切抽离部分叙事镜头，或进行同系列景别镜头的集中切换，通过发挥镜头之间的张力来赋予影视作品牵动人心的节奏感。

（五）韵律感：善于通过作品传达美感

韵律感也是影视作品节奏中不可或缺的要素。影视作品的节奏归根溯源是为影视作品服务的，而影视作品作为一种艺术产品，其每个元素都向观众传达着美感，节奏也不例外。富有韵律感的节奏往往可以通过跌宕起伏的情节展现出一种美感，而这种美感也能丰富整部作品的内涵。

影视作品的节奏最终是通过剪辑而呈现的，它归根结底是一种蒙太奇节奏，简单来说就是事件、情节发展的强度和速度。这种强度和速度能使观众的感情随之一起跳跃，或紧张、或兴奋、或轻松、或伤感。但蒙太奇的节奏源于生活，必须根据影视作品的内容和结构需要，综合各种视听元素，对剧情展示、人物刻画和情绪把握等作出正确的选择。

四、剪辑节奏的方法

剪辑对一部影视作品节奏的形成而言有至关重要的作用，不同剪辑技法的运用会产生不同的节奏。镜头的高速运动、多景别镜头的跳跃组接、镜头的跳切与省略，都可以改变或制造影视节奏。概括来看，主要有以下三种剪辑方法。

（一）延宕技法

影视作品中的延宕技法是通过放慢影视的叙述节奏，以渲染气氛或突出某种情绪的艺术手法。延宕技法在外在表现形式上通常表现为对升格镜头的运用。影视作品为了营造某些场景的特定气氛和视觉效果，常常会在后期剪辑时运用升格镜头来改变节奏，达到目的。

影片《黑客帝国》（*The Matrix*，1999）中有一段经典的惊心动魄的枪战场面，剪辑师运用了大量慢镜头来表现主人公躲避子弹时的炫酷动作。除此以外，该影片在表现枪林弹雨中子弹的飞舞、主人公的飞檐走壁、目不暇接的格斗动作时，使用了大量的升格镜头，改变了原本的镜头运动速度，将紧张激烈的气氛渲染到了极致。这样的延宕技法拉长了时间，增强了影片内在的节奏张力，极大地刺激了观众的视觉神经。

（二）同类镜头

在影视作品转场时，如果采用相同的镜头组接方式和镜头运动，也能剪辑出影片的节奏感。不仅如此，同类镜头的使用还可以推动叙事，渲染情绪。在快节奏叙事风格的电影里，观众的注意力常常疲于追寻影片镜头的高速运动，而很难感受到内部节奏的变化。然而，转场时同类镜头的出现能给观众带来一种心理暗示，让观众的情绪变化暗合影片叙事节奏的发展。

(三) 跳切

跳切作为一种剪辑手法,打破了常规状态镜头切换时遵循的时空和动作连续性要求,常以较大幅度的跳跃式镜头来组接。"省略是其最主要的特性之一。这种特性使它在电影中能起到压缩甚至重构时空,以加快叙事速度,增大单位时间的信息量的作用。"①跳切技法的运用可以在相似的镜头间产生一种相异景别,由此产生一种错落有致的节奏感。

当然,跳切在抽离画面时要注意表达的清晰度,不能因为跳切而造成情节内容的缺失,必须以情节内容的内在叙事节奏为依据,还要以观众欣赏心理的能动性和连贯性为依据。

通过剪辑形成影视节奏的方法还有很多,停顿、相似镜头等方式不一而足。无论采用哪一种剪辑的方式,剪辑者都要深刻地领会影视作品的人物心理、剧情发展和思想内涵,只有以此为基础,才能充分发挥节奏的张力,进而带给观众更好的审美体验。

推 荐 阅 读

1. 汪流、张文惠:《怎样把握电影节奏》,中国电影出版社 2007 年版。

2. [匈]伊芙特·皮洛:《湍流与静流:电影中的节奏设计》,吉晓倩、莫琳、经雷译,中国电影出版社 2013 年版。

3. 杨远婴:《逆光跳切:杨远婴电影文选》,北京大学出版社 2017 年版。

4. [美]达德利·安德鲁:《经典电影理论导论》(修订版),李伟峰译,北京联合出版公司 2018 年版。

5. [美]托德·克利克:《电影叙事节奏:编剧必备的 120 分钟设计技巧》,张敬华译,人民邮电出版社 2015 年版。

观 摩 影 片

1. 《英雄》(中国内地/中国香港,2002)

2. 《地心引力》(*Gravity*,美国/英国,2013)

3. 《疯狂的麦克斯:狂暴之路》(*Mad Max：Fury Road*,澳大利亚/美国,2015)

---

① 周新霞:《魅力剪辑:影视剪辑思维与技巧》,中国广播电视出版社 2011 年版,第 97 页。

思考题

1. 影视节奏的要素有哪些？其基本特点是怎样的？

2. 影响节奏有哪些因素？这些因素之间有怎样的联系？

3. 一部影片如何设计外部节奏与内部节奏才能达到两者的和谐统一？

第八章

电视作品合成

在电视制作过程中,视听元素的分解并非最终目的,其最终意图是将这些元素进行组合,从而形成能表情达意的视听信息流。这就涉及一个宏观把握的问题,具体来说包括理解作品主题、用视听语言体现作品主题、电视作品的结构确立、结构的具体技巧等,通过对这些问题的梳理,将镜头组接的语法、原则及技巧应用于具体的作品,这是电视编辑的最终环节。

第一节　电视作品的主题

主题是电视作品的灵魂,不论何种形态的节目,总要说明某个问题,或反映社会生活现象,或发表主张和阐明观点,或抒发情绪和感受。一般认为,主题是创作者对客观事实材料的认识、判断或评价,表现在节目中则是内容表达出来的基本意思和中心思想。

一、电视主题的作用与提炼

创作一部片子,首先要从理解和熟悉主题入手,即要解决"说什么"的问题,因为主题是电视作品的灵魂,对电视作品起着统率作用。"我们所用的技术手段——镜头、拍摄角度、画面、根据节奏韵律而使用的镜头焦距、编辑时的交叉重叠、声音——全部要取决于作品的主题。"[①]

---

① 〔美〕约翰·S. 道格拉斯、格林·P. 哈登:《技术的艺术:影视制作的美学途径》,蒲剑等译,北京广播学院出版社 2004 年版,第 5 页。

（一）电视主题的作用

要把握电视作品的主题，首先要理解电视作品主题的作用。概括而言，电视主题有以下四个作用。

1. 叙述事件，刻画人物

电视作品的主题最基本的作用就是叙述事件或表现人物。不论是故事片，还是纪录片，叙述事件都是一个重要的主题，所有故事片都会选择以事件来承载矛盾冲突、表现人物性格、表达创作者观点。因此，叙述一个或多个事件，是故事片主题的重要作用。而纪录片对叙述事件也是非常重视的，如《生活空间》的口号"讲述老百姓自己的故事"曾经让不少观众倾心。在这种纪录片中，事件必不可少，通常是围绕生活中的个体展开的。

2. 观照现实，反映社会

电视作品反映历史、观照现实的作用是显而易见的，很多电视作品都通过表现过去以反映现实；或通过过去与现在的对比，来表达更深的哲理，表现观念的冲突，展示社会的变化。通过电视作品反映社会生活现象，可以揭示其历史意义或当代价值，从而产生丰富的启迪意义。

获 21 届中国电视金鹰奖长篇纪录片优秀作品奖的纪录片《老镜子》，讲述了一位红军烈属守候爱情的故事。主人公池煜华因丈夫当年离开时的一句"等我回来"，伴着丈夫送给她的唯一礼物——一面小圆镜，整整等了 70 年。主人公对爱情的坚守和矢志不渝的等待使全片呈现出一种悲剧美，同时，编导还加入了另外一条线索，即县剧团排练山歌剧《老镜子》的过程：县剧团的演员们一边激烈地争论着老人的做法是否值得，一边开始排练。老人的这种悲剧般的爱情撞击着当下年轻人的爱情观、价值观、人生观，争辩因此而产生。随着片尾主人公继续等待的画面，人们的思考也远没有结束，关于生与死、爱与等待、坚持与变化、付出与索取等种种思辨话题，伴随着"老人等待了 70 年"这一核心，在表现人物、挖掘主题等方面不断延展。《老镜子》选取富有审美意义的爱情来阐释生活的含义，通过池煜华这一主体和作为陪衬的剧团女主演这个形象，在对生活原貌的展现和典型意义的概括之间，找到了一种内在的契合，传递出人类普遍的情感体验和审美享受，也使主题显示出现实的普遍意义和永恒价值。

3. 表达情绪，抒发情感

一部好的电视作品总是充满情感的，细致入微的观察、深刻而独到的体会，都会给创作者带来强烈的创作情感。电视作品的主题表现过程在抒发创作者情绪和感受的同时,也抒发了作品中被表现对象的情绪和感受,而且还抒发了观众的情绪和感受。

20集电视纪录片《长大的故事》选取了36位独生子女的成长个案,管中窥豹式地反映了第一代独生子女的成长经历,亲情、友情、爱情在这个电视作品中相互交织和浸染。片中对人物情感的真实袒露和人物之间关系的微妙表现,契合了观众内心深处的心灵律动,真实地抒发了片中主人翁的情感,也体现了创作者的情感意图,从而使观众的接受体验总是处于一种欲罢不能的境地。比如,在表现爱情的板块中,有一集《我是一片云》,主人公舒畅让观众感受到了这一代人对爱情的坚贞与执着。舒畅非常爱自己的女友,可有一天女友却在父母的安排下去了香港,舒畅不顾一切地去追逐女友,一直追到深圳才不得不停下了自己的脚步——那座罗湖桥割断了他和女友,舒畅在桥的这边,女友在桥的那边。两年后,女友在父母的安排下走得更远,而舒畅流浪的脚步和漂泊的心灵也显得更为沉重。编导在这一集中用一种纪实与艺术相结合的方法,真实而又写意地再现了一个美丽动人的爱情故事,使观者大有回肠荡气之感。爱情是人类情感的永恒主题,因而表现爱情的作品总是能激起人们共同的情感反应。

4. 发表主张,阐明观点

电视作品是创作者利用形象思维和逻辑思维,通过视听形象来表现主题的,而主题总是蕴含创作者的立场、主张和观点,有很多电视作品就是想通过作品来表达创作者的观点,并将其传达给观众,以期引起共鸣或思考。即使是以真实、客观、纪实风格著称的纪录片也会或明显或暗含地传达创作者的立场与观念。

曾获奥斯卡最佳纪录片的《科伦拜校园事件》(*Bowling for Columbine*,2002)是美国著名纪录片大师迈克尔·摩尔的作品。如同他的其他作品《罗杰和我》(*Roger & Me*,1989)、《华氏911》(*Fahrenheit 9/11*,2004)等一样,导演通过吐露他个人主观的思考来吸引观众。全片以发生在科伦拜一所中学的校园枪杀事件为引子,执着地追问"为什么美国每年因枪杀死去的生命在全世界排名第一"以及"为什么美国会有如此多的校园枪杀事件发生"。该片就像一篇优秀的议论文,编导试图挖掘美国历史和文化在校园枪击案中扮演的角色。编导毫不避讳自己鲜明的观点,即恐惧已深深扎根于美国人的精神,美国社会比其他任何社会更极端地在它的文化中孕育了一种强烈的妄想症。而主流媒体,尤其是奉行煽情主义策略的电视新闻报道则是罪魁祸首,它们有意地夸大了美国白人的恐惧心理,从而造成美国人的精神脆弱,认为只有开枪才能解决问题。毫无疑问,在复杂的社会问题面前,专业媒体的职责之一便是启发人们思考,而该片留给观众的思考是十分深切的。

(二) 电视主题的提炼

电视作品的传播意图是通过主题表达的,一般而言,电视节目的创作总是围绕主题的呈现展开的。确立了主题,也就有了电视作品的支撑点。

主题的确立有两种主要方法,一种是"意在笔先",即在创作之初先设定主题,然后根据这个主题来选材和结构。这种主题先行的创作方式通常根据党和政府的方针、政策及中心工作,确立主题构想,用它作为观察和分析现实的参考,类似于命题作文,许多专题节目、政论片、电视公益广告等多采用这种方法。十二集大型电视纪录片《大国崛起》梳理了五百年来在世界舞台上叱咤风云的九个大国崛起的历史。该片的摄制缘起于中央政治局集中学习《15世纪以来世界主要国家的发展历史》的启发,以此为主题进行选材和结构。全片展示了九个国家通过不同方式在不同时期内完成的强国历程,既体现出各自鲜明的、不可重复的时代特征和民族个性,也探讨了某些规律,并得出结论:国家只有政治制度创新和经济制度创新并重,才能实现国家的崛起和持续发展。这部纪录片鲜明的主题为中国作为一个正在崛起的大国提供了历史镜鉴,为讨论国家发展问题提供了可资借鉴的历史资源和文明资源。

另一种是主题在创作中不断丰满,逐渐成形,有时到剪辑台上才最终形成。这种创作方式大多在构思阶段有一个开放的甚至虚化的抽象思路和主旨,然后在创作过程中逐渐实在化和具体化,创作者有更大的自由度和思维空间,纪录片的创作经常按照这一方法操作。纪录片《探索·发现》之《丧钟为谁而鸣》是一部关于东京审判的口述历史纪录片,是在不断采访和搜寻资料中逐渐建构而完成的。在采访拍摄过程中,摄制组不断发现新线索,比如当年的亲历者仍面临现实生活的一系列变故:亲历者逝世,"非典"突如其来,当年参加审判的其他国家的法官或检察官作古,等等。在实地采访、资料搜寻和拍摄过程中,摄制组发现了不少弥足珍贵的活历史,尽管回忆经常是支离破碎的,但鲜活生动的往事叙述是无价的。在这个过程中逐渐确立表达思路:尽量用客观、平实的态度深入事件,充分展现东京审判蕴含的戏剧性冲突和事件背后的悲剧性因素,同时展现这次审判的胜利。最终,通过丰富的影像资料,达到对人类生存状态的警醒。应该说,这种对主题的提炼并不是在有意识地认识和分析事实的理性认识中事先确立的,而是在作品的形成过程中自然而然地显露出来的,在深入采访、掌握大量材料的基础上,通过鉴别、分析和感悟,找到了有意义的主旨表达。

二、电视主题的体现

主题的确立和提炼是由感性认识上升到理性认识的飞跃,创作者要善于从大量的客观现实或历史资料中选择组成作品的材料,通过具体事件或生活现象揭示主题思想。

(一)围绕主题选择材料

在电视节目创作中,材料是体现主题的有力武器,因此,选择合适的材料才能为主题的凝练打下良好基础。选择材料的标准要能够有力地说明、烘托和突出主题,也就是要选择能够揭示事物本质特征、具有广泛代表性和较强说服力、能够支撑主题的材料。

在主题的制约下进行选材,并表现主题,这是电视节目的重要环节。2000年,英国"10分钟,年华老去"(Ten Minutes Older)有限公司力邀全球15位顶级导演演绎有关时间的主题,在10分钟内,导演们各显神通,表现似水年华。其中,西班牙导演维克多·艾里斯拍摄的《生命线》(*Lifeline*,2002)记录了西班牙小镇的一个午后,出生不久的婴儿和美丽的母亲沉浸在睡梦中,熟睡中的婴儿脐带缓缓渗出鲜血,没有人察觉到危险即将发生。与此同时,屋外的男孩用炭笔在手腕上画了一只手表,然后放在耳边似乎听见时间一分一秒滴滴答答的声响。摆动的时钟挂在屋内墙上,老人在桌边认真玩牌,墙上的照片映衬出不易捕捉的流年。婴儿和母亲还在沉睡中,婴儿的血越渗越多。一个女人在缝纫机前做衣服,一位老年妇女在和面,她的右手边放着玻璃水壶,水壶下压着的报纸上是三个年轻纳粹军人的头像。女孩荡着秋千,男孩编着草绳,男人们割草锄地,女佣揉着面粉,孩子和母亲的呼吸,草地上爬行的蛇,厨房里静静的水滴,庄园的一切都很宁静。突然,婴儿的啼哭和母亲的呼叫瞬间打破了宁静。所有人都聚集到房间里,眼里充满了关切。这时,时钟依然摆动,秋千空着轻荡,空旷草地只留下了稻草人,面粉边的水杯下依然压着那张报纸,水滴还在缓缓滴落。

一切都没有声响,全部淹没在孩子的哭声里。在众人的关切中,婴儿的血止住了,停止了哭泣,在母亲怀里露出了天真纯美的笑容。于是庄园又回到了之前的宁静:时钟、秋千、编织、锄草、揉面。男孩用手指蘸了些口水,抹去了手腕上画着的手表。在静谧的午后时光,水壶中的水漫延开来,濡湿了壶下的报纸,连同上面纳粹军人的头像,都在水中变得恍惚。镜头最后定格在大特写"1940 年 6 月 28 日"上。

　　从表 8-1 中,我们可以看到编导是如何运用素材并通过组织素材来表现主题的。

表 8-1　《生命线》结构

镜头①:婴儿在睡觉,画外不时出现鸟鸣声 【婴儿画面一直延续到最后,起贯穿作品结构的作用】	镜头②	镜头③
镜头④	镜头⑤:脐血渗透面越来越大 【埋下戏剧性伏笔】	镜头⑥
镜头⑦	镜头⑧ 【到这个镜头为止,焦点都是婴儿及其母亲】	镜头⑨ 【通过少年画手表逐渐引出作品对时间的描述】

镜头⑩：儿童在画表，画外偶尔有狗叫声出现	镜头⑪	镜头⑫
镜头⑬	镜头⑭ 【镜头⑩—⑭构成一个连续的动作】	镜头⑮：画面响起时钟的嘀嗒声，然后逐渐转为有源声
镜头⑯：钟摆 【客观存在的钟开始出现，表明时间的确是流逝的，与镜头⑰形成对照】	镜头⑰	镜头⑱：老人在玩纸牌
镜头⑲	镜头⑳	镜头㉑
镜头㉒	镜头㉓	镜头㉔

 镜头㉕：妇女在做衣服，缝纫机声	 镜头㉖	 镜头㉗
 镜头㉘	 镜头㉙：妇女在和面，和面声	 镜头㉚
 镜头㉛	 镜头㉜	 镜头㉝
 镜头㉞：报纸上有青年纳粹的照片 【青年纳粹出现在报纸上，这个细节的出现很自然，却成为作者传达意图的重点】	 镜头㉟	 镜头㊱
 镜头㊲	 镜头㊳	 镜头㊴：儿童在倾听 【意在提醒时间的流逝】

续表

镜头㊵：家禽的叫声 【到镜头㊵才出现交代环境的镜头，某种程度上喻示该片的重点不在叙事】	镜头㊶：老人在铸刀，击打声	镜头㊷

镜头㊸	镜头㊹：妇女在晾衣服	镜头㊺：老人在割草，割草声
	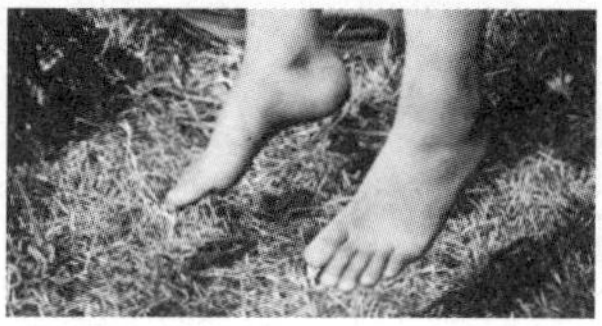	
镜头㊻：青年在编绳 【注意：后景中有一副拐杖，镜头下摇，只有右腿】	镜头㊼	镜头㊽：少女在荡秋千

镜头㊾	镜头㊿	镜头(51)
	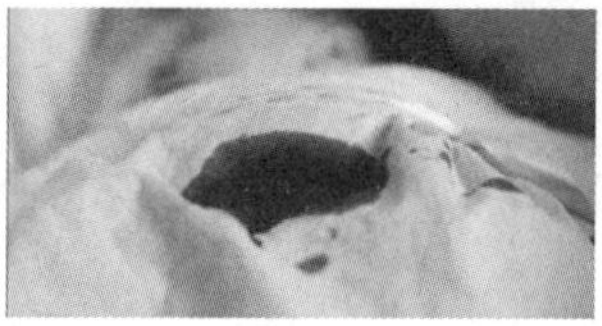	
镜头(52)	镜头(53)	镜头(54) 【水在滴，喻示血的慢慢渗出，同时也说明时间的流逝】

镜头⑤：墙上挂着的照片	镜头㊺：墙上的照片 【镜头摇，照片中全是青年，为造成对比效果留下伏笔】	镜头㊼：老人在休息
镜头㊽	镜头㊾	镜头㉂
镜头㉑：儿童在模拟开车，模仿汽车鸣叫	镜头㉒	镜头㉓
镜头㉔：妇女在刷鞋	镜头㉕：老人在割草	镜头㉖ 【几个动物的镜头，客观描述自然界的平静】
镜头㉗	镜头㉘	镜头㉙

续表

镜头⑦	镜头⑦：儿童在倾听钟声 【再次提醒时间的流逝】	镜头⑦
镜头⑦：猫进屋,猫叫声 【从动物的视角发现脐带血的渗出,一定程度上表现人与自然的和谐,反衬主题】	镜头⑦	镜头⑦
镜头⑦	镜头⑦ 【这个镜头再次出现时,与上个镜头⑤之间的间隔较长,充分设置了悬念和期待】	镜头⑦
镜头⑦	镜头⑧	镜头⑧
镜头⑧：婴儿啼哭声响起 【平静暂时被打破】	镜头⑧：画面音是母亲的喊叫	镜头⑧：听到喊叫声大家共同奔向室内

续表

镜头⑧	镜头⑧	镜头⑧：时钟还在摆动【时刻提醒时间的流逝】
镜头⑧【几个空镜头，快速交代事件的反应】	镜头⑧	镜头⑨【再次出现印有青年纳粹照片的报纸，重复】
镜头⑨：婴儿还在哭泣，大家都急切地关注着	镜头⑨	镜头⑨
镜头⑨	镜头⑨	镜头⑨
镜头⑨【与镜头⑩、⑩、⑩等一起构成切出镜头，同样为营造气氛服务】	镜头⑨	镜头⑨

续表

镜头⑩ 【与镜头⑨、⑩形成分剪插接,贯穿在这个小段落中,制造紧张气氛】	镜头⑩	镜头⑩
镜头⑩	镜头⑩ 【与镜头⑨、⑨、⑩一起在小段落中重复出现,与镜头⑩形成对照】	镜头⑩
镜头⑩	镜头⑩	镜头⑩:婴儿停止啼哭 【情节发生转折,也引发镜头节奏的再次回归】
镜头⑩	镜头⑩:婴儿微笑,画外音响起轻快的歌声 【画外音乐成为抒情手段】	镜头⑩:在歌声中一切又恢复平静

镜头⑫	镜头⑬	镜头⑭
镜头⑮：婴儿微笑 【与镜头⑩、⑰一起,具有很强的情感力,似乎正在湮没所有的慌乱与不平静】	镜头⑯	镜头⑰：儿童抹去手绘的手表 【这个细节似乎表明躁动和慌乱终将被抹去】
镜头⑱	镜头⑲	镜头⑳ 【后面这几个镜头是婴儿啼哭前的重复,表明内在戏剧冲突的平复,有强调之意】
镜头㉑	镜头㉒	镜头㉓
镜头㉔	镜头㉕	镜头㉖

续表

镜头⑫	镜头⑫	镜头⑫：歌声停止，钟摆的嘀嗒声响起
镜头⑬：青年纳粹的照片【第三次出现，位于结尾，是视觉重音，音乐也已经结束，达到了"此时无声胜有声"的效果】	镜头⑬：定格在时间"1940年6月28日"上【这个时间正是第二次世界大战期间，反衬了远方战火弥漫，而在庄园里虽有意外，但终将趋于平静，喻示着和平，可谓点题之笔】	

　　导演在这个平静的故事展示中表达了渴望和平的主题，而这个主题正是通过对材料的有意组织实现的。

　　首先，选定故事载体。作者以婴儿脐带出血表现时间的流逝。随着时间的推移，总有一些事情会像那团渗出的脐血一样，出人意料，并暂时打破生活的平静。但是，这种冲突终将结束，就如所有的声响都是有规律的，人与自然的和谐也是一种必然。从这个角度看，作者对婴儿流血故事的选择对应了人类关爱儿童的普适命题，以此传达和平的主题极具感染力。

　　其次，突出细节运用。在作品中，作者多次调度各种细节，如儿童画手表、老年妇女和面时水杯放在报纸上、编绳青年身后放着的拐杖等。这些细节可以令观众发现，庄园中活动的人物只有婴儿、儿童、老人、妇女和残疾青年，而缺少青壮年，他们在哪？作者正是通过细节表现出来的：在报纸上有，在相框中有。他们干什么去了？照片和相框告诉人们，他们走上了战场。一个完整的社群、一个完整的社会似乎正缺少他们，导演的意图不言自明。

　　最后，注重以事说理。时间的流逝只是作品表达观念的载体，因此，婴儿脐带出血只是一个背景,作者对战争的态度却蕴含在这个故事中:纵然无法在短暂时间内真正拥有和平,但就像婴儿出血一样,人类终究会抚平伤口,趋于和谐。那么理是怎么说的呢? 在这个短片中,作者又充分调度表现蒙太奇技巧,通过重复(如婴儿流血、时间流逝等)、对比(如纳粹青年与其他年龄段的人群)、隐喻(如表)和积累等蒙太奇思维,提炼了思想观念,达到了爱森斯坦式的"理性蒙太奇"效果。

(二) 用电视思维组织材料

电视要求视听兼备、声画结合的表达形式,因此,在电视节目创作中,在选择材料、体现主题时,具备电视思维是至关重要的。要注意选择那些能够通过电视化手段展现在屏幕上的素材,通过可视化的形象、运动性的人物、动人的旋律、优美的视听节奏、和谐的影调以及感人的细节等构成因素,塑造出作用于观众的完整视听形象。

在主题的规定性下,电视节目的选材也是一个选择和开掘适于电视表达的符号体系的过程,也就是运用视听规则进行编辑的过程。《生命线》事实上就充分运用了平行剪辑、积累剪辑、重复剪辑和隐喻剪辑等多种手法,使声画成为意义表达的基本手段。

再如,上海申博宣传片,在构思阶段即确定以《茉莉花》作为渲染气氛、承载情感的符号,这首借助普契尼名剧《图兰朵》而在全世界广泛流传的东方民谣,很容易引起评委们的共鸣,于是,"好一朵美丽的茉莉花,芬芳美丽满枝丫……"就成为贯穿全片的主题曲,对此曲作不同演奏方式和变奏处理。选择一首好的乐曲是影片成功的基础,但是如果没有优异的构思和视听构成,也不可能达到整体的效果。从一个人到许多人,到中国大地每个地方的人都在以自己的方式吟唱同样一段动人的旋律,歌声采用同期录音,由群众自己演唱,他们最朴素的歌声以最真实的人性深深打动了人心。当《茉莉花》悠扬的歌声响起时,古朴的江南古镇、流光溢彩的浦江夜景、辉煌的大剧院交响乐演奏和街头青年人的劲舞……一幅幅富有动感的画面以极快的节奏扑入观众的眼帘。上海特有的多元文化、多重色彩尽融其中,上海的巨变、上海市民的期盼心情,以及上海申博的主题"城市,让生活更美好",都深深地印在每一个投票人的记忆里。宣传片结尾,编导再次回归同期声,一个活泼可爱的女孩唱罢《茉莉花》,又声情并茂地说道:"八年以后,我长大了,你们来,我再给你们唱。"浓浓的人情味使人久久难忘。这样的视听同构令人陶醉,其魅力不仅源于高明的立意,也在于画面与声音材料的选择得当和有机组合。

总之,电视主题就是通过电视作品选择的材料及其组合传达出来的,而材料的选择又是一个去粗取精、去伪存真的过程,也是对素材进行综合分析、比较和研究的过程。创作者要善于将材料的选择纳入主题需要的范畴,选择典型、生活化、富有电视特点的素材来体现主题。

第二节　电视作品的结构

电视结构就是把无序的零散素材变成有序的电视作品,电视作品的成功与否很大程度上取决于结构。一个引人入胜的结构对一部电视作品来说是非常重要的。一部片子找到一种合适的结构,也就找到了一种恰当的叙述方式,并且最终能确立鲜明的风格和节奏。电视作品的结构有两个层次:一是整体布局,即对电视节目整体结构的把握,使作品层次分明、结构完整;二是内部构造,即对影视片系统内各局部、各要素的构成和转换的把握,使作品上下贯通、过渡自然。

一、电视作品的结构要求

电视节目的编辑艺术也是信息的组织结构艺术。霍华德等认为,节目良好效果的取得是由于节目的各构成部分的合乎逻辑的安排和包含适度的感染力因素[1]。他还认为,一个好的节目在结构方面必须符合五项要求:有一个有吸引力的开头和结尾;有一个良好的开头部分;节目的完整统一;有效地处理进度,内容多姿多彩,每个单元都有变化;有效地处理情节发展和高潮。这是一个值得认真对待和获得有益参考的观点。

电视作品结构的最基本要求可总结为以下四点。

(一) 完整统一

结构是电视作品的表现形态。按照系统思维的观点,电视作品应该成为一

---

① ［美］赫伯特·霍华德、迈克尔·基夫曼、巴巴拉·穆尔:《广播电视节目编排与制作》,戴增义译,新华出版社 2000 年版,第 180 页。

个完整统一的有机整体,这是它的最终目的,也是它的理想要求。

结构的完整统一主要表现在通过蒙太奇思维和一系列结构手段,使各部分之间紧密关联并相互依赖、彼此照应,使作品成为裁剪得当、布局合理、线索分明、层次清晰的艺术整体。结构的统一主要体现在两个方面:第一,结构形式要与叙事内容的内在节奏达到有机统一;第二,结构形式本身要和谐统一,浑然一体,全篇贯通,不能有前后割裂的感觉或格调风格不一致的感觉。

电视作品的整体结构一般由开头、主体内容和结尾组成,主体部分又根据内容的逻辑关系分成若干层次,这些部分的组织和排列形成了结构的完整性。从操作层面而言,首先要有十分明确的主题;其次要注意确定人物或行动的中心线索及情节、细节发展的主要线索;最后,对场面、段落等局部进行完整、有机的处理,对比、重复等某些结构手法的运用也可以使结构趋向统一。

(二) 真实自然

电视作品的结构必须从生活出发,以它反映的现实生活为依据,使作品的整体安排真实自然。真实是指在结构内容的安排上对客观世界存在的事物及其发展变化都能真实地、本质地反映,必须对生活素材进行反复琢磨,认真思考与此相关联的事物,找出联系,使各部分的安排真切、自然,合乎情理;自然则指结构形态顺理成章,过渡自然,行进流畅,尽量不露雕琢的痕迹,更不能牵强附会地拼凑。

电视作品结构方式的主观性较强,如果靠蒙太奇及画面连接在一起,往往可以不受时间、空间的限制,自由地跳动。控制思维也告诉我们,定序的控制既是自由的,又是有针对性的,同样的材料可以有不同的组织安排方法,能获得不同的传播效果。但是,无论怎样的组织安排都不应单纯为了追求形式,而是应考虑到事实提供的逻辑基础,使结构形态的运行如行云流水,自然而不做作,朴实而不浮夸。

(三) 新颖独特

新颖独特是指电视作品的结构既要符合叙事内容的特性,又要有叙事者的个性风格和特色,令观众既感受到清新,又能看到变化。电视作品反映的题材具有复杂性和丰富性,加之创作个体的不同个性风格以及电视观众对电视作品欣赏口味的不断变化,都要求电视作品的结构形式多元化。因此,在创作中,不能总用同样的模式去套编丰富多样的不同题材,作品的结构应该追求新颖和独特。一部好的电视片从内容到形式都应该有自己的特点,有自己的个性,这样才能准确地表现事物的本质,使每一个独特的事物都有独特的表现形式。如果作品结构形成了一种固定的模式,创作出的作品会让人觉得枯燥乏味。对于电视编辑而言,固定的思维模式只会制约内容的选取、组织和有效输出,编辑的创新观念、创新思维方法和创新手段,不仅会改变镜头加镜头的简单组织,还将影响节目整体的系统结构及其功能。

当然,可以借鉴一些好的结构形式,但不能照搬、照抄,因为不可能有两个题材在内在逻辑发展的节奏上是完全相同的,作为为内容服务的结构形式,必须依据鲜活的题材来选择、组织,只有这样才能保持结构上的创新和永不枯竭的活力。

(四) 严谨缜密

电视作品的结构要严密、精巧、工整,条理要清晰,层次要分明,切忌杂乱无章、颠三倒四,使观众不知所云。这几乎是每一个电视人都清楚的简单道理,但有时编辑的个体喜好会影响结构的有序性和定向性。

严谨的结构要求编辑人员重视思维逻辑,对电视片内容发展趋向有明确的认识,这样才能使详略不同的材料在结构中被放在适当的位置上,进而做到组织严密、无懈可击。特别是有些题材,如政论性题材、风光题材等,需要精密、严整的结构来显示逻辑的力量或表现优美的形式特征。但是,对电视节目中许多以人、社会、生活为反映对象的题材而言,自然、真实远比严谨更重要。严谨往往严肃有余,活泼不足,过分强调有时反而会使人感到呆板、做作,人为痕迹重。因为真实的生活现象不可能总是有条不紊、工工整整,硬把它条理化、逻辑化,有时反而会使其失去真实感。

结构的严谨并不意味着封闭,开放乃发展的前提,开放性作为创新思维的特质之一,是实现高效吸纳和全方位思考的基础,能注入发展的活力,这也是结构形式安排的重要要求。

二、电视作品结构的形式

结构形式指电视作品表现内容时的先后顺序。每个层次表达一定的意思,不同层次根据一定的顺序组织在一起,形成一个完整的结构形态。层次安排是结构方式的具体体现,对于任何一部影视作品而言,没有一成不变的结构模式和层次安排方式,应当依据创作构思灵活运用。

(一) 顺序式结构

指依据事件进程的自然顺序或认识事物的逻辑顺序来组织情节结构、安排作品层次的方式。这种结构方式具有明显的发展线索,一般呈线性态势,注重起、承、转、合的有机连贯,层次清晰,循序渐进。顺序式结构又称为单线结构,一般有以下两种表达方式。

1. 依照时间顺序安排层次

以时间为轴线,按照事件发展的先后顺序组织、安排材料,把事实内容逐渐介绍给观众,可以使观众清楚地抓住事情发展、变化的脉络。以时间为线索的结构也有变化形式,有时可采用倒叙式,即把高潮提前,将结果放在前面;有时采用插叙方式,在连续的时间过程中插入对相关事件的描述和渲染。

例如,影片《为奴十二年》是一部直面美国黑奴苦难的作品,在主体部分,创作者通过在现实中插入回忆来增加戏剧冲突。当索罗门在主人房屋的台阶上休息时,插入其与妻儿在一起自由自在生活的幸福回忆,回忆中的美好画面在主人的呵斥下戛然而止,画面又重回现实。美好的插叙回忆与现实的残酷形成对比,产生了强烈的视听冲击力。

2. 依照认识事物的顺序安排层次

这种结构方式以内容的深入程度为顺序,内容由浅入深、由表及里、由具体到抽象,反映作者对事物逐渐由表面到本质的认识过程,不断深化主题,使作品的叙事力度不断加强。

一些电视片往往采用这种结构形式,以反映人们认识事物时的深化发展进程。大型系列专题片《科教兴国》第六集《九亿人的课堂》采用的就是这种结构,讲述了我国的"农业和农民问题"。片中首先以山西省运城地区的一次农业科技讲座为引子,提出问题:农民学习农业科技知识的热情何来?"科技是第一生产力,学科技就是学致富的本领。"农民朴实的话语和专家的精辟见解成为对该问题诚恳和客观的回答。其次,作者又将问题拓展,加以分析——"政府,点燃希望的火焰",点明政府的艰辛努力换来了农业的新发展和农民素质的提高。再次,由于一部分剩余劳动力的出现和农民的新追求,"大转移,一个大学校"出现在繁华的都市中,学技术成为许多进城农民的选择,反过来又促进了乡镇企业的发展。最后,"新的农民,新的联合",科技转化和农业生产现代化成为新时期农业发展的新趋势,从而深化了主题,展望了我国农业和农村发展的美好前景。在这短短的 20 分钟里,片子按照提出问题、分析问题、解决问题的模式组织结构,由浅入深,循序渐进,逻辑严密,这也是顺序式结构方式的优势。

这种按照认识顺序展开的结构非常适合电视深度报道。2019 年《新闻调查》节目的《破解乡镇污水难题》一集,讲述了平坝村村民污水排放困难的情况。该报道的结构如下:

【引子】平坝村村民的生活污水都自然地排到周边的生活环境,形成了一个污水塘,引发小型污水处理设施的建设问题探讨。

提出问题:为什么要建设乡镇小型污水处理设施?

【问题分析一】

A. 通过采访调查污水对居民生活的影响

B. 分析污水处理厂建设的必要性

提出问题:乡镇污水对长江和三峡库区水质的影响有多大?

【问题分析二】

A. 乡镇污水处理成为污水处理中的薄弱环节:探讨乡镇农村污水处理设施的运营现状

B. 分析乡镇污水处理中遇到的问题:收水、专业运行和资金压力等方面

提出问题:乡镇污水该如何解决?

【问题分析三】

A. 166 号文件指定污水处理设施建设由重庆环保投资有限公司负责

B. 探讨该文件是否符合法律的要求

C. 该文件中相关要求的落实情况

提出问题:正在修建的污水处理厂遇到了哪些问题?

【问题分析四】

A. 地质情况对下堡镇污水处理厂运营的影响

B. 外界对污水处理厂新模式存在质疑

C. 探讨污水处理费的价格计算方式的争议之处

提出问题：为什么永川区要坚持提标改造？

【问题分析五】

A. 目前的排放标准无法将污水稀释

B. 分析污水处理厂处理污水总量标准提高的必要性

C. 对于提标成本存在的争议

提出问题：为什么丰都县没有将乡镇污水处理厂移交给重庆环投？

【问题分析六】

A. 丰都县用市场化的方式解决乡镇污水问题

B. 分析由公司运营的乡镇污水处理厂建设过程中的困难

C. 分析社会资本参与乡镇污水治理的动因

【尾声】

重庆环投接管的污水处理设施处于良好的运行状态，并且提出"水质改善"将是农村污水治理的最终目标。

许多科幻电影为了表现主角对客体认识的层层深入，往往采用这种结构形式，渐渐显现影片想要展示的主旨。如克里斯托弗·诺兰执导的《星际穿越》，通过肩负拯救地球任务的主人公的太空冒险，一步步深化了观影者对外太空、黑洞、时空等概念的理解。最终，主人公通过五维空间拯救了地球，正是基于影片前面对上述天体物理学概念的层层铺垫，观众才能理解五维空间的概念。

(二) 交叉式结构

这种结构方式将不同时空中的两条或两条以上有内在联系的线索，按照一定的艺术构思交叉组合安排，并以此组织情节，推动事件发展。这种结构方式完全打破了生活正常时空的连续性，形成了具有一定深度和广度的网状结构，常以某种情绪、某种思想、某些事物之间的某些内在联系或一定的悬念来贯穿。

电视纪录片《老镜子》就是围绕革命老人和年轻女演员的新老故事，采取了两条平行线交叉剪辑的叙事手法（见图 8-1），叙事线索清晰明了，主次分明。女演员这条叙事副线不仅没有干扰革命老人命运叙述的这条主线，相反，配角故事的衬托使主角的故事更加鲜活感人，同时强化了主题思想，使主题的内涵更加深刻、丰富。

图8-1 《老镜子》:两条结构线索

音乐电视《五星红旗》并没有停留在对红旗的一般表现和颂扬上,也没有简单讲述五星红旗的历史,而是选取"升旗"这一具体环节作为切入点,在天安门广场升旗仪式这一轴线上,叙述和展示均有所突破,从多维度、多侧面进行了表现。全片采用了两条结构线索(见图8-2)。

图8-2 《五星红旗》:两条时空线索

一条线索是时间的流程(送旗→升旗→敬礼),另一条线索是空间的展示(天安门广场、香港会展中心广场、某海军舰艇、山村学校等)。创作者将两条本身较为复杂的时间和空间情节线交叉融合在一起,突出几条线之间的对列、开放、立体、多层次地集中表现电视片的主题,演绎飞扬的旋律,与歌词中的"映红共和国的每寸土地"浑然天成。

这种交叉式结构并没有因线索的分散和对列而失去逻辑意义,编辑时务必使线索之间的内在关联性互相衔接,共同为拓宽主题意义服务。

同样,电影也经常使用交叉结构的方式,如影片《一天》(*One Day*,2011),讲述了艾玛和德斯特之间长达 20 年的爱情故事。20 年间,每到 7 月 15 日两人都会相聚,除此之外,两人如同平行的直线,没有交点。但在 20 年间,两人彼此关心的人与事将他们紧密地联系在一起(见图 8-3)。

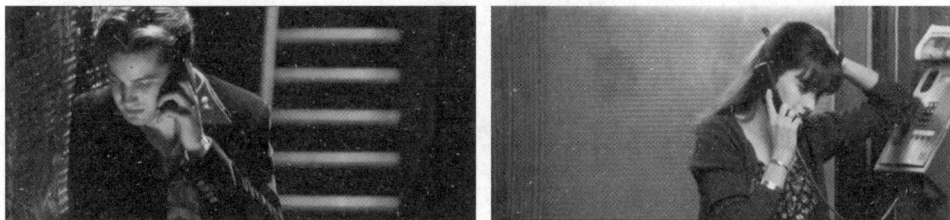

图 8-3　电影《一天》的两条结构线索

(三) 板块式结构

板块式结构方式将几大块相对独立的内容并列组织在一起,每块都有一条自己的线索,都从一个基点出发,综合地表现一个总主题,类似于散文的"形散而神不散",具有集纳的整合效应。与交叉式结构相比,每个板块中的主题往往是不同的,它虽然也有两条或更多线索,却不是交叉安排的,而是在总主题的支配下相对独立地发展,每一块内容都按照自己的线索组织发展。

总之,影视作品的结构不仅体现在镜头的编排上,也是一种整体意义上的把握、构思和设计,是作品灵魂的展现形式。以《舌尖上的中国》第三季为例,每一集都以一个主题展开,如第八集《合》,用影像记录了中国的美食版图。该集按照中国传统菜肴的味道分成辣、甜、酸等不同的板块,展现了不同地域、不同年纪的中国人对不同味道的食物的喜爱,各板块间的联系便是"中国人重团圆"。在纪录片结尾,通过广东梅州的客家人在祖屋的重聚,引出了整个影片的核心概念——"合",展现出中国人对团圆的共同期待(见图8-4)。

图8-4 《合》中各板块的联系

第三节 电视时空思维

恩格斯曾经指出,"一切存在的基本形式是空间和时间,时间以外的存在和空间以外的存在,都是非常荒诞的事情"①。电视是在有限时间内通过空间关系的变化,完成所有情节叙述的行为,所有的情节都要放在时空组合关系内考量才能最终呈现给观众。因此,电视作品的编辑过程是对信息的重组与二次建构,也是对现实中的真实时间和空间结构进行创造性运用的过程,时空的丰富多彩是剪辑艺术思维的结晶。

---

① 转引自[苏]米哈伊尔·罗姆:《电影创作津梁》,张正芸译,中国电影出版社1994年版,第208页。

一、时空思维的特征

随着电视艺术手法与样式的发展和成熟,电视形成了自己独特的时空思维特征。

(一) 无限与有限的结合

最初的电影时空是现实时空,与现实的时间流程完全相同。随后,舞台剧被搬上银幕,与现实相比有所不同。随着蒙太奇艺术手法的产生和发展,独特的时空观念和表现手法逐步形成,镜头的分切和组合打破了现实时空对影视屏幕时空的制约,使影视成为独特的时空艺术,而且表现为有限与无限的创造性结合。

电视时空的无限是指电视在艺术表现上不受时间和空间的限制,拥有无限的伸缩自由,它既在时间中延续空间,也在空间中展现时间。一部电视片可以表现一天、一年的事情,也可以表现几年、几十年、几百年乃至几千年、几万年的历史;它可以发生在房间、学校、广场、公园、车站、码头、机场等任何地方,也可以从北京到上海、到广州、到东北、到西北,从国内到国外,甚至到宇宙,正所谓天上人间,无所不能,无所不可。这就是电视时空表现的无限自由。

然而,电视又必须在有限的时间和空间中叙述故事,即电视受作品播映时间和屏幕画框空间的限制。电视剧有一定的长度,一个镜头、一场戏、一个段落的长度,从一秒钟到几秒钟、几十秒钟,从一分钟到几分钟、几十分钟不等,根据内容和形式不同,也有一定的时间限制,即时间是有限的。同样,电视的空间是局限在一帧画框和一定的屏幕规格之中的,即空间也是有限的。应该说,物理意义上的限制并没有束缚电视时空表现的翅膀,它可以利用有限的时间和空间去表现无限的时间长河和广阔的空间。具体来说,电视在叙述故事、表现领域等方面是无限的,但在具体表现形式上是有限的,即呈现给观众的内容是无限时空,直接表现在屏幕上的是有限时空;有限的时间取决于电视片的长度,有限的空间取决于屏幕的大小。

电视的无限时空是广阔的,它可以任你的思绪自由联想。例如,描写一个人的成长过程时,第一个镜头是婴儿啼哭,第二个镜头是儿童背着书包上学,第三个镜头是青年站在机床旁,第四个镜头表现中年,最后是老年的镜头。仅用五个镜头,一二分钟的时间便表现出了一个人的成长过程。导演根据创作意图省略了镜头之间的漫长成长过程,重新建构了电视艺术时空。这种表现手法是影视所特有的,也是与舞台时空的区别所在。再如这个镜头:一个人在办公室对同事说,"明天我去北京观看奥运会火炬接力",起身走出屋子;下一个镜头接奥运会标志牌,然后摇到此人正在观看长安街上火炬手的奔跑。其间过程全部省略,电视时空跨越了现实时空。这种省略和跨越也体现了时空处理的无限性,即只要观众的视觉观念和心理习惯可以接受的时空内容都可以组接。

时空的无限组接也必须建立在逻辑的基础上,必须符合生活逻辑和观众的视觉思维习惯,无论是上下镜头的连接,还是不同段落之间的转换,都必须建构在合理转接因素的基础上。从这个意义上讲,无限的时空组接又有相对的局限性,也只能是一种有限的组接和结构,电视的时空是无限与有限的高度结合。

(二) 主观与客观的交织

电视编辑创作的时空具有强烈的主观性,体现着导演剪辑的主观意图,观众只能看到导演安排你看的东西。"剪辑无一例外地要运用假定的时间和假定的空间。"[1]影片《雌雄大盗》(Bonnie and Clyde,1967)最后一段,警察的伏击已准备就绪,邦妮和克莱德打算利用老人的车逃跑,但他们的动作似乎是以蜗牛爬行的速度进行的,因为这个段落中插入了许多其他细节镜头。基本动作如果不被打乱的话,将是很简短、很迅速的。但剪辑师继续插入其他镜头:警察躲藏的灌木丛、树林、飞鸟和一张张脸。最后,就在结尾前有一个极为出色的延长时间的例子——邦妮和克莱德互使眼色。这个只占一两秒钟的镜头被拉得非常长,而且对观众来说似乎是永远停止了一样。紧接着是一个漫长的射击场面。在这个段落里,没有一件事情是在真实的时间延续中发生的,所有一切是为了制造主观效果和感受。剪辑师绝对支配着时间,通过加快或延缓,以达到预期的结局。这个段落体现了时空表现的主观思维倾向,然而,它的主观表现必须建立在客观理解和认可的基础上。梦幻感受的营造、悬念的跌宕丛生和科幻世界的描绘,都以符合观众的思维线为依托。从这个意义上讲,电视时空也存在着客观的一面。

电视时空的客观还体现在另一个重要方面,在一些纪实性电视节目中,编导

---

[1] [苏]米哈伊尔·罗姆:《电影创作津梁》,张正芸译,中国电影出版社1994年版,第208页。

大量运用镜头内部蒙太奇,通过镜头内部的人物运动和镜头本身的运动来展现客观真实的时空概念。这种时空具有强烈的现场感,观众似乎身临其境,基本没有夸张和渲染,是对现实的客观记录。电视专题片和系列片《望长城》《广东行》《走进西部》《世纪初年走边关》等大量采用长镜头展现真实时空,引起了观众强烈的主观参与感,观众随主持人和记者一起了解事件,一起感受那一份份独特的情感。因此,这些内容从形式上是客观的,但其产生的感受却是主观的,是客观与主观的和谐统一。

(三) 多样与统一的融合

电视时空还是多样与统一的融合。影视是在二维的平面上创造出三维空间幻觉的一个又一个令人拍案叫绝的奇迹,它突破了戏剧舞台的固定空间,完美地表现出逼真的时间、空间和运动。不同的画面构图、不同的组接方式改变着观众的视点、视距、视角,使观众能从多角度、多侧面、全方位地领略影视艺术的无限时空。影视跨越时空的能力给影视创作者和观赏者提供了广阔的天地,他们在虚拟的时空中可以无限地体验、发挥。现实生活中的人物、事件,脑海里的千思万绪乃至人的幻想、梦境感受、联想等都可以通过这一特殊的表现形式展现出来,电视时空表现的多样性深受欢迎。苏联经典影片《雁南飞》(*The Cranes Are Flying*, 1957)在处理男主人公鲍里斯不幸中弹倒下的动作时,导演和剪辑为了展现人物对美好生活的留恋、对未来的憧憬,运用了摇转镜头、幻想镜头,与鲍里斯倒下的慢镜头交叉剪辑,堪称经典。叠印的运用使时间延长,将人物瞬间的内心活动、情感世界化作银幕影像展现出来。正如林格伦所述:"从北极以至赤道,从大峡谷以至一块钢板上最微细的裂缝,从一颗子弹嘘的一声飞逝以至一朵花的迟缓的成长,从思潮闪过一张宁静的脸以至一个狂人癫狂的呓语——空间的任何一点,无论它的大小程度或运动速度,只要它在人的理解范围之内,都能在电影中获得表现。"[①]电视编辑的多样表现也进一步获得了时空的极大无限性。

但是,多样的电视时空必须与剧情高度统一,与生活逻辑统一,与剧中人的思想、情绪统一,有时也要考虑编辑的风格、节奏的前后一致或协调,它应当是多样与统一的结合。因此,电视创作人员应当合理运用电视编辑思维的时空创造

---

① [英]欧纳斯特·林格伦:《论电影艺术》,何力、李庄藩译,中国电影出版社1979年版,第126页。

手法,制造出逼真而又令人信服的逻辑时空。

总之,电视编辑人员在编辑电视片时必须着眼于时空的合理性,必须建立在无限与有限结合、主观与客观结合、多样与统一结合的基础上。电视中的时间和空间以有限的形式展现了无限的内容,既体现主观思维,又遵循客观规律,既灵活自由地多样表现,又和谐统一,为异彩纷呈的荧屏增光添彩。

二、电视的时间处理

"无可置疑,电影首先是一种时间的艺术,因为,在观看一部影片的全过程中,这一现象是能迅速抓住的。这无疑是因为空间是感觉的对象,而时间却是本能的对象。"[1]时间在电视艺术表现中也是占第一位的,空间必须在流动的时间艺术中表现和延续。

(一) 不同性质的时间形式

从观众接受角度划分,影视时间可以分为三类。

1. 播映时间

播映时间是指单部影视片或节目播映的总体时间长度。"故事放映时间的长短与电影技术的改进和人们的生理机制密切相关。……'故事影片是一种放映时间一个小时或更长一些的电影'观念逐步为人们所接受,并大体上限定在90分钟—150分钟这个基本框架中。"[2]电视播映时间基本移植了电影放映时间的观念,只是把电视叙事作品的播映时间处理得更为灵活,时间的长短往往根据节目的类型或播放的情境确定。电视广告一般短小精悍,音乐电视则根据音乐确定,电视剧集则在50分钟以内,电视新闻的动态消息和专题有很大差异,而现场直播则有可能昼夜不停。

播映时间长短的差异对影视作品的编辑结构提出了不同的要求,例如,美国电视连续剧《24小时》(24 Hours)基本是按照故事的真实时间来拍摄的,每季有24集,每集讲一个小时的故事,每集长46分钟,故事时间也差不多在一个小时之内,播映时间等同于叙述时间。由于颇受好评,所以持续有续集播出。

---

① [法]马赛尔·马尔丹:《电影语言》,何振淦译,中国电影出版社1980年版,第173页。
② 李显杰:《电影叙事学:理论和实例》,中国电影出版社2000年版,第81页。

2. 叙述时间

叙述时间是银幕/荧屏上表现事物的时间,是一种艺术化的时间形态,也就是人们常说的蒙太奇时间。叙述时间是影视叙事构建情节的时间,是对现实时间的加工和变形,甚至是逆转、扩展、省略或超越。正是利用这些艺术化的加工手段,才创造出了丰富多彩的影像世界。

叙述时间具有三大功能。其一,文本确立功能,这是叙述时间最基本的功能,它是影视作品与客观现实时间的分野,指在创作中对所构建的故事的时间跨度、节奏韵律和信息容量范围的调度能力。叙述时间的构架框定了文本的时空范围和故事的基本面貌,也规定了作品对现实时间的范围选择和艺术化加工。

其二,情节构架功能,侧重于描述叙述时间的复杂形态,它能赋予影视叙事文本以多层次的时间线索和时间结构。也就是说,它直接决定了单线结构、双线结构或复合结构的选择及其走向。

其三,风格规范功能,指叙述时间的构建规范着作品的叙述指向和意义,使叙事文本在总体上呈现出某种艺术风格。同一故事素材由于叙述时间的建构不同,处理不同,就会形成不同的美学风貌和艺术效果。例如,许鞍华导演的《黄金时代》和霍建起导演的《萧红》,虽然题材相同,但作品呈现的风格大相径庭。许鞍华的作品突破了线性叙事结构,以纪录片的模式展现了萧红作为民国传奇文人的人生经历,展现了特定时代背景下才情女子的遭遇;霍建起的作品则以线性叙事结构为主,讲述了萧红人生发展轨迹中与不同男人的感情纠葛,侧重展现的是一个女子的传奇感情经历。两位导演在叙述时间上的侧重点各有不同,展现了男性导演与女性导演作品的不同视角与风格。

3. 心理时间

心理时间指播映时间和叙述时间综合作用下给观众心理造成的独特的时间感,是一种主观的时间形态。不同的画面组合、声音编配会给观众以截然不同的心理感受:在交叉式剪辑中的短镜头组合往往给人以紧张感,而在悠扬乐声中的长镜头则会让时间慢慢流逝,形成舒缓感。

时间的感受与叙事条理密切相关,电视编辑在处理镜头、段落时,只有考虑到观众的心理时间,才能把握好叙述节奏。观众对题材的兴趣、关注程度、影片风格等都可能会直接影响观众的心理时间。

对照而言,播映时间是客观的、现实的物理时间,而叙述时间和心理时间则是具有主观性、假定性的时间。电视编辑的重要工作之一即自由驾驭上述三种时间,同时,这也是检验电视编辑功效的重要标准,因为"一部影片的特色和魅力常常来自文本时间结构中这三种时间的巧妙安排与预谋控制"①。

(二) 电视的时间形态

真实时间是线性的,是永远向前的,但在叙事中,事件呈现在胶片或其他数字存储介质之上,而不是在真实的时空中。在这里,时间可以分为过去、现在、未来和假设四种。它可以从叙述一件过去发生的事情突然转换到现在或将来的时间上,也可以把时间进行压缩或扩大,甚至可以冻结。电视作品可以多方位、多角度、多侧面、多视点地表现同一物体或同一运动过程。因此,通过镜头的分切和组合可以构成新的屏幕时空形态,从而改变人们对时间的感觉。

1. 时间的延伸

电视中常有这样一些现象,如人物分别、化学反应、车祸现场、手术操作等,在现实生活中可能发生在一瞬间,为了详细观察或制造某种艺术效果,在屏幕上呈现时经过编辑处理,使短时间内发生的动作延伸、扩展为几十分钟或几个小时的场面、段落。

电视作品中延伸时间的情况屡见不鲜。例如,在足球赛转播中,往往把不同视点、不同角度拍摄的同一场面的镜头连接在一起,清楚地展现精彩的传球、过人、射门过程。有时会通过重放,插入观众的反应镜头来延伸时间,从而满足观众的欣赏欲望。

2. 时间的压缩

电视中常将漫长的过程浓缩在几秒钟或几分钟内:花蕾的绽放、日历飞快地翻转、年华的老去等,使时间大大被压缩。时间压缩是对现实时间序列的再创造,通过镜头的分切和组合,构成新的时空形态。

美国著名影片《公民凯恩》运用以下几组镜头表现凯恩与第一任妻子艾米丽感情破裂的过程:从夫妻俩在饭厅里亲昵地吃饭,到偶有交谈、争吵,到二者毫无交流,各自看报,最终表现感情的破裂。影片利用相同空间内的相同人物的不同服饰搭配,展现了时间推移下夫妻情感的变化。影片用几个平常的细节将两人一年的情感经历压缩成六组短镜头,艺术地再现出来,观众可以一目了然(见图 8 - 5)。

---

① 李显杰:《电影叙事学:理论和实例》,中国电影出版社 2000 年版,第 84 页。

图8-5　《公民凯恩》片段：时间的压缩

3. 时间的冻结

"电影既能任意选择视点，又能自由处理时空，这就不仅能够打破实在的时空，而且能使时间停止、滞留。"①在影视叙事过程中，根据叙事结构中人物特定的心态让时间暂时静止是极其主观化的一种人物心态的流露，这其实也是影视创作者设计出来的一个非常状态。它可以通过画面的定格、语言的解说或叙述结构上的轮回等表现手法来实现。例如，电视剧《欢乐颂》第一集，邱莹莹与关雎尔的谈话过程中，插入了邱莹莹的人物介绍。旁白使用男声，讲述了邱莹莹的家境与性格，为故事的发展进行了铺垫。制作者用简短的旁白为观众厘清了人物背景与关系。当旁白停止，二人的谈话又重新开始。

4. 时间的颠倒

时间的颠倒类似于颠倒式蒙太奇的效果，主要表现在两个方面。

其一，由现在追溯过去，描述现在的故事发生之前的事情，或复述过去的事件，或展示过去未显示的故事。"银幕时空的魔术技巧——任意地延长或压缩——对电影来说具有非同一般的意义。"②在制作过程中，追溯常用倒叙或插叙来反映，它能交代背景、揭开悬念，也能丰富叙事或抒情。在电视新闻报道中，经常在介绍一个新闻人物或一个新闻事件时穿插一些有关的背景资料，既让观众了解事情的来龙去脉，又能给观众提供一个可资参考的评判依据。电视剧中这种方法运用得更多、更频繁。在电视连续剧《甄嬛传》的最后一集（见图8-6），女主人公甄嬛在登上权力的高峰之后身心俱疲，在一次午睡中梦到自己年轻时的种种经历，在插曲《菩萨蛮·小山重叠金明灭》的衬托下，展现了主人公进宫后的传奇经历和情感纠葛。

其二，由现在展望未来，展现一定的预言、假定、设想或想象、幻想等，表示即将发生或可能发生的事情。在电视剧类节目中，展望多用插叙来表现，如剧中人物对未来生活的想象和幻想。

5. 时间的变速

变速，即对镜头的加速或减速处理，也就是运用快速镜头或慢镜头。时间的变速也是延伸或压缩时间的一种手段，但与前面所讲的通过蒙太奇镜头组合的时间延伸和压缩又有所不同：蒙太奇组合的时间概念重在对内在节奏的演绎，

① 杨远婴主编：《电影概论》（第2版），北京联合出版公司2017年版，第154页。
② ［苏］B. 日丹：《影片的美学》，于培才译，中国电影出版社1992年版，第171—172页。

图8-6 电视剧《甄嬛传》片段：时间的颠倒

而加速镜头和慢镜头则重在表现时间的外在形态和外在节奏。它往往用来表现一种玄想、一种希冀或达到一种喜剧效果、象征意义。

快速镜头可以使一个婴儿在几分钟内长大成人；慢镜头可以使人捕捉肉眼难以捕捉的快速运动，如腾空的火箭、飞转的螺旋桨。然而，它更多地用以表示一种独特的戏剧心理和象征意义。例如，一个慢速的奔跑镜头在特定场合可以表达难以抑制的激动和兴奋。

不管何种电视时间的处理手法，几乎都没有一般的规律可言，它只是一个直觉过程。因此，编辑人员在创造电视时间时应以预期效果为目的和依据。正如赖兹所说："把一个事件搬上银幕时，是否能把它持续的时间延长或缩短的这个能力，是导演和剪辑者在控制时间安排上的一个调度的手段。"①

---

① ［英］卡雷尔·赖兹、盖文·米勒编：《电影剪辑技巧》，郭建中等译，中国电影出版社2008年版，第215页。

（三）电视时间的处理

电影理论家波布克说："电影剪辑师以两种方式控制时间：利用交叉剪辑来拉长或压缩一个动作的时间；运用光学效果来连接场面和段落。"[①]这是一个简练的概括。在一般情况下，剪辑师会采用以下三种方法处理和创造银幕时间。

1. 交切镜头的运用

电视编辑人员可以用交切镜头压缩大段的时间。例如，在一个快速进行的对话场景里，某个关键时刻，主人公穿过屋子去倒一杯水。为加快节奏，可以这样处理：

① 主人公起身走出；
② 某人看到他走出去的特写；
③ 主人公已经在水杯旁。

如此剪辑便省去了整个移动过程，各个镜头只占较短的时间，却造成了注意力的转移，使观众无法判断主人公实际走了多长时间，而把这种非真实的加快时间的办法作为既成事实来接受。

与此相对，编辑人员也可以插入一组交切镜头，放慢动作速度。上面这个例子中，如果插入更多的交切镜头，使实际耗费的屏幕时间比整个动作过程花费的时间还长，由于注意力暂时被分散，时间即使延长，观众仍然能够接受。

同样的时间过程，通过交切镜头的处理可以形成不同的时间概念，请看下面两组镜头：

第一组：	第二组：
（全景）一个人上楼梯	（特写）上楼梯的脚
（特写）上楼梯的脚	（特写）手扶着楼梯扶手
（特写）钟	（特写）脸
（特写）蜡烛在燃烧	（全景）那个人上了一半楼梯

---

① ［美］李·R.波布克：《电影的元素》，伍菡卿译，中国电影出版社 1986 年版，第 117 页。

(中景)脸　　　　　　　　　　　(特写)脚

(特写)手扶着楼梯扶手　　　　　(斜角镜头)那个人来到摄像机前

(全景)继续上楼梯　　　　　　　(全景)那个人站在楼梯顶端

(反打镜头)那个人从上面看

(特写)脚

(特写)脸

(特写)钟

(特写)烛光闪烁不定

(全景)缓慢移动跟着那个人

　　两组镜头反映的都是一个人上楼的过程,但给观众的时间感受截然不同。第一组镜头中,正常的时间流动被放慢了,动作经常被打断,观众的注意力被从主要动作上不断引开,时间过程被延长了;第二组镜头,交切镜头运用较少,可以用来填补主要动作的空隙,当观众回到主要动作上时,那个人前进的速度比他在交切镜头的短暂时间里可能做到的要快得多,时间过程被压缩了。

　　2. 光学效果的特技

　　光学效果可以用来连接场面和段落。这些效果包括:叠化,即把一个场面重叠于另一个场面之上;划,随着一定的几何形状在屏幕上划过,一幅画面退出,另一幅画面进入;翻转,由一幅画面翻出另一幅画面。这些效果能在几秒钟之内从一个场面转换到另一个场面,并迫使观众进入另一个地点。

　　每一种光学效果本身都会对影片的速度产生影响——直接影响观众的时间概念。很长的、缓慢的"化"往往会延缓时间;快速的、激烈的翻转可以大大压缩时间过程。例如,在影片《超时空同居》中,古小焦和陆鸣生活在不同年代,但是一次偶然的机会,时空在两人的住处交汇。在展现这个具有戏剧性的段落时,影片用两个镜头分别拍摄二人侧卧的面部,再将这两个镜头利用分屏分置在画面的左右。随后的俯拍镜头中,二者的界限逐渐消失,预示着时空的统一(见图 8-7)。

　　3. 声音的贯穿

　　"声音可以影响观众对时间-空间的感知,而在视听媒介形式中,声音的影响更多的是结合着视觉因素来形成更为灵活、复杂和多种多样的时空关系。"[①]无

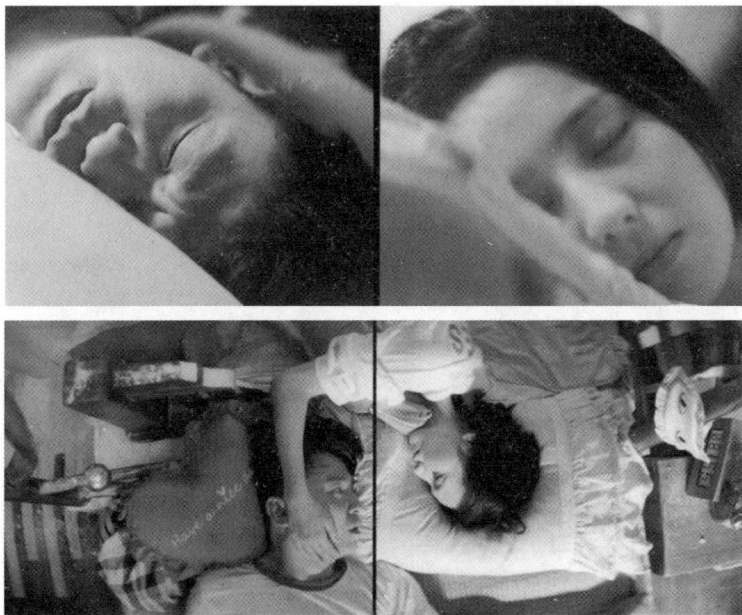

图8-7　电影《超时空同居》中的镜头转换特效

疑,声音的运用也是处理作品时间和空间的有效手段。影视剪辑的重要功能之一,是在流畅的视听觉转换中不动声色地转移观众的视线和注意力。电影《星际穿越》中,当库珀知道根本无法将地球上的人成功转移到太阳系外的星球,自己的孩子们将葬身在即将毁灭的地球时,他回想起送他执行任务的美国航天局老科学家反复吟诵的一首诗:

　　不要温顺地走进那个良夜,老年在日暮时应当燃烧咆哮;咆哮吧,咆哮,痛斥那光的退缩。智者在临终的时候向黑暗妥协,是因为他们的言语已经黯然失色,他们不想被夜色迷惑,咆哮吧,咆哮,痛斥那光的退缩。

　　画面始终贯穿着老教授吟诵的声音,而时空却产生了转移,尽管空间产生了跳跃,但由于声音的融入,不仅使画面转换不露痕迹,而且也产生了较强的艺术感染力。

三、电视的空间形态

与时间一样,空间也是一个表面连续的形象,而影视空间的实质是再现真实的连续,更是一种艺术的美学连续。但是,"时间是电影故事中最敏感和最有活力的因素。即使故事采用简单的、比较短的、按先后次序叙述的格局,时间也是推动故事前进的动力;影片的形式取决于整个故事时间长短以及整个故事梗概中挑选哪些关键的时刻。空间转换同时间的转换是密切交织在一起的,因而无需单独加以论述"[1]。因此,此处只对影视作品的空间构成及其形态作简要分析。

(一) 电视空间的构成形态

马尔丹在《电影语言》中指出:"电影在处理空间时,有两种方式:一是限于再现空间,并通过移动摄影使我们去感受;二是去构成空间,创造一个综合的整体空间,这种空间在观众眼里是统一的,但实际上却是许多空间段落的并列-组接,这些空间段落彼此之间完全可以毫无具体联系。"[2]

1. 再现空间

再现空间,即通过摄像机的记录特性和运动特性再现现实世界的行为空间、有形的形态造型、有形的环境背景、有形的主体运动地点,从而使人产生真实的空间感。再现空间是一种基于纪实美学意义的创作手法,它保证对现实世界的真实还原。正如巴拉兹所说:"随着摄影机去搜索整个空间,并利用我们的时间感测出各个拍摄对象之间的距离,我们在这里感受到的是空间本身,而不是有纵深度的空间画面。"[3]

2. 构成空间

再现空间可以说是屏幕空间的一种还原形态,它主要针对摄像机的记录功能而言,属于纪实性空间。真正作为影视作品叙事中的空间概念,应该是一种构成的表现性空间,是一种创造性空间的思维形态。

构成空间不是真实空间在屏幕上的直接反映,而是将一系列记录真实空间的片段,经过选择、重新组合后创造出来的新的综合空间形态,即通常所说的"创

---

① [美]约翰·霍华德·劳逊:《电影的创作过程》,齐宇、齐宙译,中国电影出版社1982年版,第377页。
② [法]马赛尔·马尔丹:《电影语言》,何振淦译,中国电影出版社1980年版,第191页。
③ [匈]贝拉·巴拉兹:《电影美学》,何力译,中国电影出版社2003年版,第142页。

造的空间"。它利用画框把空间分割、压缩,又利用人的视觉错觉和心理机制使空间扩展、延伸,在一种独特的运动形态中展现空间所表现的自由。

(二)再现空间的表现方式

通过运用各种手段,如剪辑、光学技巧等,电视空间可以根据叙事目的拉近或扩大,也可以在透视上产生一定的错觉。影视作品中的再现空间主要表现为以下三个方面。

1. 戏剧空间的构造

戏剧空间是剧情或事件展开和发展的环境空间,也是人物戏剧动作展现的环境。这种空间的构成要求能够通过局部空间组合表现事物的全貌,既真实自然,符合剧情的规定情境,也能表现特定的环境背景,为情节的发展和人物性格的刻画提供事件依据和铺垫。简单来说,戏剧空间是剧情发展地的创造性再现。电视剧《历史转折中的邓小平》中的大院、电影《了不起的盖茨比》中的豪宅等,这些例子都说明了剧情发展有利于影视戏剧情节的展开,同时也为人物的活动提供了背景和环境依托。

2. 心理空间的营造

心理空间是心象化和情感化的画面影像空间,它不再是客观物质世界的真实再现,也不仅仅是剧情展开的环境空间,而是人物内心活动和情感世界的物化形式。心理空间的画面虽然只是空镜头,却能发挥积极的写意作用,对于渲染环境气氛、烘托人物心境、刻画人物性格、抒发情感情绪具有特殊的功效。日本经典爱情故事片《生死恋》结尾的球场就是人物内心活动的生动写照和幻觉空间。

影视中的梦境、幻想、回忆、想象和联想等心理活动镜头和主观镜头、闪回镜头等,都是心理空间的思维表达形式。还有倒叙时的事件空间,也具有心理空间的性质。那些时空交叉式的影视剧中的现实时空和过去时空就是两种不同性质的空间,前者是戏剧空间,后者是对过去回忆的心理空间。影片《冰雪奇缘》(Frozen,2013)中,主线是在戏剧空间中展开的,但艾莎公主与妹妹安娜在幼年时期的情节都是以回忆形式加入的,属于心理空间,是基于对主人公的心理观照而设计的,这样的空间起到连接情绪和延伸情绪的作用。心理空间的基础仍然是戏剧性空间,因为戏剧空间提供的是客观存在。

3. 哲理空间的传播

屏幕空间不仅是叙事的载体,在很多情况下,它还可以凭借独立的造型方式来表达情绪思想。哲理空间正是借助画面造型传达某种理性认识或观念的空间，又称为观念空间，它并不是真正意义上的空间，而是隐藏在画面背后的具有某种表现性的功用空间。哲理空间的构造主要是借景引理，或以景喻理，表达对主观世界的理性认识。电视纪录片《舌尖上的中国》第二季开篇便是养蜂人、藏族小伙、职业割麦者长途跋涉的镜头组接。这个段落既不是单纯地再现空间，也不是简单意义上的戏剧空间，而是创作者理性认识的体现："从个体生命的迁徙到食材的交流运输，从烹调方法的演变到人生命运的流转，人和食物的匆匆脚步从来不曾停歇"，"认清明天的去向，不忘昨日的来处"。通过镜头的组接和旁白的使用，营造出了深层的哲理空间。在影视作品中，许多隐喻、象征、对比、暗示等手法组合的视觉空间都具有某种理性意义，时而揭示思想内涵，时而阐释哲理意蕴。

　　总之，空间思维形态是复杂的，同时又是以人类的思维活动为依据的。无论镜头时空如何变化，仍然需要符合一定的视听连贯和叙事逻辑。同时，影视时空是不可分割的复合体，时间随着空间的伸缩而流动，空间随着时间的延续而变化。无论是再现还是构造，外在还是内隐，物质还是意识，它们都是人类思维活动的空间化、形象化过程，进而产生一种情感冲击力、穿透力和节奏感。

第四节　场面的转换

　　一部电视作品可以分成若干个段落，段落又分成若干场面（也称句子），这些场面是指一组连贯组合的镜头序列，由它们组成从属于全片的一个个意念单元，即各种思维表达的句子，场面与场面、段落与段落间的转换需要选择合适的视听元素作为转场和过渡。

　　电视作品中场面或段落的划分和转换是内容发展到一定程度的要求，场面、段落的划分和转换是为了使内容的条理性更强、层次的发展更清晰。"整个剧本要分作若干段落，每个段落又分作若干场面，而最后场面本身则是由许多从不同角度拍摄的片段构成的。"[①]

① ［苏］多林斯基编注：《普多夫金论文选集》，罗慧生、何力、黄定语译，中国电影出版社 1982 年版，第 119 页。

一、场面转换的依据和要求

电视片场面或段落的划分和转换是内容发展到一定程度的要求,从某种意义上看,与写作有异曲同工之处。写文章时,一句话写完要用句号标明,一段内容结束后,要另起一段,使读者准确地把握文章的层次与段落。电视片也一样,其中,场面是构成段落的基本单位。场面转换起着分隔和连贯的作用,即将各部分内容分隔开来,同时用一种恰当的方式予以连贯过渡。通过场面转换,可以让观众明确意识到场面与场面之间、段落与段落之间的分隔、层次,从而实现场面的和谐过渡,同时通过有技巧的组接,更可以产生一些特效,以丰富画面元素。

(一)掌握转换的时机

场面转换的依据主要有以下三点。

1. 时间转换

如果拍摄的事件或场景在时间上发生变化,比如从白天的场景转移到夜晚,或者在时间上出现明显的省略和中断,这时就需要进行转场。影视作品中经常会出现小主人公成长的过程,通常会取婴儿、童年、少年几个时期的片段,或者直接从童年过渡到成年,这些都需要转场,可以依据时间的中断点来划分场面。

2. 空间转换

前后镜头地理空间的变化意味着场面的变化。例如,前面的事件发生在上海,下一个事件在北京发生,此时,空间的变化是场面的转换处,需要采用一定的镜头策略加以衔接。

3. 段落转换

依据自然段落的发展情况来确定。一种情况是,作品情节发展到一定程度,自然需要进行场面转换;另一种情况是,为了叙述节奏的需要作一个段落上的停顿,舒缓观众的收视疲劳或调整情绪。

当然,叙事性题材和表意性题材的作品在结构方式上存在一定的差异,因此,场面转换的依据也自然要相应地作出调整,不能一味地以时间、空间或情节来划分,而要综合考虑作品的内在逻辑,理清分段依据,提出实施对策。

（二）把握转换的规律

对观众来说，场面转换的视觉心理要求是心理的隔断性和视觉的连续性。所谓心理的隔断性，就是要使观众有较明确的段落感，知道上一段内容到这里就告一段落，下面另起一段。特别是纪录片，它很少有事件、人物的贯穿，很少能给观众提供非常具体的空间概念，也很少能用情节因素来划分段落，所以特别需要对段落作出一些层次清晰、逻辑连贯的划分。

所谓视觉的连续性，就是利用造型因素和转场手法，使人在视觉上感到场面与场面之间、段落与段落之间的过渡自然、顺畅。正如美国导演利文斯顿所说，"在字面上，对'场'下的定义是指戏剧上的一段，这一段地点没有变化，在时间进程上没有间隔"①。

场面转换时，心理的隔断性和视觉的连续性受到内容要求的制约。在组与组的转换时，强调视觉的连续性而缩小心理的隔断性。因为它们之间存在较直接的联系，虽然上下镜头之间的内容有差别，但没有明显的意义上的隔断，这时就应利用画面的相似性、内容的逻辑性、动作的连贯性来减弱内容的割断感，这样的转换方式称为连贯方式。而在叙事段落间的转换处，或存在较明显意义差别的蒙太奇段落的转换处，则应在强调心理隔断性的同时减弱视觉的连续性，形成"另起一段"的明确效果，造成明显的段落感，这样的转换方式则称为分隔方式。

一般情况下，分隔方式选用一定的特技来转场，即有技巧转场；而连贯方式则基本不选用特技，是一种无技巧转场。

二、有技巧转场

有技巧转场是指用电子特技生成的特效画面来完成镜头的分隔和转换。现代电子技术的发展创造了丰富多彩的视觉样式和效果，使画面的组接更加灵活多样。

（一）淡变

淡变是一种节奏舒缓的转场方式，它的技术过程是上一段落最后一个镜头

---

① ［美］唐·利文斯顿：《电影和导演》，陈梅、陈守枚译，中国电影出版社1987年版，第10页。

画面由明变暗逐渐隐去即"淡出",下一段落的第一个镜头画面由暗变明即"淡入",逐渐显现,整个转换过程中的视觉刺激过程呈"V"或"U"形变化(见图8-8)。由于淡变的视觉中断感比较强,一般应用于较大段落的转换,给人以明显的停顿感和间歇感,但不宜频繁使用,因为可能会导致视觉的不连续。淡出淡入画面长度一般各为2秒左右,但在实际运用时的长度由影视作品的情节、情绪和节奏的总体要求来决定。

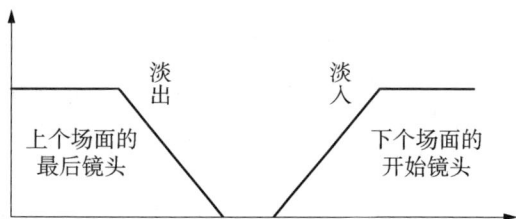

图8-8 淡变示意图

影视片中还可以用淡出、切入或切出、淡入的方法来连接镜头、转换场景、压缩时空。淡出、切入,先慢后快,节奏较为明快;相反,切出、淡入,先快后慢,节奏转换舒缓。例如,上个段落的结尾镜头是新郎、新娘在结婚宴席上,切出,淡入到下个段落,新郎、新娘的婚车在郊外的大道上奔驰。这里较为舒缓地实现了时空的转换,可以使原来上个镜头的紧张、热烈、兴奋、活泼的情绪得以缓冲。

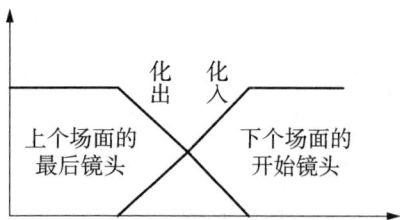

图8-9 化变示意图

(二) 化变

化变又称为溶变,它的技术过程是上一段落最后一个镜头画面隐去的同时,下一段落第一个镜头已经开始出现,整个视觉刺激过程呈"X"形变化,上一镜头称为"化出",下一镜头称为"化入"(见图8-9)。

由于化变的过程具有较大的柔和性,一般适用于比较缓慢或柔和的节奏。"化"是典型的压缩时间、转换空间的特技,在情节性段落中,"化"常用于表现回忆,就是从现实回到过去,或从过去回到现实。经典影片《泰坦尼克号》大量使用了化变手法转场。比如,在一组递进的镜头组合中,最后一个镜头落在年轻的露丝的脸部特写上,然后镜头缓缓地"化"成老年露丝布满皱纹、十分沧桑的脸(见

图8-10），老人继续对历历在目的往事娓娓道来。在这里，"化"不仅跨越了历史的时空，从造型形式上看，它还实现了不同色调的顺利过渡。当然，"化"也有渲染情绪、营造氛围的效果。

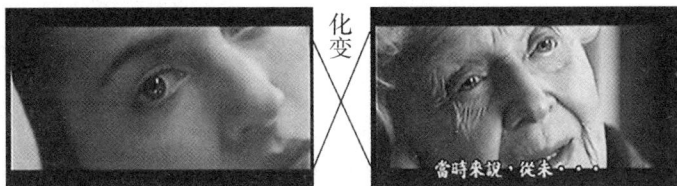

图8-10　电影《泰坦尼克号》片段：化变转场

　　在"化"的过程中，第二个镜头出现的同时第一个镜头并不立即隐去，构成叠化或叠印，其效果是两个或两个以上的画面复合成一个画面，即叠而不化。叠印（见图8-11）常用于表现一种形象对另一种形象的刺激和影响，也可以用于表现回忆、想象、思索和昏迷、梦幻的感受。影片《少年派的奇幻漂流》中，在男主人公少年派昏迷后即将清醒的时刻，主人公在沙滩上的身影被叠化，同时将少年派背后的船与其昏迷的画面进行叠化，来反映时间的流逝以及主人公对自己当时经历的记忆变形（见图8-12）。

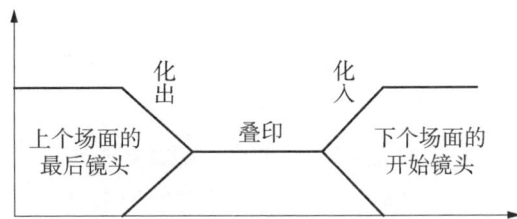

图8-11　叠印示意图

图8-12　《少年派的奇幻漂流》片段：叠印

总之,不管如何使用,"一个镜头化成另外一个镜头,这意味着它们之间有一种较为深切的联系"①。"化"连缀了上下段落的尾、首镜头,也表达出特定的连贯性和联系性。"化"的出现有时是为了缓冲动静因素,有时是为了转换色调,等等。不过,在作品中,真正发挥作用的"化"应当是与作品的风格和题材相吻合的。

(三) 划变

划变在电视中又称电子拉幕,它的技术过程是通过一定形状边界线的滑移,使上一镜头的画面被下一镜头的画面代替。上一镜头称为划出,下一镜头称为划入。根据退出画面的方向和边界线的不同,划变的形式多种多样,可以有简单的横划、竖划、对角线划,也包括较复杂的帘出帘入、圈出圈入等。

划变一般用于两个内容意义对比较大的段落,它的节奏较为明快。事物间的对比,不管是内容上的相同或相对,还是造型形式上的影调、色调的巨大差异,"划"介于其间而生效。

美国电视连续剧《神探夏洛克》(Sherlock)第三季第二集中,夏洛克在好友华生的婚礼上打电话给麦考夫,镜头在夏洛克所在的婚礼和麦考夫的私人住宅里来回切换,影片运用横向划变,使时空转换于无形,加强了影片的节奏感。

划变的技巧在电视专题片中,特别是科教片中的运用更为多见。"划"可以在短时间内展现许多不同时间、不同环境、不同内容的镜头画面,使观众在短时间内获取更多的信息。同时,"划"的形式多样,在文艺节目中应用也较多,能给观众一种新颖、活泼、明快、琳琅满目甚至眼花缭乱的视觉效果。

有时,"划"的边界线停留在屏幕上,会造成一种多画面效果,用于表现同一时间、不同地点发生的事件。电视连续剧《人间正道》中,当市委书记郭怀秋不幸病逝在工作岗位后,吴明雄、束华如、肖道清等几位市委副书记之间的电话交谈就是通过分画面直接交代的。人与人因在画面上的分割产生了直接的关联性,又统一于共同的情节主题之下。

多画面还可以通过画面的对列来论证事实或深化思想内涵。比如,在新闻调查类节目中常可见到被采访者的形象和他的行为动作同时出现在屏幕上,有时是其语言的呼应性镜头(如被采访者讲述到的事件),有时是其语言的对比性

---

① [匈]贝拉·巴拉兹:《电影美学》,何力译,中国电影出版社 2003 年版,第 149—150 页。

镜头(如与其语言不一致的行为)等,这样的画面可以给予观众评判事实的依据,具有一定的开放性。

而在剧情类作品中,多画面(也称分屏)的应用则成为烘托戏剧效果的重要途径。经典电影《枕边细语》(*Pillow Talk*,1959)的开头段落用切分镜头(即分屏镜头)来展现男主角布雷德因与多名女子交往而被女主角发现的过程。影片在开头就暗示了男女主人公的冲突,同时加强了画面之间的关联性,渲染了气氛,加快了节奏,使作品的结构更加紧凑(见图8-13)。

图8-13　电影《枕边细语》片段:分屏

(四) 定格

定格是指将上一段的结尾画面动作作静帧处理,使观众产生瞬间的视觉停顿,接着出现下一段的第一个画面。

在影视片中,定格常用于强调或渲染某一细节、某一人物或某一物体,起到强化作用。它把一帧画面在空间停留的时间延长,让观众能够看清在画面中占的时间很短但内容重要的形象。一些纪实性节目中常出现偷拍素材:犯罪嫌疑人在人群中穿梭,观众难以辨别。这时,选择一个较清晰的瞬间,将这一帧停留足够长的时间,待解说交代清楚后或观众看清楚后,再继续画面的运动。

定格多用于影视作品的结尾或作为字幕的衬底使用。这些定格由于景别的不同,往往会制造出不同的艺术效果。电视连续剧《铁齿铜牙纪晓岚》每一集结尾都采用中景人物作定格处理,比如,有一集介绍纪晓岚得到了皇帝赏赐的金烟杆,他顺势敲打了一下和珅的脑袋。画面定格于此,中景的运用充分把画面的动作造型强调出来,风趣幽默,与作品的风格吻合。当然,有时这种对人物的处理也常用于作品中间,从而延伸、强化人物的特定形象或特定动作,可作为一种节奏的处理手段。

在电视专题节目中,定格常用于不同主题段落间的转换,它既是上一个意义单元的终结的表征,又为下个段落的转换和出现作铺垫。此外,定格用于对历史照片或资料的处理,可增加影视作品的时代感、社会真实感和纪实性气息等。

(五) 立体翻转

立体翻转是指将新的画面放置于可变形的平面上,从屏幕深处或旁边翻出,取代前一个画面,达到转场的目的。运用翻转能给人以眼花缭乱的炫目感和刺激感,活跃影视片的气氛,常用于娱乐性电视节目或某些电视片的序幕等部分。处理得好则非常有利于内容的表现。

然而,归根结底,一切特技只提供了外在的表现形式,只有形式和内容的统一才能真正产生动人的魅力。技巧的转场一般适于较大的转换处,它使作品的段落划分分明,叙述节奏更加突出,这是技巧转场的长处。而技巧转场的不足也很明显,它的人工痕迹过于显露,使作品显得不真实、不自然,如果过多地使用分隔手法,易造成作品结构的松散和节奏的拖沓,会使人感到作品过于冗长和零碎。

三、无技巧转场

无技巧转场,即不用技巧手段来承上启下,而是用镜头的自然过渡,即传统的硬"切",连接两段内容,在一定程度上加强了影视作品的节奏进程。无技巧转场的关键在于寻找合理的转换因素和适当的造型因素,使之具有视觉的连贯性。但在大段落的转换时,还要顾及观众心理的隔断性,尽可能表达出间歇、停顿和转折的意思,切不可段落不明、层次不清。

(一) 场面转换的过渡因素

通常,在场面转换处,画面的合理过渡因素有以下四类。

1. 相似性因素

上下两段相连的两个镜头的主体在内容、形状上相似,在数量上相近,或上下两个镜头包含的是同一个主体。例如:

江南一带将辣椒作为观赏植物
重庆将辣椒作为调味佳品

通过相似的情节内容,把不同地区的同一事物连接在一起。

2. 逻辑性因素

上下两段相连的两个镜头在情节发展上具有逻辑性,包括互为因果、前后对应等关系。例如:

> 一个机器操作工调整控制面板
> 工人往机器中装入原材料,成品通过流水线

在这里,上下镜头存在一定的因果联系,上一个镜头是下一个镜头产生的原因,此时用于连接段落,符合事物发展的客观规律。

3. 比喻性因素

上下两段相连的两个镜头的画面内容有强烈的对比,而后一个镜头对前一个镜头能产生比拟、隐喻的作用。例如:

> 领袖追悼大会现场
> 乌云密布,滔滔江水
> 飞机上有人向大海中撒骨灰

第二个镜头表达了人们对第一个镜头中领袖逝世的悲痛之情,更隐含了“江河呜咽、九州同悲”的含义,并从追悼大会顺利转移到大海上空撒骨灰的情景。

4. 过渡性因素

利用画面主体的运动或移动拍摄手段实现拍摄场地转换,或借用人物的台词、解说词、音乐、效果声等来处理段落的转换。例如:

> 发电站胜利建成投产,输电线伸向远方
> 从住宅区林荫道上的宣传画(一名电工在高压线上作业)摇到林荫道上人们在散步

运用过渡性的宣传画,画面内容从发电站建设工地转移到生活区的林荫道,实现了两个段落的转换。

以上四类因素使无技巧转场呈现出流畅性,但毕竟所有转场都离不开分割性和连贯性两个方面:无技巧连贯转场时,合理的转场因素是矛盾的主导方面,但也不能忽视转场时镜头间的分割作用,以区别两个段落,这是矛盾的次要方面。在考虑段落间合理过渡因素的同时,也要考虑段落之间相邻两个镜头间的某些特征,以使观众能从画面本身的造型上较为明确地辨别出场面的转换。

(二)常用无技巧转场方法

具体而言,无技巧转场的常用方法有以下 11 种。

1. 相似体转场

相似体转场是指上下镜头中具有相似的主体形象,上下两个镜头包含的是同一类人物、物体或环境,具有一定的视觉连贯性,或上下两个镜头中主体形状、运动形式或大小位置是相似的,利用这种相似可以顺利完成镜头衔接。例如,在影片《雨果》(*Hugo*,2011)中,少年雨果一个人坐在自己的小黑屋里,孤独地面对着一个机器人;下一个镜头切到少年雨果的父亲带他观赏同一个机器人。镜头的切换巧妙地倒转了时空,记叙了雨果的身世(见图 8-14)。

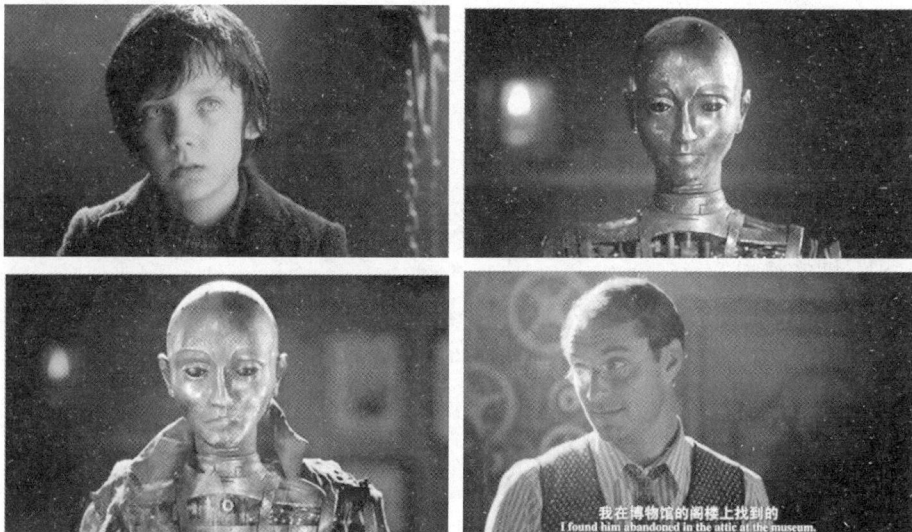

图 8-14 电影《雨果》片段:相似体转场

相似体转场的关键是把握众多画面形象之间的外部造型相似性因素和逻辑上的相似性,为转场确立合理的依据。

2. 特写转场

特写展示的是物体或人物的局部,孤零零的局部使人看不出人物、物体、环境各个因素间的相互关系。由于特写镜头的环境特征不明显,所以变换场景时不易被觉察。同时,以特写呈现在观众面前的被摄体,具有较强的新奇感和冲击力,容易调动观众的情绪,使人们自然而然地集中注意力仔细观看,从而忽视或淡化特写镜头之前的视觉内容,使观众一时感受不到太大的画面跳动。电影《盗梦空间》(*Inception*,2010)中,经常出现一个陀螺状的装饰物,用来区分梦境与现实,而剪辑师也极好地利用了这个陀螺来进行梦境与现实的转换,使影片结构更加紧凑。

此外,纪录片中常常用特写镜头作为一个段落的开始,又以特写镜头结束并转入下一段,在这种情况下,特写镜头似乎产生了一种间隔画面的作用。用特写作为片段或段落的组接技巧,在电视节目编辑中运用得比较普遍。

3. 空镜头转场

空镜头是指画面上没有人物的镜头,只有如天空、大海、草地、田野、树林、池塘等,这些画面没有具体的人物动作,可以客观地交代环境气氛,也可以缓和主体动作的节奏。在影视作品中,空镜头的运用屡见不鲜。在电影《她》(*Her*,2013)中,有下面三个镜头(见图 8 - 15)。其中,都市摩天楼的空镜头使场景由男主人公西奥多在家里与机器人萨曼莎对话转至无趣的工作场景,这一过程过渡平稳,更让观众顺畅地接受了影片中的时空变化。

图 8 - 15　电影《她》片段:空镜头转场

在运用空镜头转场时需要具有明确的目的,空镜头的选择要符合编辑条件下的规定情境,比如由一个国际机场的剪彩典礼转换到商贸洽谈会,可以选择蓝天、白云,但如果选择飘扬的彩旗则更适合这一特定的气氛。

4. 主观镜头转场

在电视、电影作品中,主观镜头能有效地调整观众观看事物的视点,起到视觉连缀的作用,并从一定程度上揭示片中人物的心理感受,是带有一定心理描写作用的镜头。一个主观镜头一般由两部分构成:一是主观镜头之前的人物的客观镜头,二是片中人物看到的或想到的内容,它们之间的组接也就形成了一个视觉转换的契机。在具体组接时,通常要在人物镜头之后保持短暂的停留,能给观众一个非常明确的暗示,说明下面将出现此人看到或想到的主观镜头。主观镜头符合观众的心理要求,组接流畅。在影片《无问西东》鄂西会战的段落中,沈光耀驾驶歼敌机与日本的飞机战队周旋,镜头将沈光耀的主观视角和战斗机撞向敌舰的客观镜头组接,通过沈光耀的主观视角展现了战斗场面的激烈,同时表现了他英勇战斗、誓死保卫祖国的决心。沈光耀最终为国捐躯,让观者为之动容(见图8-16)。

图8-16　电影《无问西东》片段:主观镜头转场

这种前一镜头是片中人物在看(或想)、下一镜头介绍此人看到(或想到)的对象的连接方法频繁出现于各种节目之中,情节型的段落常要求上下镜头在内容上有因果、呼应、平行等必然联系;纪录片则不一定要这样,常常可以借用镜头,比如某人举目张望,直接切到其他任何场面。所以在纪录片中,主观镜头转场运用得较多,不过,它只是借用前一镜头的主观视线作为转换场景的机会。

5. 动作转场

动作转场是指借用主体动作的相似性或镜头运动动势的可衔接性进行场面段落的转换。例如,上一个段落一人骑自行车在闹市街道上行进,最后一个镜头车轮飞转,然后再接飞转的车轮,拉出来,转入第二个段落,此时他已经骑行在旷野上。这两个时空相异的段落利用动势的相似性,可以是自行车轮接自行车轮,也可以是自行车轮接汽车车轮,但需要保持速率的基本一致。电影《疯狂的石头》中,有一个运用动作组接的精彩段落:

镜头一:三位主人公搭乘的地铁穿过隧道一闪而过
镜头二:轻轨在空中飞驰
镜头三:飞机从空中划过

镜头四：搭乘不同交通工具的主人公到了同一目的地

利用动作发生的连贯性和动作的强烈视觉冲击性，可以顺利实现场面转换和情节延续。主体出入画是动作组接的变异形式，上下镜头主体从相反方向的出画、入画常用于表示大幅度场景空间的变化和时间的流逝。

6. 运动镜头转场

利用摄像机的运动来完成地点的转移，摄像机可进行升、降、移、摇、跟等拍摄，就如人眼一样，随着场景的转换变化视线，所以，它们也可以用来转场。例如，可以先在升降机高处俯拍一个都市的全景，随着摄像机下降移动，视野逐渐缩小，最后落到一处院落或透过门窗看到一家人屋内的全景；也可以反过来，先拍摄一家人的内景，然后摄像机慢慢升起，逐渐转移视野，放大到室外的广阔天地。

有时运动镜头的变化，特别是落幅画面的变化，往往会成为时间推移或人物变化的交代因素。影片《花样年华》多次运用运动镜头实现场面的转换或表达时间的流逝。男女主人公频频约会，通过运动镜头实现了不同约会场面的调度，比如两人就餐时，镜头连续移动了好几次，从男主人公移到女主人公，再移到餐盘，然后从女主人公的餐盘移到男主人公的餐盘，接下来又移回去。而这时，镜头继续移动，当从餐盘再一次移到女主人公时，尽管空间没有发生变化，但女主人公服饰的变化可以使观众明显感受到时间的变化。这是典型的时间段落的转换（见图8-17）。

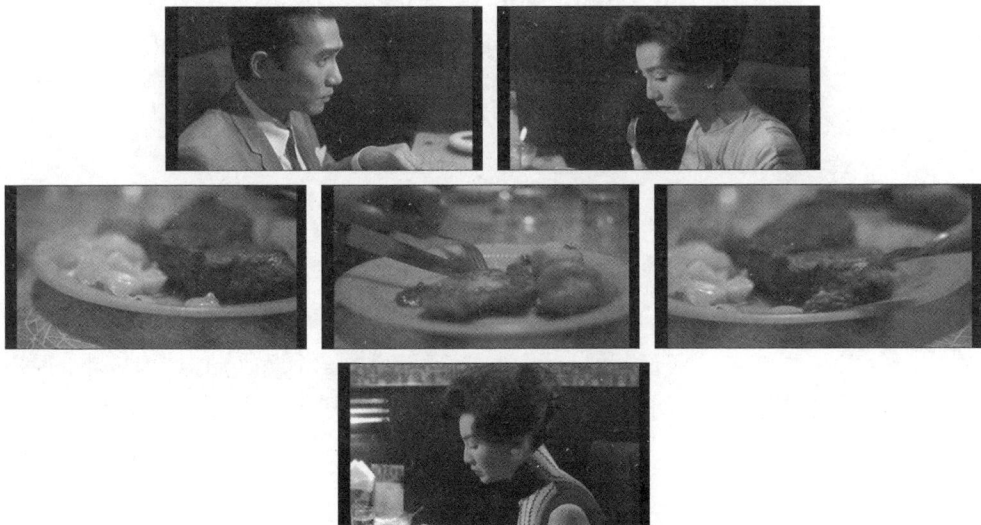

图8-17 电影《花样年华》片段：运动镜头转场

7. 声音转场

利用声音(包括语言声、音乐、音响)实现镜头的转换,给观众以听觉上的承上启下之感。"运用一条连贯的声带,可以使一系列互不连贯的镜头产生形象流畅发展的效果。音乐的伴奏可以抓紧一个蒙太奇段落,使它看起来是一个联合的整体。当一个段落转入另一个段落时,假如我们耳中听到的是一种流畅的连续的音响,这种音响很容易使两个段落联系起来,并使人感到很自然。"[①]

尽管空间发生了跳跃,但由于声音的融入,不仅画面转换得不露痕迹,而且也产生了较强的艺术感染力。电影《美国骗局》(*American Hustle*,2013)的开头,旁白声响起,主人公艾文回忆起自己与女主角西德尼的第一次见面。该段落首先运用艾文看到女主角的反应镜头,再展现艾文的主观镜头:将镜头停留在西德尼的面部特写上,表现出艾文被西德尼深深吸引;随后,镜头转换为女主角的主观视角,并在女主角的旁白中转换场景,展现二人合作行骗的过往。在持续的旁白和音乐声中,影片多次转场,不留任何痕迹(见图 8 - 18)。

图 8 - 18 　电影《美国骗局》片段:声音转场

画外音、画内音互相交替的衔接可以把发生在相互关联的两个场地紧密地交织。电视连续剧《英雄无悔》最后一集中,女主人公静静地躺在医院准备做手术,主刀大夫这时宣布"开始吧",接下来的画面并没有马上表现手术的紧张过程,而是借用"开始"的命令,转到警校的庆典场面——乐队"开始"演奏(见图 8 - 19)。

---

① 〔英〕卡雷尔·赖兹、盖文·米勒编:《电影剪辑技巧》,郭建中等译,中国电影出版社 2008 年版,第 252 页。

主刀医生宣布："开始吧"　　　　警校乐队指挥开始指挥

图 8-19　电视剧《英雄无悔》片段：声音转场

　　这样的连接富有戏剧性,按照正常事件进展的因果关系应当是展示手术的过程,但是"声音"被"借用"于警校庆典现场,一下子将两个不同的场景连接起来,实现了两条线索之间的流畅转换。

　　其实,现代电视编辑中延续时间和转换场景的声音手法是多种多样的。例如,上一个段落的结尾听到音乐声,下一个段落的开始直接转换到一场正在进行的音乐会,借用音乐的连续性,由写意转入写实。有时正好相反,由写实进入写意,都会给观众造成连贯的感觉。声音的提前或延迟均可以实现空间的大幅度跳跃和时间的大幅度省略。

　　8. 封挡转场

　　封挡是指镜头被画面内的形象暂时挡住,使观众无法从镜头中辨别出被摄对象的性质、形状以及时空转换等,类似于淡出淡入效果,不过其时间流程更快。镜头遮挡的方式有两种,一种是被摄主体面向或背向摄像机运动。在美国电视连续剧《神探夏洛克》第二季第一集中,夏洛克负责破案,华生负责通过博客记录夏洛克处理案件的过程。其中有这样一个转场画面,前一个镜头夏洛克和华生在讨论博客的文章标题,下一个画面是两个小女孩来找夏洛克咨询,两个镜头通过夏洛克横向行走遮挡观众视线进行连接,使画面衔接得流畅、自然(见图 8-20)。

图 8-20　《神探夏洛克》第二季片段：封挡镜头转场

另一种是画面内的前景暂时挡住其他形象。影片《天堂电影院》中的几次封挡转场效果各异。例如,影院大火以后,小托托承担起新开张的影院的放映任务。已经失明的艾佛特来到放映室,深情地抚摸托托的脸,当他戴着手套的手移去时,懵懂少年已经长大成人(见图8-21)。如果说上面《神探夏洛克》中的封挡是偏重空间转移的话,那么,在这里实现的则是时间上的跨越。不过,它们都有一个共同的特点,即利用事件内部的戏剧元素,使封挡含而不露,过渡十分自然。

图8-21　电影《天堂电影院》片段:封挡镜头转场

封挡的对象一般是剧情中本身就存在的,因此,它的转换效果要比淡变或空镜头贴切得多。运用封挡画面切换镜头,既要有放开画面的过程,也要有封挡的瞬间。在封挡的瞬间切换镜头,观众的视觉兴趣处于最低点,使观众在不知不觉中接受了镜头变换或场景转换的事实。

9. 承接式转场

承接式转场是指利用上下镜头在情节上的呼应关系、内容上的因果关系,甚至悬念或两段镜头间在内容上的某些一致性来实现转场。例如,前一段表现水电站的建设者日夜奋战,不辞辛劳,终于实现了并网发电,最后一个镜头是一只手按下按钮;后一段则表现山村亮了、街道亮了、工业区昼夜通明、水泵站抽水灌溉、校园里的学生挑灯夜读等。这两段成功地利用因果关系实现了转场。

承接式转场通常可以用事件发展的先后顺序、因果联系和时空顺序等为契机,使观众自然而然地理解后续镜头的出现原因。例如,展现火灾后的场景时,先出现熊熊大火燃烧的屋内内景,然后出现大火燃烧的房屋的一个远景,最后出现烧得满目疮痍的房屋。观众自然能理解这是火灾后的结果。

10. 隐喻式转场

这是一种运用对列组接来达到转场目的的艺术手法,它充分发挥了影视艺术蒙太奇的比兴作用,赋予画面以特定的意义。电视剧《历史转折中的邓小平》第一集的故事背景为1976年毛泽东同志逝世,为了营造一种国家处于历史转折关键时期的危机氛围,第一个场景是邓小平与夫人在院子里洗脸,接着用雷声和屋内收音机声音的戛然而止来进行转场,转而介绍邓小平瘫痪在床的长子邓朴方。雷电与突然中断的广播都暗示了当时国家形势的危急与邓小平个人即将面临的危急状况。

11. 虚化转场

虚化转场是指在上下两个段落尾、首镜头的衔接处,用虚焦或甩镜头,可以使整个画面由实而虚或由虚而实,从而达到转场的目的。虚焦具有"化"的效果,在艺术片中很常见;甩镜头则常被用于表达同一时间内发生在不同场合的事件。

镜头的组接技法是多种多样的,此处列举了11种,我们的意图并不在于作出规定和限制,也不要求创作者在实际中一一对照使用。技巧转场和无技巧转场只作为手段,关键在于把握好场面转换的要求,即割断性和连续性,使之与作品的内容、情节、风格样式相匹配。在具体的后期编辑中,根据创作者的意图,可以尽量地创造,尽情地发挥。

推荐阅读

1. 周新霞:《魅力剪辑:影视剪辑思维与技巧》,中国广播电视出版社2011年版。

2. [英]罗伊·汤普森、[美]克里斯托弗·J. 鲍恩:《剪辑的语法》(插图第2版),梁丽华、罗振宁译,世界图书出版公司2014年版。

3. [法]安杰洛·克里帕、邦雅曼·巴尔比耶、梅拉妮·布瓦索诺、康坦·马泽尔:《电影简史》,胡莲、陈阳译,江苏凤凰科学技术出版社2018年版。

4. [美]D. N. 罗德维克:《电影的虚拟生命》,华明、华伦译,南京大学出版社2019年版。

观摩影片

1.《天堂电影院》(*Nuovo Cinema Paradiso*,意大利/法国,1988)

2.《花样年华》(中国香港,2000)

3.《无问西东》(中国,2018)

4.《10分钟,年华老去》系列作品(2002)

思考练习

1. 影视作品的合成需要考虑哪些因素？这些因素彼此间的联系是什么？
2. 影视作品的时间形态与空间形态分别有哪些？两者之间有怎样的联系？
3. 影视段落的转场有哪些技巧？分别适用于怎样的情境？

参考文献

1. 〔美〕埃里克·巴尔诺:《世界纪录电影史》,张德魁、冷铁铮译,中国电影出版社 1992 年版。
2. 〔美〕大卫·波德维尔、克莉丝汀·汤普森:《电影艺术——形式与风格》(第 5 版),彭吉象等译,北京大学出版社 2003 年版。
3. 〔美〕克莉丝汀·汤普森、大卫·波德维尔:《世界电影史》,陈旭光、何一薇译,北京大学出版社 2004 年版。
4. 〔美〕李·R. 波布克:《电影的元素》,伍菡卿译,中国电影出版社 1992 年版。
5. 〔美〕鲁道夫·爱恩汉姆:《视觉思维:审美直觉心理学》,滕守尧译,四川人民出版社 1998 年版。
6. 〔美〕鲁道夫·爱恩汉姆:《艺术与视知觉》,朱疆源译,四川人民出版社 1998 年版。
7. 〔美〕罗伯特·考克尔:《电影的形式与文化》,郭青春译,北京大学出版社 2004 年版。
8. 〔美〕罗伯特·C. 艾伦:《重组话语频道》,麦永雄、柏敬泽译,中国社会科学出版社 2000 年版。
9. 〔美〕罗纳德·J. 康姆潘西:《电视现场制作与编辑》,邢北冽、徐竞涵、那尔苏译,北京广播学院出版社 2003 年版。
10. 〔美〕斯坦利·梭罗门:《电影的观念》,齐宇译,齐宙校,中国电影出版社 1983 年版。
11. 〔美〕唐·利文斯顿:《电影和导演》,陈梅、陈守枚译,中国电影出版社 1987 年版。
12. 〔美〕威尔伯·施拉姆:《传播学概论》,李启、周立方译,新华出版社 1984 年版。
13. 〔美〕沃纳·赛佛林、小詹姆斯·坦卡特:《传播理论:起源、方法与应用》,郭镇之主译,中国传媒大学出版社 2006 年版。
14. 〔美〕约·S. 道格拉斯、格林·P. 哈登:《技术的艺术:影视制作的美学途径》,蒲剑等译,北京广播学院出版社 2004 年版。
15. 〔美〕钱德勒:《剪辑圣经:剪辑你的电影和视频》(第 2 版),黄德宗译,电子工业出版社 2013 年版。
16. 〔美〕路易斯·贾内梯:《认识电影》(全彩插图第 12 版),焦雄屏译,北京联合出版公司 2016 年版。
17. 〔美〕大卫·波德维尔、克里斯汀·汤普森:《世界电影史》(第二版),范倍译,北京大学出版社 2014 年版。

18. ［美］罗伯特·C.艾伦、道格拉斯·戈梅里：《电影史：理论与实践》（最新修订版），李迅译，北京联合出版公司2016年版。

19. ［美］理查德·纽珀特：《法国新浪潮电影史》，陈清洋译，吉林出版集团有限责任公司2014年版。

20. ［美］迈克尔·翁达杰：《剪辑之道：对话沃尔特·默奇》，夏彤译，北京联合出版公司2015年版。

21. ［美］大卫·波德维尔、克里斯汀·汤普森：《电影艺术：形式与风格》（插图修订第8版），曾伟祯译，北京联合出版公司2015年版。

22. ［美］鲍比·奥斯廷：《看不见的剪辑》（插图修订版），张晓元、丁舟洋译，北京联合出版公司2016年版。

23. ［美］沃尔特·默奇：《眨眼之间：电影剪辑的奥秘》（第2版），夏彤译，北京联合出版公司2016年版。

24. ［美］斯蒂芬·普林斯：《电影的秘密：形式与意义》（插图第6版），王彤译，文化发展出版社2018年版。

25. ［美］肯·丹西格：《导演思维》，吉晓倩译，文化发展出版社2019年版。

26. ［美］Tomlinson Holman：《电影电视声音》（第3版），王珏、彭碧萍译，人民邮电出版社2015年版。

27. ［美］里克·维尔斯：《音效圣经：好莱坞音效创作及录制技巧》（插图修订版），王旭锋、徐晶晶、孙畅译，北京联合出版公司2016年版。

28. ［美］大卫·路易斯·耶德尔：《电影声音制作实用技巧》（第4版），黄英侠译，人民邮电出版社2017年版。

29. ［美］达德利·安德鲁：《经典电影理论导论》（修订版），李伟峰译，北京联合出版公司2018年版。

30. ［美］Todd Klick：《电影叙事节奏：编剧的120分钟设计技巧》，张敬华译，人民邮电出版社2015年版。

31. ［美］D.N.罗德维克：《电影的虚拟生命》，华明、华伦译，南京大学出版社2019年版。

32. ［加］戈德罗、［法］若斯特：《什么是电影叙事学》，刘云舟译，商务印书馆2005年版。

33. ［加］马歇尔·麦克卢汉：《理解媒介：论人的延伸》，何道宽译，商务印书馆2000年版。

34. ［英］大卫·麦克奎恩：《理解电视：电视节目类型的概念与变迁》，苗棣、赵长军、李黎丹译，华夏出版社2003年版。

35. ［英］卡雷尔·赖兹、盖文·米勒编：《电影剪辑技巧》，郭建中等译，中国电影出版社2008年版。

36. ［英］尼古拉斯·阿伯克龙比：《电视与社会》，张水喜、鲍贵、陈光明译，南京大学出版社2001年版。

37. ［英］欧纳斯特·林格伦：《论电影艺术》，何力、李庄藩译，中国电影出版社1979年版。

38. ［英］马克·卡曾斯：《电影的故事》，杨松峰译，新星出版社2009年版。

39. ［英］菲利普·肯普主编：《电影通史》，王扬译，中央编译出版社2013年版。

40. ［英］罗伊·汤普森、［美］克里斯托弗·J.鲍恩：《剪辑的语法》（插图修订第2版），梁丽华、罗振宁译，北京联合出版公司2017年版。

41. ［英］罗伊·汤普森、［美］克里斯托弗·J.鲍恩：《镜头的语法》(插图修订第 2 版)，李蕊译，北京联合出版公司 2017 年版。

42. ［法］皮埃尔·布尔迪厄：《关于电视》，许均译，南京大学出版社 2011 年版。

43. ［法］亨利·阿杰尔：《电影美学概述》，徐崇业译，中国电影出版社 1994 年版。

44. ［法］马赛尔·马尔丹：《电影语言》，何振淦译，中国电影出版社 1980 年版。

45. ［法］乔治·萨杜尔：《世界电影史》(第 2 版)，范蓓译，北京大学出版社 2014 年版。

46. ［法］安德烈·巴赞：《电影是什么?》，崔君衍译，商务印书馆 2017 年版。

47. ［法］安杰洛·克里帕、邦雅曼·巴尔比耶、梅拉妮·布瓦索诺、康坦马泽尔：《电影简史》，胡莲、陈阳译，江苏凤凰科学技术出版社 2018 年版。

48. ［德］鲁道夫·爱恩汉姆：《电影作为艺术》，杨跃译，中国电影出版社 1981 年版。

49. ［德］齐格弗里德·克拉考尔：《电影的本性——物质现实的复原》，邵牧君译，中国电影出版社 1982 年版。

50. ［苏］多林斯基编注：《普多夫金论文选集》，罗慧生、何力、黄定语译，中国电影出版社 1962 年版。

51. ［苏］B.日丹：《影片的美学》，于培才译，中国电影出版社 1992 年版。

52. ［苏］谢·米·爱森斯坦：《蒙太奇论》，富澜译，中国电影出版社 1999 年版。

53. ［苏］谢·米·爱森斯坦：《并非冷漠的大自然》，富澜译，中国电影出版社 1996 年版。

54. ［苏］米哈伊尔·罗姆：《电影创作津梁》，张正芸译，中国电影出版社 1994 年版。

55. ［乌拉圭］丹尼艾尔·阿里洪：《电影语言的语法》，周传基译，中国电影出版社 1981 年版。

56. ［乌拉圭］丹尼艾尔·阿里洪：《电影语言的语法》(插图修订版)，陈国铎、黎锡译，北京联合出版公司 2013 年版。

57. ［匈］贝拉·巴拉兹：《电影美学》，何力译，中国电影出版社 1979 年版。

58. ［匈］伊芙特·皮洛：《世俗神话——电影的野性思维》，崔君衍译，中国电影出版社 1991 年版。

59. ［匈］伊芙特·皮洛：《湍流与静流：电影中的节奏设计》，吉晓倩、莫琳、经雷译，中国电影出版社 2013 年版。

60. 中国应用电视学编辑委员会、北京广播学院电视系学术委员会编：《中国应用电视学》，北京师范大学出版社 1993 年版。

61. 陈思善编：《电视节目制作基础》(第二版)，复旦大学出版社 1999 年版。

62. 邓烛非：《电影蒙太奇概论》，中国广播电视出版社 1998 年版。

63. 傅正义：《电影电视剪辑学》，北京广播学院出版社 1997 年版。

64. 葛德：《电影摄影艺术概论》，中国电影出版社 1995 年版。

65. 韩小磊：《电影导演艺术教程》，中国电影出版社 2004 年版。

66. 何苏六：《电视画面编辑》，中国广播电视出版社 1997 年版。

67. 黄亚安：《电视编辑》，复旦大学出版社 1991 年版。

68. 井迎兆：《电影剪接美学——说的艺术》，台湾三民书局股份有限公司 2006 年版。

69. 金天逸：《电影艺术的科学》，中国电影出版社 1996 年版。

70. 李恒基、杨远婴主编：《外国电影理论文选》(上、下)，生活·读书·新知三联书店 2006 年版。

71. 李南:《影视声音艺术》,中国广播电视出版社 2001 年版。

72. 李停战、周炜:《数字影视剪辑艺术与实践》,中国广播电视出版社 2006 年版。

73. 李显杰:《电影叙事学:理论和实例》,中国电影出版社 2000 年版。

74. 李稚田:《影视语言教程》(第 2 版),北京师范大学出版社 2004 年。

75. 刘书亮:《影视摄影的艺术境界》,中国广播电视出版社 2003 年版。

76. 潘秀通、万丽玲:《电影艺术新论》,中国电影出版社 2000 年版。

77. 潘桦等:《世界经典影片分析与读解》,中国广播电视出版社 2004 年版。

78. 任金洲、高晓虹:《电视摄影与编辑》,北京广播学院出版社 1997 年版。

79. 任远:《电视编导基础》,海洋出版社 1998 年版。

80. 任远:《电视编辑学》,北京师范大学出版社 2002 年版。

81. 单万里主编:《纪录电影文献》,中国广播电视出版社 2001 年版。

82. 石长顺:《电视传播学》,华中科技大学出版社 2000 年版。

83. 苏牧:《新世纪新电影:〈罗拉快跑〉读解》,生活·读书·新知三联书店 2004 年版。

84. 孙玉胜:《十年:从改变电视的语态开始》,生活·读书·新知三联书店 2003 年版。

85. 童雷主编:《想象的再现:电影声音理论与音乐创作》,中国电影出版社 2015 年版。

86. 王晓红:《电视画面编辑》,北京广播学院出版社 2002 年版。

87. 王丽娟:《视听语言传播艺术》,中国广播电视出版社 2006 年版。

88. 汪流、张文惠:《怎样把握电影节奏》,中国电影出版社 2007 年版。

89. 杨远婴主编:《电影概论》,北京联合出版公司 2017 年版。

90. 杨远婴主编:《电影理论读本》,北京联合出版公司 2017 年版。

91. 杨远婴:《逆光跳切:杨远婴电影文选》,北京大学出版社 2017 年版。

92. 姚争:《电视剪辑艺术》,浙江大学出版社 2003 年版。

93. 叶家铮:《电视传播理论研究》,北京师范大学出版社 2000 年版。

94. 章柏青、张卫:《电影观众学》,中国电影出版社 1994 年版。

95. 张会军:《电影摄影画面创作》,中国电影出版社 1998 年版。

96. 张凤铸主编:《影视艺术前沿》,中国广播电视出版社 1999 年版。

97. 张国良:《传播学原理》,复旦大学出版社 1995 年版。

98. 郑国恩:《影视摄影艺术》,北京广播学院出版社 2003 年版。

99. 郑亚玲、胡滨:《外国电影史》,中国广播电视出版社 2003 年版。

100. 钟大年、王桂华:《电视片编辑艺术》,北京广播学院出版社 1987 年版。

101. 周传基:《电影·电视·广播中的声音》,中国电影出版社 1991 年版。

102. 周登富、敖日力格:《电影色彩》,中国电影出版社 2015 年版。

103. 周新霞:《魅力剪辑:影视剪辑思维与技巧》,中国广播电视出版社 2011 年版。

104. 朱辉军:《电影形态学》,中国电影出版社 1994 年版。

第三版后记

　　《当代电视编辑教程》的第三版终于与读者见面了,在这里有必要简单叙述一下本书的成书过程。2001年,本人出版了个人的首部著作《电视编辑思维与创作》,2004年,出版《电视制作原理与节目编辑》。2007年,承蒙复旦大学出版社,特别是时任责任编辑黄文杰先生的厚爱和扶持,《当代电视编辑教程》首次出版;2010年,该书经精简后有幸纳入"复旦博学"品牌系列,成为"复旦博学·当代广播电视教程(新世纪版)"中的一部;2014年,《当代电视编辑教程》先后入选江苏省"十二五"重点教材、"十二五"普通高等教育本科国家级规划教材。

　　此后,我们就开始着手本教材的修订工作,当时曾经犹豫是否将"电视编辑"改写成"影视剪辑",或者干脆改成"视频剪辑"。这其中有一个特别重要的背景就是,近年来媒体融合已经从一种趋势变成现实,视频发展更是呈蓬勃之势。据中国互联网信息中心统计,截至2018年年底,全国近8.3亿网民中观看网络视频的占87.5%,达7.2亿;而到2020年3月,全国9亿网民中有8.5亿人观看网络视频,达到了94.1%。近两年的这一数据变化更反映了"视频"正在超越传统电视而受到用户的青睐。不过,经反复推敲,特别是作为国家级规划教材,本书仍然保持了原先的名称。而且,虽然网络视频、影视作品等的播出载体发生了变化,但是它们仍然具有绝大部分的共通性、相似性,因此,电视编辑的规律、规则对于网络视频剪辑仍然适用。从这个角度而言,本书不仅适合于广播电视相关专业,对于从事视频制作的相关人员也具有参考价值。

　　本次修订,我们主要从以下三个方面着手。

　　一是删繁就简,优化教材结构。目前的教材基本涵盖了电视编辑理论与实践的主要内容,本次修订在编排上作了一定的调整:在第二章"编辑语言演进"中将"声画关系"部分单辟一节介绍,避免编辑工作重画面、轻声音的问题;节奏对电视节目的影响巨大，在全媒体时代，节奏的影响更甚，因此将"电视节奏处理"另设一章，便于读者更好地理解和运用节奏；鉴于当前的节目形态更加丰富，特别是网络节目形态更加灵活多元，许多规则难以一一涵盖，而且限于篇幅，索性删除了原版最后一章"电视节目编辑"。

二是改旧换新，更新知识内容。一转眼距本书的第二版首印已经过去十年了。十年间，电视编辑行业的变化巨大，信息技术对新闻传播和影视行业的渗透与影响远超人们的想象，因此，行业对电视编辑人员也提出了新的要求，本书的第一章特别阐述了新媒体环境下电视编辑的基本素养。同时，本次修订在保留部分经典案例的同时，着重更新了大量案例，将一些获奖作品引入教材，使案例的典型性、代表性更强。

作为信息时代的重要标志，数字技术已经融入影视制作的全过程。非线性编辑、数码特技、影视合成等新技术为电视作品提供了丰富的创意形式和风格手段，不仅使后期制作更高效、灵活，也极大地拓展和丰富了电视创作的艺术空间，激发了电视创作者和电视编辑的灵感和想象力。可以说，不断推陈出新的数字技术在一定程度上影响和改变着传统的意识活动和信息加工方法，使电视编辑工作可以不受现实时空的限制。本书的修订充分吸收了新技术、新内容、新案例。

三是增砖添瓦，拓展延伸模块。本次教材修订中进一步融入了教学改革与应用的思维，以便更好地服务于师生，以推进传统教学模式的改进和学生学习方式的改变，变被动学习为主动合作探究学习。近年来，本人在教学中始终进行研究性学习的探索，每学期初将课程教学的主要板块布置给学生，由学生分小组按照主题进行自主学习、自我准备，然后将完成的 PPT 和搜集的影视案例带到课堂上。学生自我讲解，并与其他同学互动，最后由教师点评总结，取得了非常好的教学效果，学生的自学能力、探究能力、表达能力等均得到了锻炼和提升。因此，本次修订中，特别增加了"推荐阅读""观摩影片"两个模块，目的是拓宽学生视野、延展教学内容。

需要特别说明的是，本书的修订经历了曲折的过程，我曾经一度想将"电视编辑教程"改成"影视剪辑教程"，所以当时请我的研究生刘洋、张露、梁伟楚、康森等参与了改写工作。但是，最终因为国家级规划教材仍然需要保持立项时的名称，故又保留了原来的《当代电视编辑教程》。于是，我的年轻同事姚远、游晓光负责了全书的修订和改稿工作，他们还调整、补充了大量案例，使本书得以重